子ども虐待
在宅ケースの家族支援

「家族維持」を目的とした援助の実態分析

畠山由佳子
Hatakeyama Yukako

明石書店

刊行によせて

関西学院大学　芝野松次郎

　児童虐待が、アメリカにおいて、早期発見と迅速な対応を必要とする重篤な問題として認知されてから半世紀あまりが経過している。児童虐待という解決が急がれる問題に対して、組織的な問題解決の取り組みが本格化し始めてまだ間もない頃、対応のあり方そのものが、子ども、そしてその親を含む家族にとって悲劇的な結果をもたらしうることが明らかとなった。子どもの救命を一義的な目的とする法律下で、虐待をする親から子どもを引き離すことに傾注するあまり、機が熟さないうちに家庭外措置を行うことになり、子どもから成長に必要な場としての家庭を奪い、さらには家庭そのものの崩壊を早めうることが明らかとなった。子どもの最善利益に配慮し、子どもが最も必要とする成長発達の場としての家庭を保障することを一義的な目的とする新たな法律が定められ、児童虐待に対応する手続きが正されることとなったのである。

　アメリカでは、1974年に子どもの救命を重視する児童虐待防止法（The Child Abuse Prevention and Treatment Act PL 93-247）が定められた。しかし、わずか6年後には、子どもの救命を最重要課題とする考え方から、子どもの成長発達の援助を重視し、子どもの最善の利益に配慮した考え方へと大きくシフトする理念修正がなされ、新法（The Adoption Assistance Child Welfare Act PL 96-272）が定められることとなった。1980年のことである。

　この法律に含まれる修正理念の中に、今日のアメリカにおける児童虐待対応に関わる極めて重要な三つの理念が含まれている。「リーゾナブル・エフォーツ」「リースト・リストリクティブ・オータナティブ」「パーマネンシー・プランニング」である。それぞれ、子どもの家庭・家族を維持するために援助者は最大限の援助努力をすること、子どもは法的に拘束されることが最も少ない環境に置かれるべく処遇をすること、そして、子どもが長期的に安定して暮らせる成長の環境を計画的に用意することである。

日本における児童虐待対応の組織的取り組みの始まりを、「児童虐待の防止等に関する法律」が定められた2000年からだと考えると、日本の児童虐待に対する本格的な対応の歴史は極めて短い。しかし、児童虐待の急増と重篤化によって、法律はたびたび改正され、『子どもの虐待対応の手引き』や児童相談所運営指針の改訂等により、また、市町村における児童家庭相談体制の整備や要保護児童対策地域協議会を通しての市町村と児童相談所との連携強化により、短期間に日本における児童虐待対応の質向上が図られてきたと言えよう。

　しかしながら、こうした質向上への取り組みにもかかわらず、日本の児童虐待対応はまだ十分とは言えないのが現状である。児童相談所等に通告された虐待対応ケースの児童養護施設等への措置率や、措置ケースの家庭復帰への支援の現状を見ると、アメリカの初期の頃とは違い、親子分離を急ぐというよりは、措置に対して慎重で、家庭に留め置くケースの多さが目につく。一見子どもの最善の利益への配慮がなされているかに思える。しかし、家庭に留め置かれた子ども、そして虐待をしている可能性の高い親への援助がほとんどなされていないケースが多く見られる。そうしたケースの中には重篤化し児童相談所等に再び通告されるケースが少なからずある。また、厚生労働省が10年余り前から実施している死亡ケースの検証に基づく提言に見られるように、医療・保健・福祉の連携による出産前からの支援が児童虐待の予防にとって極めて重要であり、ことにはリスクの高い「特定妊婦」への援助をきめ細かく行う必要があるといった多くの課題が存在する。

　本書の著者である畠山由佳子氏は、とりわけ家庭に留め置かれる子どもとその家族に対する支援の不十分さに危うさと問題を強く感じてきた。今ようやくこうした「要支援児童」とその親への計画的な支援の必要性が強調されるようになっているが、氏は早くからその必要性を訴えてきたのである。さらに氏は、措置された子どもの家庭復帰への援助に関しても取り組みの不十分さを感じてきた。虐待を受けた子ども、あるいは受ける可能性のある子どもが、機が熟さないうちに家庭から引き離されることは少ないとしても、児童相談所や市町村が家庭に残された数多くの子どもたちに

対して十分な援助を行うこと、また、児童養護施設等に措置された児童ができるだけ早く家庭へ復帰できるように親への計画的な援助を通して家庭環境を整える必要を感じていたのである。

先に述べたように、アメリカでは子どもの最善の利益に配慮し、子どもが家庭に留まれるように、ソーシャルワーカーがリーゾナブル・エフォーツを行い、家族に対して包括的に援助し、家庭環境が整うように努力をすることが義務づけられている。日本では、少し違った意味で、家庭に留まる子どもが安全で安定した成長のための環境（家庭）を得られるように、児童相談所及び市町村がリーゾナブル・エフォーツを行わなければならない。しかし、こうした点がこれまで見過ごされてきたと言わざるを得ない。

畠山氏は、この問題に真正面から取り組んできた数少ない研究者である。氏は本書において、子どもに必要な成長の環境を整えるために、「家族維持（family preservation）」の必要性を実証的に研究した成果を明らかにしている。児童虐待在宅ケースの援助に携わる日米の福祉援助の実践者に対して実施した聞き取り調査から得られたデータに基づき質問紙を作成し、全国児童相談所の在宅支援担当児童福祉司に対して横断的調査を実施し、高度な統計分析手法を駆使して、日本の在宅支援における家族支援の現状と問題点を分析した。その成果が、詳細かつ理解しやすく示されているのが本書である。氏は、こうした成果に基づき、日本においても本格的な家族維持の取り組みが必要であることを強く訴えるとともに、家族維持のための実践モデル開発に取り組む決意を述べ、本書を締め括っている。

本書は、児童虐待を受け保護を必要とする要保護児童への援助のみならず、家庭に留め置かれた要支援児童への援助に取り組む専門職の方々にぜひとも熟読玩味していただきたい書である。また、児童虐待に関わるテーマの研究に取り組んでおられる研究者、そして、専門職を目指す学生諸氏にもおすすめするものである。

子ども虐待在宅ケースの家族支援――目次

刊行によせて（関西学院大学　芝野松次郎）...................3

序　章　9
- 第1節　問題の背景.................................9
- 第2節　本研究の目的...............................11
- 第3節　本研究の意義...............................12
- 第4節　本著の全体構成.............................14

第Ⅰ部
子ども虐待における家族支援を考える

第1章　日本の児童虐待施策と在宅支援の体制について　18
- 第1節　日本の児童虐待施策について.................18
- 第2節　日本における児童虐待在宅ケースに対する支援について.........26

第2章　「家族維持」の具体化のための拠って立つ理論　37
- 第1節　子どもの最善の利益.........................37
- 第2節　Family Centered Practiceにおける概念的枠組み...............43

第3章　日本における家族支援についての考察
　　　　―日本における親子分離に対する考え方の変遷と現状―　51

第4章　アメリカ合衆国における「Family Preservation」　60
- 第1節　連邦法に見られるFamily Preservationの変遷
　　―― the Adoption Assistance and Child Welfare Act of 1980 と
　　the Adoption and Safe Families Act..........................60
- 第2節　Family Preservationプログラム実践の歴史.....................66
- 第3節　Family Preservationモデルの類型化と実践例...................68
- 第4節　Family Preservationの効果に関する先行研究レビュー...........76
- 第5節　まとめ　アメリカのFamily Preservationから応用すべきもの.....87

第5章　「家族維持」のために援助者が行うべき
　　　　「正当な努力」とは　90
- 第1節　アメリカ合衆国におけるReasonable Effortsとは...............90

第2節　合衆国州法に見るReasonable Effortsの定義.................... 94
第3節　家族維持を目的とした「正当な努力（Reasonable Efforts）」
　　　　に対するインタビュー調査の結果より...................... 96
第4節　まとめ　「正当な努力」という概念の操作的定義.............. 100

第Ⅱ部
日本の家族支援を検証する

第6章　研究方法　　　　　　　　　　　　　　　　　　　　　　106

第1節　調査デザイン.. 106
第2節　日米における児童虐待在宅ケース援助者に対する
　　　　フォーカスグループインタビュー調査...................... 109
第3節　二つの質問紙調査で用いる質問項目について................ 117

第7章　質問紙調査1「児童相談所における児童福祉司による
　　　　　児童虐待ケース在宅支援の実態及び意見調査」　　　121

第1節　調査の対象、調査方法、分析方法........................... 121
第2節　調査結果の分析（その1）.................................. 122
第3節　調査結果の分析（その2）.................................. 139
第4節　考察——リサーチクエスチョンⅠを踏まえて................ 148

第8章　質問紙調査2「市町村における児童虐待ケース在宅支援の
　　　　　実態及び意見調査」　　　　　　　　　　　　　　　156

第1節　調査の対象、調査方法、分析方法........................... 156
第2節　調査結果の分析（その1）.................................. 157
第3節　調査結果の分析（その2）.................................. 179
第4節　考察——リサーチクエスチョンⅠを踏まえて................ 190

第9章　日本における在宅支援の現状把握　　　　　　　　　200

第10章　日本における援助者が行うべき
　　　　　「Reasonable Efforts」についての仮説検証　　　208

第1節　「正当な努力（Reasonable Efforts）」に対する仮説............ 208
第2節　Reasonable Effortsに対する仮説の検証...................... 209

第3節　まとめ：「正当な努力（Reasonable Efforts）」に対する
　　　　仮説の検証結果 219

第Ⅲ部
家族を中心とした支援を展開するために

第11章　総括と今後の課題―「家族維持」のための
　　　　「正当な努力」の実現を目指して―　　　　226

第1節　提言 226
第2節　本研究の限界 235
第3節　今後の取り組み 237

第12章　家族維持を目的とした支援を行う新しい児童虐待対応
　　　　システムの創出の必要性―Differential Response
　　　　（区分対応システム）についての考察と提言―　　　239

第1節　現在の日本の児童虐待対応システムは「家族維持」を
　　　　目的とした支援を積極的に展開できるものなのか？ 239
第2節　アメリカ合衆国の「児童虐待対応」の変遷を見ることの
　　　　意味とは？―アメリカがたどってきた変遷から学ぶこと―...... 241
第3節　DRの概要 246
第4節　DRの構成要素 248
第5節　DRの実践について――米国での現地調査を元に
　　　　（2010年～2014年9月）.. 249
第6節　DR実践による効果 256
第7節　アメリカ合衆国のDR実践から学ぶ日本の児童虐待対応が
　　　　必要なものとは？ 258

おわりに 263
謝　辞 266

引用文献 269
参考文献 284

付録：調査票 289

序　章

第1節　問題の背景

　平成2年度以来、厚生労働省が発表する全国児童虐待相談対応件数は毎年過去最多を更新している。市町村においても、同様であり、18歳未満人口は減少しているのに、児童虐待相談対応件数は増加し続けている。これらの対応ケースの約9割の子どもたちが実際は家族のもとで暮らしながら在宅支援・在宅指導と呼ばれる援助を受けている（加藤, 2010）。結局のところ、この児童虐待対応システムは、いったいどのような理念に基づき、援助を行っているのであろうか。

　現実的には現在の日本の児童虐待施策において、児童虐待が認められた（または疑いがある）が親子分離をされていないケース（児童虐待在宅ケース）に対して、市町村または児童相談所（以下、児相）が行う「在宅指導」「在宅支援」は、行政機関が行うサービスの形態の呼称として用いられているにすぎず、必ずしも「家族を在宅で維持しよう」という明確な目的を持ったものではない（澁谷, 2002）。これらのいわゆる「見守りケース」については、結局は「措置のタイミングを待っている」ケースであることが多くあり、具体的な援助が伴っていないことがよく見られる。一方、市町村も在宅ケースに対して子どもと家族に対する長期的、包括的な援助計画が必要であるという意識は薄い（前橋, 2007）。残念ながら、児童虐待在宅ケースに対する効果的な手段は、現時点では、一時保護を用いた介入的な手段であり、児相は社会からの要請に応えようとするあまりに、子どもの安全確保に敏感になり、家族に対して必要以上に強権的に対応してしまっている傾向がある（才村, 2005b）。そのため、児相が積極的に介入するケースに対しては、「まずは保護ありき」という考えが主流になりつつある。相次ぐ虐待死報道の後、子どもの安全に慎重となるあまり、「いったん親子分離した上で家族再統合」という流れができてしまっている。

もちろん、子どもの安全は最優先されるべきであり、一時的な親子分離が子どもに及ぶ危険を回避するのに必要な場合も多くある。現場で実践にあたる児相職員、市町村職員はメディアや世論からの多大なるプレッシャーの中、「何か事が起こってからでは遅い」という考えに圧倒されそうになってしまうことは日常茶飯事であろう。しかし、援助者は児童虐待在宅ケースに対して、子どもの安全とのバランスを常にはかりながら、家族に対する支援を試みる必要があるのではないだろうか。

　1994年に日本が「子どもの権利条約」を批准して以降、「子どもの最善の利益（the best interests of the child）」という言葉が児童福祉の現場や政策策定（policy making）の場などでよく使われ、児童虐待という事象に対しても、「子どもに対する権利侵害」であるととらえることが、強制的介入を行う際の根拠となっている（厚生労働省, 2009a）。しかし、ほぼすべての児童福祉に携わる人々がこの言葉を知っていながらも、この概念は抽象的な枠組みを超えず、実践現場では、その具体化について共通した理解の基盤を持ちえていないように思われる。特にいろいろな立場の利益が拮抗する児童虐待ケースこそ、「親の最善の利益」でも「援助者の最善の利益」でもなく、「子どもの最善の利益」に基づいた理念が実践化される必要があるのではないか？　もちろん、子どもの安全は最優先されるべきだが、私たち、児童福祉に関わる者が心身を削り守ろうとしているものは、子どもの安全のみだろうか？　子どもの救命のみの目的であれば、福祉の領域が対応の中心を担う必要はないのではないか？　子ども虐待対応システムが持つべきミッションとは何かを我々は今一度、考えるべきであり、親と子どもの間に立たされ、家族の一生に大きな影響を与える立場におかれる児童虐待の現場の援助者の間でその理念を共有すべきではないだろうか？

　本著は、子ども虐待対応ケースに対する家族支援をテーマとし、著者が博士論文としてまとめた「日本における児童虐待在宅ケースに対する家族維持を目的とした援助の現状把握と『正当な努力』の検証」（関西学院大学審査博士学位論文：以下、本研究として言及）を基盤として、その支援のあり方を提示するとともに、その支援を積極的に展開できるような新たな児童虐待対応システムについて考察することを大きな目的としている。本著の中

心テーマである「家族維持」(Family Preservation) プログラムとは、もとは米国において、子どもの家庭外措置を申し出る際には、援助者は「子どもを家庭にとどめる正当な努力（Reasonable Efforts）」[1]を行ったことを証明しなくてはならないという連邦法で示された理念を実現化したものである。児童福祉におけるReasonable Effortsという概念は、基本的には、「社会は子どもが家族と一緒に暮らせるように最大の努力をしなければならない」という理念であり、子どもにとって「なるべくよい成長を育むための」パーマネンシーの理念に基づくものである。本研究での「家族維持」はReasonable Effortsの理念、Goldstein、FreudとSolnitz（1973）の考えを踏まえたパーマネンシー保障の理念（「心理的親との永続的な関係の下での養育環境」の保障）を基盤として、芝野（2005b）の「子どもの最善の利益」の定義を含んだ上で、「現時点での心理的につながりを持つ保護者（家族の形態にはとらわれない）のもとで、子どもが安全に安心して成長できることを目的とした援助の体系」を指すものとする。また、Family Preservationは「家族維持」の英語訳にあたるものとして本著では扱い、特に1980年の連邦法を発端としたアメリカ合衆国での実践を指す場合に、この「Family Preservation」を使用する。「家族維持」は先ほど述べたように「在宅支援」や「在宅指導」(本論文では「在宅支援」「在宅指導」という言葉はケースのリスクに関係なく、虐待が認められながらも子どもが長期的に措置されていないケースに対するサービス形態の呼称ととらえている) とは同義ではない。「家族維持」は援助の根底に流れる理念とそれを反映した目的に向かって系統だって提供されるものであり、それは援助者の「正当な努力」を示すプロセスでもある。これらの概念については、本文中でさらに詳しく論じる。

第2節　本研究の目的

　本研究は「家族維持」という視点で、次の2点を目的にする。一つ目は、現在の日本の児童虐待ケースに対する在宅支援について、児童相談所及び市町村において「家族維持」を目的とした援助の実施状況、実施されている援助者の家族維持に対する意識、現在の体制で家族維持を行う際の障害

等を把握することである。二つ目は援助者が家族のために行うべき「Reasonable Efforts」（正当な努力）の概念が日本の児童虐待在宅支援の援助者にはどのようにとらえられているのか、また、実践においてどのように体現されているのかを実証的調査という手法を用い、その「正当性」を検証することである。

　具体的には次の二つのリサーチクエスチョンを設定し、それらにそって仮説を生成する。

> Ⅰ　「家族維持」という視点において、現在の日本の児童虐待ケースに対する在宅支援は何がどこまでできていて、何が足りないのだろうか？　また、日本で行われている「家族維持」を目的とした援助にはどのような要素が実際は影響を与えているのだろうか？
> Ⅱ　日本における児童虐待在宅ケースの援助者は、援助者として行うべき家族維持に対する「正当な努力（reasonable Efforts）」の概念を持っているのだろうか？　それはどこまで援助に体現されているのだろうか？

第3節　本研究の意義

　本研究は次の3点において、日本の子ども虐待対応システムにおける家族支援を考える上で、大変意義があると考える。

　一つ目は、米国でのFamily preservationの実践経験を持つ研究者が質的・量的調査という科学的手法を用いて、日本の在宅支援の現状について系統的に分析を行うという点である。実際、アメリカの児童福祉現場でワーカーとして研修を受け、ケースに関わった著者だからこそ、文献研究なども深い解釈が可能であり、Family Preservationの強みと欠点の両面を実際の体験を通じて理解している。その深い理解の上で、日本のコンテクストに合わせた解釈を試みようとしていることは、ただの「洋物プログラムの受け売り」ではない。

　二つ目に「家族維持」という視点から児童虐待ケースに対する在宅支援

の実態を分析することにより、日本の児童虐待在宅支援において、どの程度「家族維持」の要素が援助行動や援助者の意識にあるのかについて科学的に把握しようとしている点である。現在、児童虐待在宅ケースに対して行われている在宅支援には、子どもが家族とともに安全に安心して生活していけるための「家族維持」のための援助と、リスクを常に見張ることにより一時保護や親子分離のタイミングを待っている「見守り型」援助が混在していると考えられる。本研究により、現在の在宅支援の実態を詳細に分析することで、それらの混在した援助を整理することが可能であると考える。

　三つ目に、本研究の主題となる家族維持の概念は「家族維持と子どもの安全確保のバランス」を目指すものとし、その調査対象を児相と市町村両方に広げた上で、結果として「家族維持」という目的のためにどのように両者が協働していくべきか、それぞれが何をすべきか、そしていったい誰が家族維持の援助の主体となるべきかについての提言を導きだすつもりである。ゆえに本研究は「家族維持」という児童虐待在宅ケースに対する援助の方向性を示すだけではなく、2005年4月以降大きな課題となり続けている児童虐待在宅ケースに対する市町村と児相の役割分担に対して家族維持を目的とした協働のための方向性を提示していくことができると考える。

　以上の3点により本研究は「在宅のまま家族を支援し、子どもの安全を確保していく」という児童保護サービスが持つ最も困難な課題に挑戦し、新しい援助の方向性を示唆するものであり、今後の日本の児童福祉施策において大きな意義があると考えている。

　最後に本研究はあくまで子どもの安全を最優先におく態度に対して、妥協を提示するものでは一切ないことを明言しておきたい。本研究は子どもの安全と家族を維持することのバランスをとりながら両立させる「正当な努力」について、どのように在宅支援の現場で実現していくのかを探っていくことを最終目標としており、子どもの最善の利益のために少しでも貢献できることを何よりも望むものである。

第4節　本著の全体構成

　本著は、主に著者の博士学位申請論文である「日本における児童虐待在宅ケースに対する家族維持を目的とした援助の現状把握と『正当な努力』の検証」を修正加筆したものに、著者が主任研究者である平成25～27年度科学研究助成事業（基盤研究C）「日本における児童虐待ケースに対する区分対応システムの開発的研究」（課題番号25380835）での研究成果の一部を加えて構成されている。

　本論文は主に2部において構成される。前半は、文献研究部分であり、後半は主に児童相談所と市町村にそれぞれに行った二つの質問紙調査から構成される。質問紙調査の目的は先に述べたように、「家族維持」という視点からの日本の在宅支援に対する現状把握と援助者が持つべき「正当な努力」の検証である。本研究の全体像については、図0-1を参照していただきたい。

注

1) Reasonable Effortsについてはreasonableには「理に適っている、道理の通った、公平な、適当な」という日本語訳もある（eプログレッシブ英和中辞典）が、本研究では子どもの最善の利益の追求を目的に家族を援助する援助者としての努力を表すため、ソーシャルワークの価値に照らし合わせても「正当な」という訳が最も適当であると判断し、「正当な努力」と訳す。

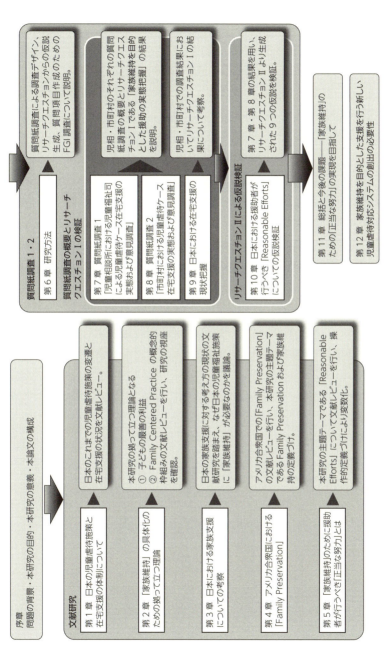

図 0-1　本書の全体像

第Ⅰ部
子ども虐待における家族支援を考える

第1章
日本の児童虐待施策と在宅支援の体制について

第1節　日本の児童虐待施策について

　本節では、時代の流れとともに、日本の児童虐待施策がどのような変遷をたどったのかを明らかにするため、児童虐待という問題のとらえられ方、及び厚生労働省や児童相談所を中心とした児童虐待対応の変化をレビューした。

1. 1990年以前——家族問題の一種としての虐待

　日本で初めて児童虐待防止法が成立したのは1933年に遡る。この法律の目的は主に貧困等の理由から危険な諸芸（曲馬、軽業、曲芸等）に従事させられた子どもや、公衆の観覧に供せられた子ども、乞食をさせられた子どもに対する保護救済を目的としたものであり現在の「児童虐待防止法」とはまったくその性格が異なるものであった。昭和初期のこの頃は、「児童虐待」という事象は貧困問題から派生したものであり「社会の中の仕方のない出来事」とされ、特別に問題視されることはなかった。この法律はやがて、戦後にできた現在の児童福祉法の中に同法34条として吸収されていった。その後、1970年代まで、引き続き、児童虐待は特別な問題として見られることはなく、「嬰児殺し」「子捨て」「子殺し」などの連続線上として依然として「社会病理」として新聞等にとりあげられていた（保坂・増沢・石倉・佐々木, 2007）。
　米国で1962年に出版されたKempによる「小児の虐待：Battered-child syndrome」など、児童虐待、特に身体的虐待を扱った論文が1970年代に入り、日本でも紹介されるようになると、医療従事者を中心にレントゲン等の医療の現場で見られる身体的虐待に注目が集まるようになった（上野、

2006)。一方、日本では 1973 年、厚生労働省児童家庭局が初めて「児童虐待」の全国調査を行った。当時（1970 年代）、児相は、あくまでも「受容・共感的」態度に強くこだわっており、虐待を含めた様々な家族問題に対して親子関係の修復や親の養育態度の変容を目標として対応しており、被虐待児の保護を優先する姿勢はほとんど見られなかった（秋山, 2007a）。

1980 年代に入ると、社会的問題として様々な家族の問題がとりあげられるようになる。70 年代と同様、親の「せっかん」による児童の死傷事件が報じられる中、児童虐待を含め家庭で起こる問題に対して、一部の専門家たちは危機感を持って徐々に研究調査を進めてきた（増沢・石倉, 2007a）。しかし、専門領域間の交流はなく、児童虐待についての用語や定義についても混乱が見られたのもこの時代であった。

1988 年になり、ようやく大阪府において医療、保健、福祉領域での関係者による児童虐待に関する合同調査が行われた。この調査によると1983 年から 1987 年までの 5 年間で、大阪府内（大阪市を除く）の医療機関、保健所、家庭児童相談室、児童相談所で扱った虐待ケースは 403 件、そのうち死亡ケースは 17 件あった（大阪児童虐待調査会, 1989）。この時代においても、児相は、虐待を「心の問題」として扱い、家族調整のみで対応していこうという態度がうかがわれる（秋山, 2007b）。

当時、養護施設の入所児においても被虐待児の存在が把握され始め、施設関係者からも、幼少期における虐待経験が入所児たちの人格形成に深刻な問題を残すことに懸念が示されている。1979 年、全国社会福祉協議会養護施設連絡協議会は全国の養護施設（当時 528 ヶ所）の全児童 31,000 人に対して「養護施設の児童の人権に関する調査」を行った。回答のあった 22,583 人（回収率 76.5%）のうち、33% に及ぶ 7,460 人が親からの一方的な人権侵害により入所していることが明らかにされている。うち父または母の暴力、暴行等に起因するケースが 1,240 人（16.1%）、父または 母の放任、過干渉等に起因するケースが 872 人（11.7%）、1970 年代にはあまり表面化されていなかった性的虐待も 154 人（2.1%）あった。才村（2005b）は、この時代の児童虐待に対する研究が社会的なうねりに発展しなかった理由として、「建前としての子どもの権利」は叫ばれるようになったが「人々の

意識の底には『私物的わが子観』が根強く存在し、子どもの著しい権利侵害を目にしても、『他人のことだから口をさしはさむべきでない』と、親に遠慮してきた」(p.5) のではないかと指摘している。これは一般国民のみならず、行政においても「親が子どもを虐待するというあまりにも残酷な事実は正視したくないという社会的心理があったのではないか」(p.5) と考察している（才村, 2005b）。

2. 1990年から1996年まで——児童虐待に対する社会的意識の高まり

1990年代に入ると、一挙に児童虐待に対する対応は変化していく。大阪では「児童虐待防止協会」が設立され、ついで東京の「子どもの虐待防止センター」が設立された。これらの二つの民間団体は、虐待をしている当事者に対する電話相談を中心として親の支援を行うと同時に、広く児童虐待の啓発活動を行うことを主な活動としていた。これらの団体の活動により、「児童虐待は『普通』の家庭で起こり得る」という新たな社会的認知が広まっていくこととなった。1990年8月18日付の朝日新聞朝刊の記事には、大阪の児童虐待防止協会が電話相談を開始してから2ヶ月間にあった469件のうち虐待に関するものは264件あったと報告されている（朝日新聞全国版, 1990）。1990年から1996年にかけての朝日新聞の紙面（全国版、地方版含む）においてキーワードを「児童虐待」で記事を検索してみると（聞蔵DNA for Libraryを使用）、「児童虐待防止協会」と「子どもの虐待防止センター」の活動報告の記事が中でも多く見られ（146件中57件）、虐待の数を示す際の主なデータ源として用いられている。これらの団体の活動報告に対する専門家のコメントには、「都市化・核家族化」「未熟な親」「育児不安」「父親不在」の言葉が登場し、それ以前の児童虐待とは違う見解がなされていることがわかる。また「ネットワーク作り」という言葉が出始めるのもこの頃である。

これらの活動と同時に、一般メディアにおいても、児童虐待の問題が多くとりあげられるようになってきた。『凍りついた瞳』『ファザーファッカー』などの、被害者による体験記が漫画などの一般向けの媒体で掲載された（増沢・石倉, 2007b）。孤立・密室化した家庭内で起こる児童虐待に対

して、このような虐待者や被虐待者の告白を通して世間の注目が向けられるようになった。

このような社会的意識の高まりを受けて、厚生省は、1990年に初めて全国の児相で扱う児童虐待ケースに関する統計をとり始めた。全国児童相談所所長会も1989年と1996年に2回、全国児童相談所における「家庭内虐待調査」を実施し、虐待ケースの種別、ケースの詳細を分析している（全国児童相談所所長会, 1997）。1996年の調査においては、1989年よりも虐待ケースが増加しており、虐待の種別についても前回の1989年の調査で最も多かった「保護の怠慢・拒否」から「身体的虐待」（48.9％）の件数が著しく増えている。また、近隣・知人からの通告も増えており、この調査結果からも一般的な虐待に対する認識が広まりつつあることがわかる。

児童養護施設の入所児童数も1995年を境に増加を始める。入所児数は1960年代に一度ピークがあり、その後減少を続け1980年代後半に定員割れ問題を起こしていたが、1995年以降は児童虐待通告数の増加に対応し増加し始めた（しかし最近の増加に比べれば穏やかである）。

1989年、国連では「子どもの権利条約（児童の権利に関する条約）」が採択され、1994年に日本も批准する。条約批准以降、児童虐待は「子どもの権利侵害」であるという主張を楯に、家族という今まで外部不介入な場所に第三者が積極的に介入する必要性が専門家を中心に語られ始めた。1990年代も半ばを過ぎると多職種の専門家が民間団体とともに虐待対応に関わるようになり、医療、精神保健、臨床心理、法律、ソーシャルワークの様々な分野での虐待に関する論文・文献が発表・発刊された（増沢・大川, 2008）。

この1990年代に入ってからの、民間団体の活動と「子どもの権利条約」の批准は、児童虐待に対するとらえ方や対応に大きな変化をもたらした。ここでこの二つの事象がもたらした影響について少し考察をしてみたい。

「児童虐待防止協会」や「子どもの虐待防止センター」などの民間団体が設置する電話相談に、当事者が自発的に相談し、援助を求めるケースの約8割は比較的軽いケースであるにもかかわらず（上野, 1996, p.196）、児童虐待相談ホットラインの相談件数が児童虐待ケース増加の根拠として新聞

等に多くとりあげられ、「いかに子どもを虐待親から守るか」という世論を創り出すきっかけになってしまった。これら「地域のネットワーク作り」が必要な軽度のケースと、メディアをにぎわせる児童虐待死亡事例等の「強権的介入」が必要な（必要だった）ケースが混在されたまま、世論は問題の原点を「日本特有の強い親権」とし、子どもを「救済」するためにこれを打破する手段を持つことを強調し始めた。上野（1996）は、この状況を「子どもを『無垢な犠牲者』、親を『悪意ある攻撃者』、政府を『愛情あふれる救済者』とみなすパラダイムの危険性」（p.38）と危惧した。「子どもの権利擁護」のスローガンのもとで、虐待する養育者からの「子どもの救済」という実践原理が創出されることとなった。

　この時勢を受けて、厚生労働省は児童虐待という問題に特化した対策を講じる必要に差し迫られた。これ以降、特に現行民法における親権と子どもの権利との拮抗の問題に対して、なんらかの解決策を立てる必要に迫られていく。1996年の「児童虐待ケースマネジメントモデル事業」以降、毎年のように厚生労働省は、児童虐待対策の新しい事業、及び施策を打ち立てている。つまり、日本でも児童虐待は政府が対策を毎年講じなくてはならない社会問題に発展したのである。

　もちろん、これらの変化に対して最前線で児童虐待対応にあたっている児相もその態度の変換を迫られるようになる。児相は児童虐待対応に対して、これまで同様、「寄り添い共感する」ケースワーク的アプローチで対応を続けていたものの、増え続ける虐待通告件数に対してその対応に限界を感じ始めていた。施設入所に関しても親による同意入所が基本であり、いったん危機的状況から子どもを何とか引き離せたところで、施設入所にまでこぎつけられず（津崎, 1992; 山野, 2006）、一時保護所滞在期間が長期化する傾向が見られた（山野, 2006）。虐待対応に関する法律的後ろ盾がまったくないまま問題の顕在化と世論の高まりを受けて児相職員をはじめとした援助者のいらだちはピークに達しつつあった。また、深刻なケースに対して強権的な介入ができないことを一部の児相関係者は問題視し始めていた。こんな中、津崎（1992）は、その長い児童虐待対応の経験から「父性的ソーシャルワーク」「介入的ソーシャルワーク」を提唱する。この頃か

ら、子どもの権利を侵害する虐待親が持つ親権に対して「子どもを救済する手立て」を求めて、一気に施策の変化が強権的方向に加速していくこととなった。

3. 1997年から2000年まで——職権介入型虐待対応への切り替え

　1997年及び1998年、厚生省は当時、児童相談所等が虐待問題に十分対応しきれていないのは法制度上の問題というより、児童相談所等の制度運用に問題があるとして、「児童虐待等に関する児童福祉法の適正な運用について（指導強化）（1997年6月20日児発第434号厚生省児童家庭局通知）」「児童虐待に関し緊急に対応すべき事項について（指導強化）（1998年3月31日児企第13号厚生省児童家庭局企画課長通知）」を出して運用の適正化に向けた指導を強化した。これらの通知は子どもの権利条約の批准を受けて、国内の法的整備を急がされ改正された児童福祉法を補う形として、児童相談所における児童虐待対応の強化を図るものであった。ゆえに、これらの通知によって、児相における児童虐待ケース対応は、従来までの対応と完全に逆方向の「職権介入型」に切り替えるように、厚生省が公的な指示を下したことになる。またこれらの通知が出された背景には、この頃に起こった虐待死事件、それに反応したマスコミの児相バッシングも影響しているといわれている（才村, 2005b）。実際、これらの通知は、これまで児相が躊躇していた児童福祉法28条申し立てによる施設入所措置や親権喪失の申し立ての件数を増やしていく結果となった（図1-1参照）。これ以降、親と児相との関係や社会の児相に対する認識が完全に変化し、児相＝「子どもを奪う機関」という認識が一般に持たれていくようになる（小林・松本, 2007）。

　1997年、制定より50年を経て児童福祉法が改正された。この法改正に虐待の定義や通告義務及び虐待禁止規定などの虐待に対する対応の法的根拠を盛り込むことを目的に、日本子どもの児童虐待防止研究会（現日本子ども虐待防止学会）や日本弁護士会連合会などから意見や要望が出されたが、その内容はこの改正では含まれることはなかった（才村, 2005a）。

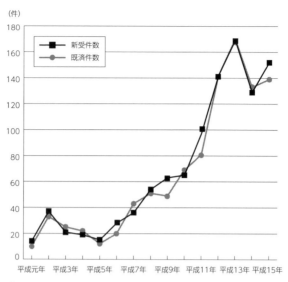

図1-1 「児童福祉法28条事件の新受・既済件数推移」法務省調べ（2002）

4. 2000年から2004年まで——児童虐待防止法の成立

　これまでと変わらない法的枠組みの中で、増加し続ける児童虐待相談への対応に、児童福祉司は制度的限界、立ち入り調査・職権一時保護・28条申し立て等の法的対応の困難性、人的資源の質的・量的不足という問題を抱えるようになった。先に出された厚生省からの通知により強化された「強権的な介入」の役割と家族に対して「寄り添い、共感的に支援していく」役割の二つの矛盾した役割を担わなくてはならない困惑も語られ始めた。職員間、関係機関内で役割分担するなどチームワークによりその相反する役割を補おうとするものの、法的後ろ盾なしにはこの困難を解消することができない限界に至っていた。このような状況の中、満を持して、2000年5月「児童虐待の防止等に関する法律」、いわゆる「児童虐待防止法」が成立した。「早期に発見し予防するか、虐待が見つかれば速やかに子どもを保護するという二極面についてしか言及されておらず、家族を包括的にとらえ、そこでどのように子どもの最善の利益（もしくは子どもにとって最も害の少ない選択）を追求できるかという観点がない」（才村, 2005a）、

「児相にのみ、その対応が一極化している」(柏女, 2005)、「親子分離後の親に対する支援の不足」(才村, 2005a; 柏女, 2005)、「在宅支援体制の不足」(柏女, 2005)、「施設など親子分離後の受け皿の不足」(柏女, 2005)などの様々な指摘があげられた。特に在宅ケースに対する援助への言及は完全に抜け落ちていた。このように児童虐待防止法は子どもを虐待から守る一定の役割を果たしたものの、多くの課題を残したまま制定に至った。

児童虐待防止法の制定以降、皮肉なことに事実誤認、不十分な確認、拡大解釈による通告、特定困難な通告の増加(柏女, 2005)とともに、立ち入り調査件数、職権一時保護、28条申し立て件数の増加などにより、児相職員の負担がさらに増えてしまう結果となった。

5. 2004年から現在
——市町村と児相との協働対応と親に対する強権化

2004年、児童福祉法が再度改正され、要保護児童に関わる相談業務は、市町村が担うこととなった。その背景には児童虐待防止法制定以降の児相職員に対するさらなる負担増大が主な原因としてあり、この改正により児相と市町村間の役割分担を明確にし、児相の負担を軽減しようとしたものだった。

2004年以降、児童虐待防止法は2度改正されている。2004年の改正では、子ども虐待の定義にDVが心理的虐待として加えられた。また、国及び地方公共団体の責務等の強化、児童虐待の通告義務の範囲の拡大、子どもの安全の確認及び安全の確保に万全を期すための規定の整備、家庭相談に関する体制の充実、児童福祉施設・里親等の見直し、要保護児童に関する司法関与の見直しなどが行われた。また、親子再統合を目的とした保護者に対する指導が加えられた。市町村及び関係機関に対しては一部被虐待児の保育所入所への特別配慮の追記があるものの、通告、安全確認の場面に内容が偏るものであり、依然として在宅支援及び家族維持に関する事柄はまったく言及されることがなかった。

2007年の児童虐待防止法改正には立ち入り調査に応じない場合に親に対する出頭要求及び臨検、捜索などの措置、施設入所児に対する面会禁止

や接近禁止命令、指導に従わない親に対しての一時保護、施設入所措置、親権喪失宣告などを行うことを明確化した内容が含まれており、子どもの安全を守ることを目的として、指導に従わない親に対して、児童相談所は強固な対応を辞さない態度をここで明らかにした。このような保護者に対する態度の強化に対して才村（2005b）は、「児童相談所の福祉警察化」と危惧を示している。「ソーシャルワークは虐待事例の前では無力であるとしてことごとく強権的に介入すべきであると公言してはばからない職員もいる」(p.20)、「援助関係や援助プロセスへの見通しもなく行われる画一的な対応はソーシャルワークではない。（中略）このような理念やプロセスのないところにソーシャルワークは存在しない」(p.20)と児童虐待対応の体制がソーシャルワークの理念やプロセスから離れていってしまう可能性を指摘している。

　その後も親に対する強権化は傾向として継続している。2010年に民法及び児童福祉法が改正され、親権停止制度が新設された。これは2年の期限を用いて親権を停止するものであり、ごく一部の施設入所中、一時保護中及び施設退所後の児童の親権に対する制限のみに用いられている。

　さらなる行き詰まりを見せる児童虐待対応に対して、親権に相反する権力をもって指導を行うための司法介入を求める声も現場から多く聞かれるが、明確な理念と十分な議論を伴わなければ、才村が指摘するようなソーシャルワークの不在化を招く可能性がある。家族としての権利をどのようにして守っていくのかの論点も含めて議論をしなければ、虐待対応に福祉領域が関わっている意味がない。今後、児童虐待対応施策の整備を進める中で、今一度、家族を維持しようとする支援について考える必要性を本節の結びとして主張したい。

第2節　日本における児童虐待在宅ケースに対する支援について

　本節では、児童虐待相談件数全体の約9割を占める在宅支援ケースに対してどのような援助が行われているのかを、援助主体を児相及び市町村に

分け、文献レビューしていきたい。

　日本の児童虐待に関する通告先は①市町村、②都道府県の福祉事務所、③児童相談所の計3ヶ所ある（平成16年改正児童虐待防止法第6条・児童福祉法第25条）。白樫（2005）は、この通告先の選別は通告者の任意であり、「本人（通告者）が一番通告しやすいと考えるところに通告することが確実な通告に繋がるため、通告先の特定や優先順位をつけるべきではない」（p.38）としているが、実際にはその後の調査や緊急度の判定なども、通告先がそのまま引き続き行う場合が多く、そのケースの通告先がどこであったかによってケースのその後の方向性が決まってしまう。市町村に通告が入った場合、調査や指導を行うのは、児童福祉を担当する課や係であることが多く、家庭児童相談室が設置されている市町村では家庭児童相談室が担当することが多い。市町村においては、実際の虐待通告への対応や調査、指導を行う部署・担当者と虐待防止の地域ネットワークを担当する部署・担当者が同じである場合も多く、市町村に通告が入った場合は、そのまま引き続き要保護児童対策地域協議会での対応へとつながることも多い（白樫，2005）。その後に緊急度・重症度・保護者の動機レベルなどの判断によって児相に送致及び児相の指導を部分的に受けることもある（才村，2005a）。児相と市町村の間の役割分担に関しては、防止法制定以降、様々な文献の中で課題となっていながらも（才村，2005a; 柏女，2005; 加藤，2005; 芝野・板野，2007; 山野，2009）、全体の72.0%が役割分担の取り決めはなく個々の事例ごとに異なる対応をとっている（厚生労働省，2011e）。実際には、才村（2005b）が危惧しているように、この役割分担の曖昧さにより、児相と市町村との間で「ケースの押し付け合い」が起こっているケースも少なくない。緊張度が高いケースに関して、市町村は早い時期から児相を巻き込んでおこうと必死になり、児相との判断が食い違う際には、すれ違いが起こることも少なくない。また有村（2009）は、市町村と児童相談所がそれぞれで対応したケースに対して、異なった価値観を通してアセスメントなどの実践を行うことに大きな疑問を投げかけている。このような混沌とした状況の続く中、児相、市町村がそれぞれ児童虐待在宅ケースに対してどのような支援を行っているのかを見ていきたい。

1. 児童相談所における児童虐待ケースへの在宅指導

　児童相談所における在宅ケースに対する在宅指導には、措置によらない指導と措置による指導とがある。措置によらない指導には助言指導と継続指導があり、比較的軽微なケースや短期で解決可能なケースに対して行われる。措置による指導には児童福祉司指導（児童福祉法27条1項2号）や児童委員による指導、児童家庭支援センターによる指導がある。内容については、「保護者に対して、児童虐待の理解、子どもとの接し方、養育方法、生活についての指導を行う」とされている。在宅指導は、児童相談所を中心としながらも、「市町村（要保護児童対策地域協議会）、児童福祉施設、保健所等と連携・協力して行う」とされている。児童福祉指導措置等の措置をとる場合には、保護者に対して指導を受けなくてはいけない旨を決定通知などの文書で知らせる。従わない場合には都道府県知事による勧告を行うことができ、必要があれば一時保護、28条措置、ついには親権喪失宣告通知などを行う（厚生労働省, 2008b）。このような措置による児童福祉司指導は、いったん一時保護した後や家庭復帰する際に指導にのせるための枠組みとして用いられることが多く、施設入所や一時保護に至るまでの在宅での援助に対しては、児童相談所は基本的には市町村に任せる姿勢をとっているところがほとんどである。柏女（2005）が予想したように、2004年以来、要保護児童に対する在宅支援サービスは全面的に市町村に委譲されている。2008年に厚生労働省からの通知とともに出された「児童虐待を行った保護者に対するガイドライン」においても、援助の対象として想定されているのは主に子どもの家庭復帰前後における家族再統合ケースのみとなっている。才村（2005a）と津崎（2000）はこれらの在宅指導を行っている虐待ケースの中には、分離保護の必要性がないと判断されているケースとともに、実際は経過観察的ケースや分離保護のタイミングを待っているケースなども多く含まれていることを指摘している。つまり現状として市町村が現在、日常的に対応している在宅ケースの中に、リスクの高いケースも意図的に多く含まれているということである。2013年7月に発表された「子ども虐待による死亡事例等の検討結果等について（第9次報告）」（厚生労働省, 2013c）によると、2011年4月1日から2012年3月31日までに

把握された死亡事例56件（心中以外の虐待死）のうち、児相が関与していた事例は17件（30.4%）、市町村（児童福祉担当部署）の関与は16件（28.6%）、要保護児童対策地域協議会で取り扱われていたケースは14件（25.0%）であった。この報告からわかるように、不幸にして死亡事例となるようなリスクの高いケースは児童相談所だけでなく、市町村や要保護児童対策地域協議会のケースの中にも同程度、含まれている。同報告書のヒアリング調査の結果からも、児相と市町村の役割分担・連携ができていなかった点が指摘されており、児相と市町村との間の共通認識の希薄さと役割分担の危うさが明らかになったといえる。

2. 市町村における児童虐待ケースに対する在宅支援

1) 前身としての児童虐待防止ネットワークから要保護児童対策地域協議会へ

市町村における児童虐待ケースに対する在宅支援への取り組みが本格化してきたのは、2003年の子育て支援事業の市町村事務としての法制化とともに2004年の市町村の児童相談窓口一義化以降であるが、それ以前に多くの市町村では児童虐待防止ネットワークが発足しており、児童虐待ケースに対する独自の取り組みをしている市町村も少なくなかった。都市部では1980年代より主に障がい児に関するネットワークが発生しており、それが発展して子ども相談連絡会として子どもに関するあらゆる相談を取り扱うようになっていた。1990年代より児童虐待に対する相談が増加するようになり、それに対応するため虐待に特化したネットワークが独立するようになってきた（加藤, 2005）。

国の施策として児童虐待防止ネットワークが登場するのは1997年になってからのことである。市町村児童虐待防止ネットワークは、1997年発令された「子どもの心の健康づくり対策事業について」という通知文上に事業として初めて記載され、2000年に創設された（山野, 2009）。ここではネットワーク自体は法定化されたわけでも、定義化されたわけでもなく、保健・医療・福祉・警察・司法などの関係機関・団体を構成員とする「児童虐待防止協議会」を設け、定期的な連絡会や事例検討会を実施することなどが記されたにとどまる。ゆえにネットワークの中の構成員は市町村に

より様々であり、学校が入っていない市町村や守秘義務を持たない子ども会などが参加している市町村もあり、その運営方法も様々であった。このネットワークに対する曖昧さについては、社会保障審議会児童部会「児童虐待の防止に関する専門委員会」にて2003年11月にとりあげられ、「責任体制の明確化・情報の共有化・ルールの明確化」の必要性が話し合われた。ここでの議論を基盤として、2004年の児童福祉法一部改正において、市町村児童虐待防止ネットワークは「要保護児童対策地域協議会」(以下、地域協議会)として法律の条文に記載された。同時に同法改正により、市町村が児童相談を第一義的に担うこととなった。

2) 要保護児童対策地域協議会の目的

児童福祉法第25条の2には地域協議会は「要保護児童若しくは要支援児童及びその保護者又は特定妊婦(以下「要保護児童等」)に関する情報その他要保護児童の適切な保護又は要支援児童若しくは特定妊婦への適切な支援を図るために必要な情報の交換を行うとともに、要保護児童等に対する支援の内容に関する協議を行うものとする」と書かれている。つまり、地域協議会は要保護児童等の適切な支援のための情報交換と支援の内容に関する協議を行うことを目的としている。

地域協議会の協議の対象とされるのは、設置・運営指針によると「要保護児童(保護者のいない児童又は保護者に監護されることが不適当であると認められる児童)及びその保護者、要支援児童(保護者の養育を支援することが特に認められる児童)とその保護者及び特定妊婦(出産後の養育について出産前において支援を行うことが特に必要と認められる妊婦)とされている」(厚生労働省、2011f)。ここで明確にされているように、地域協議会で扱う対象は市町村が子育て家庭全般に行う「子育て支援」での対象とは明らかに異なる。加藤(2007)は児童虐待ケースに特化すると、子育て支援における目的は「(特定されない対象への)児童虐待発生予防、地域協議会の目的は虐待再発予防(またはリスクにより特定された対象への虐待発生予防)」と、その違いを明確にしている。児童相談と対象が重複する部分もあるが、地域協議会が担当するのは要保護性・要養護性の高い家族及び要支援家族または特定妊婦などのハイ

リスクの家族であることが一般的であるが、対象に対する考え方は市町村により違う（加藤, 2007）。地域協議会が対応することで、要保護性により当事者である家族の情報を、当事者のいない場で当事者の許可なく関係機関が話し合い、守秘義務を超えて、情報が共有されることが可能だと考えられることが多い。加藤（2004）は、児童虐待防止ネットワークの時代から、家族不在で物事を進めていく危険性を指摘し、「子ども・家族を含めた参加型のファミリーソーシャルワークアプローチ」の必要性について訴えたが、地域協議会になってもこの課題は残されたままである。加えて児童虐待発生予防と虐待再発予防のために提供される援助及び社会資源はほぼ同じものであり、違いとしては後者においては進行管理が定期的に行われることぐらいである。ゆえに、ハイリスクであったとしても提供可能な資源は限られており、定期的に実践者会議の中で見直しをする以外は特別なことはできない現状がある。

3）要保護児童対策地域協議会の構成

　地域協議会は法制化されたことにより、その構成員に対して守秘義務が課せられることとなった。さらに2007年には厚生労働省から要保護児童対策地域協議会の設置・サポートにあたっての「要保護児童対策地域協議会（子どもを守る地域ネットワーク）スタートアップマニュアル」が出され、同年には児童虐待防止法及び児童福祉法の改正により、地域協議会の設置が努力義務化された。設置状況は2011年4月時点で全国1,619市区町村のうち1,587ヶ所（98.0%）となっており、ネットワークを持つ市区町村も含めると99.5%となっている（厚生労働省, 2011f）。地域協議会は取り扱う内容を児童虐待のみとせず、「要保護児童」と広げているため、従来の児童虐待防止ネットワークを児童虐待部会とし、並列して非行部会、障がい部会などの他部会も設置している市町村も多い。そうすることによって、各部会の児童相談窓口より吸い上げられたケースにおいて、要保護性の高いケースを要保護児童対策地域協議会が取り扱い、複数の関係機関とともに援助を展開することができる（菅野, 2007）。

　地域協議会の構造については、多くの児童虐待防止ネットワークでも採

用されていた3層構造（1. 代表者会議、2. 実務者会議、3. 個別ケース検討会議）を全地域協議会の68.4％が採用している（29.4％が2層構造となっている）（厚生労働省, 2011a）。地域の関係機関をメンバーとし、関係機関の連携が大きな目的となる地域協議会において機関の代表者から実務担当者、そして個別ケースに関わる担当者までの各層において、それぞれの目的を持って、定期的または必要に応じて会議を開催するという運営スタイルは市町村での「児童虐待対応のための関係機関の連携ができる体制作り」を促進させるのに効果的な構造である。実際に各ケースへの対応の役割分担や情報収集が行われるのは最下層にある個別ケース検討会議であり、市町村が持つ全体のケースに対して3ヶ月ごとの見直しを行っているのは実務者会議であるというのが一般的なスタイルである。様々な構成員による地域協議会は多機関による複合体であり、児童虐待対応の体制として構造はよくできているが、地域協議会の活動の中心となる個別ケース検討会議や実務者会議においては、その機能及び方法論が確立されておらず、市町村間により開催頻度や内容に格差がある（加藤, 2005）。

　要保護児童対策地域協議会運営指針（厚生労働省, 2010b）によると、地域協議会における役割については、主に三つの機能、主たる直接援助機能、とりまとめ機能、ケースマネージャー機能がある[1]。地域協議会でのこれらのソーシャルワーク機能ともいうべき三つの機能は、一人もしくは1機関が担うのではなく、これらの三つの役割に分散されているのである。中には、様々な援助者と援助機関の集合体である地域協議会の構成員の間で、ケースごとに「椅子取りゲーム」のように、役割が交代する市町村もある。ケースごとに家族と最も関係が結べている機関や援助者がキーパーソンとして重要な役割を担うという市町村も少なくない。援助者が人事異動等で交代することがある中で、このような状況では地域協議会においてソーシャルワークの専門的機能があるとは言い難い。もともと地域協議会内にソーシャルワーク専門職がいない市町村も多い（芝野・板野, 2007）。地域協議会が持つ使命や目的はソーシャルワーク実践そのものであるのにかかわらず、核となりソーシャルワークを行う役割が存在しないまま運営されてしまっている。

現在の地域協議会の中で、運営の核となっているのは調整機関（事務局）であり、多くの場合、市町村にある部署におかれているが、その他の児童福祉関連の業務である児童相談担当、虐待通告担当との重複がある場合も多い。相談も通告もそれぞれの働きが違うため、担当が重なればそれだけ多忙となりネットワークで行う会議のタイミングが外れてしまったりする。市町村の規模によってその兼務体制は違い、規模が小さければ児童相談担当、通告担当、事務局の三者を一つの部署または、ひどい時は一人で兼ねている場合も多い。児童福祉主管課、児童福祉・母子保健統合課が調整機関の役割を担っていることが最も多い（厚生労働省, 2011a）。通告から調査、指導は家庭児童相談室のある市町村では家庭児童相談室が担い、家庭児童相談室がないところでは児童福祉を担当する課や係が担当している。事務局は、児童福祉担当課、家庭児童相談室に加え、保健センターが担当することもある。このような市町村による実務体制のばらつきは市町村の規模や実情に合わせたものであるが、同時に、これらの違いが地域協議会での実践のあり方にも影響を与えていることは確かである。実際、個別ケース検討会議開催回数などの活動状況なども市町村それぞれの状況によって、随分異なり、全国的に見れば決して活発であるとはいえない現状もある（山野, 2009; 安部, 2010）。

4）要保護児童対策地域協議会での援助展開

　実際の援助の展開は、個別ケース検討会議を中心に行われていることが多い。個別ケース検討会議は、子どもと親のそれぞれの関係機関の担当者から構成され、この会議において参加者は互いが持つ情報を交換・共有し、「何が問題になっているのか」「課題は何か」をアセスメントする。そしてその結果をもとに援助計画が立てられ、役割分担が話し合われる。その結果、ケース目標と援助課題が提示され、共有される（加藤, 2004）。理想的な個別ケース検討会議における手順及びケースマネージメントの内容について、加藤（2005）及び「要保護児童対策地域協議会（子どもを守るネットワーク）スタートアップマニュアル」（厚生労働省, 2007b）を参考に図1-2にまとめた。

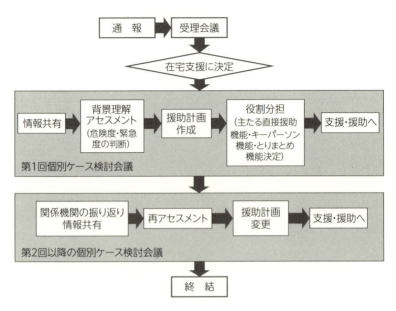

図1-2 個別ケース検討会議におけるケースマネージメントプロセス

[加藤 (2005)・厚生労働省 (2007b) を参考に筆者が作成]

　個別ケース検討会議には、「該当要保護児童に対して直接関わりを有している担当者や今後関わりを有する可能性がある担当者」が出席し、「具体的な援助の内容」を検討する。このケースマネージメントプロセスの内容にはソーシャルワークのケースマネージメントのプロセスである情報収集、アセスメント、援助計画作成、評価が含まれている。このプロセスはソーシャルワークの専門的な直接援助技術 (Direct Practice) にあたり、NASWが発行したガイドラインにおいても「ケースマネージメントはソーシャルワークの専門性において価値、知識、技術の基礎にあたるものである」と記されており (NASW Case Management Task Force, 1984, p.3)、本来は、高いソーシャルワークの専門性を必要とするはずである。しかし、実際には、先述したように、地域協議会におけるソーシャルワークの専門性はあまり期待できるものではない。個別ケース会議でケースマネージャー機能を担うことの多い市町村の児童福祉主管課においても、ソーシャルワークの専門性は高いとはいえない。加藤 (2004, 2011) も調整機関

の不在または機能が不十分なために、ケースに対するマネージメント力やアセスメント力が不足していることを指摘している。

　佐藤と柏女（2009）の市町村に対する調査においては、市町村が感じている地域協議会設置のメリットとして「情報提供・情報収集がしやすくなった」(91.7%)、「関係機関相互の信頼関係」(69.8%) が上位としてあがっているが、実際の家族に対する援助実践において重要な「役割分担の明確化」(32.2%)、「地域への子育て資源検討につながった」(11.5%) などの援助機能に直接関するものに対しては実感が薄いことがわかる。地域協議会は関係者の結びつきを高め、情報提供・収集の場となり、支援者であるメンバー間での情緒的サポートネットワークとなっているが、援助の展開についてはまだまだその機能が実感されにくいようである。学校・保育所・保健所などの各関係機関が本来持つ機能（例：学校ならば教育）に加えて、地域協議会にて与えられた役割として、直接、家族に対して積極的に変化をもたらすような援助を行うのはかなりの負担となるかもしれない。地域協議会で割り振られる役割だけでは、関係機関が実際に家族に変化のきっかけをもたらす「チェンジエージェント」となることは大変難しい。

　地域協議会の大きな機能として「情報収集・情報共有」と「役割分担」があげられるが、その基盤となる関係機関間の連携はいつもスムーズにいっているとは限らない。また、個別ケース検討会議を中心にした援助の展開プロセスを見ると、この援助の展開がリスクアセスメントを中心としたものとなっていることがわかる。児童虐待防止法、市町村児童相談及び地域協議会の運営指針でも早期発見に偏重しているきらいがあり、地域協議会自体が子どもに対するリスクの発見・リスクの見守り等のリスクチェックに奔走させられている傾向が見られる。山野による調査（2009）でも、ネットワークがまだ初期段階の市町村では、情報収集者としての役割を持つマネージャーが家族のリスクチェックに偏重するあまりにリスクに振り回され、臨機応変さや細やかな対応が見えにくくなってしまっている様子が明らかにされている。今後も地域の中で暮らす家族を支えていくような援助を在宅支援に求めるのであれば、子どもの安全を確保するためのリスクアセスメントと並行して、家族を中心とした包括的なニーズの把

握は不可欠だと考える。

3. 日本の児童虐待在宅支援ケースに対する課題

　以上の点を鑑みると、市町村での児童虐待ケースに対する在宅支援について地域協議会の役割は大変大きいと考えられるが、1. 家族自身の援助過程への参加がほとんど見られないこと、2. ソーシャルワーク的な機能を期待される役割の分散、3. 中心となる調整機関のソーシャルワーク専門性の低さ、4. 一部の関係機関に見られる連携の難しさ、5. 包括的ニーズの把握の不足などの点が課題として指摘できる。在宅支援を含めた児童相談体制が市町村に移譲された大きな理由が家族の生活により近い支援体制が組める点であるのであれば、虐待という事象を越えて、子どもが安全にその地域にこれからも生活していくために家族のウェルビーイングの向上を目的におき、家族のよりよい生活のためには何が必要なのか、そのために家族自身が変化することをどのように援助できるのか、という視点を含めた在宅支援を展開していく必要がある。ゆえに、ソーシャルワークの視点を軸に積極的に家族に働きかけ、関係機関とともに変化を促す援助を展開していける在宅支援体制が必要なのではないだろうか？　児相及び市町村が自らの役割分担を相互に理解しあい、児童虐待ケースとしてではなく、より長期的な、子どもにとってそして家族にとっての最善の利益を考えた上での在宅支援の実現が今こそ必要であると考える。そのためには、積極的に「家族維持」を目的とした在宅支援体制を構築する必要がある。

注
1) 主担当機関も地域協議会における大切な役割の一つではあるが、市町村によりその役割の解釈も様々である。「ケース支援の責任を負う機関」を示す場合（この場合は市町村か児相か）もあれば（滋賀県，2012）、「個別ケース検討会議（必要があれば実務者会議）を招集し、主催する」（飯山市，2008；結城市，2007）、「（個別ケース検討会議で）議長をする」（結城市，2007）、「支援の方向性の決定・ケースマネージメントを行い、原則、調整機関が担う」（佐賀県，2010）などの場合もある。本論文では主担当機関の役割解釈の統一が図られていないので、本文中の三つの機能に役割を限定することにした。

第2章
「家族維持」の具体化のための拠って立つ理論

第1節　子どもの最善の利益

　1994年に日本が子どもの権利条約に批准して以来、「子どもの最善の利益（the best interests of the child）」という言葉がよく聞かれるようになった。子どもの権利条約の第3条の「子どもの最善の利益」は広義にわたるものであり、「子どもの最善の利益」の概念は実践に用いる時、個人の価値観や規範に基づく様々な解釈に開かれたものとなっている（小田倉, 2008）。

　だからこそ、子どもに対する重要な判断を行う時は、その判断を委ねられた大人は「本当に最善のものを子どもに与えているのか？」という質的基準を常に問わなくてはならない。多くの場合、第一義的にその判断を委ねられているのは子どもに対して親権を持つ親である。しかし、その親がその責任を全うできない場合、児童福祉法の第1条2にあるように「保護者とともに」子どもを育成する公的責任を持つ「国及び地方公共団体」がその責任を負う。才村（2005a）が指摘するように、この「保護者とともに」児童を健全に育成する公的責任のあり方は、1997年に、厚生省より児童虐待ケースに対する児相による積極的関与の通知が出されて以降、強制的な公的介入の方向へ移行しつつある。

　この「子どもの最善の利益」に基づき、児童福祉施策の使い手は必ず「本当に最善の利益を追求した内容となっているか」に留意しておく必要がある。しかしながら、「何が子どもの最善の利益か」の意思決定は、援助者個人の価値観に委ねられるにはあまりにも責任が重大な意思決定ではないだろうか？

　1994年に日本は子どもの権利条約に批准したものの、この「子どもの最善の利益」については、新たに法律が作られることはなく、児童福祉法

の運用により対応がなされ現在に至っている。未だ、児童福祉法の中には「子どもの最善の利益」という文言は含まれておらず、様々な場でその言葉が多用されるのに、法的に位置付けのないままであり（芝野, 2005b)、子どもの最善の利益の判断基準に対するガイドラインなども、現在の子ども家庭福祉には設定されていない（柏女, 2008)。

　芝野（2005b）も、実家族によってなんらかの理由で養育されることができない子どもに対する「社会的養護」のあり方に「子どもの最善の利益」という概念が持ち込まれているにもかかわらず、それを積極的に議論し、操作化しようとする努力がなされていないことを指摘している。援助者が、「最善の利益」という質的基準を保障するために何を目指してどのような手続きを行うのか（due process）が明らかにされておらず、マスコミのセンセーショナルな児童虐待事例の報道やそれに対する世論の高まりに反応した、場当たり的な法や制度の改正に援助者が振り回されるという事態が起こっている。

　特に、長期の親子分離及び子どもの措置に関する決定については、前述した審議会内でも話し合われているように、最も「子どもの最善の利益」について考えられなくてはいけない決定事項である。Goldsteinら（1973）もその著書の中で、「子どもの措置に関する決定は法律上最も上級の決定事項であり、子どもの心理的ニーズを最も満たせる人間とは誰かを決めるという大変複雑な決定をはらんでいる」(p.4)と述べ、「子どもの最善の利益（the best interests of the child）」について記した著書3部作の中で、「子どもの措置や親権に関する法的判断」のためのガイドラインを実際の判例を用いて説明している。

　特にGoldsteinらは、第1作目『Beyond the Best Interests of the Child』の中で子どもの健全な発達のためには、「子どもの身体的・心理的ニーズに関心を払い、満たすことによって、子どもに自分が大事にされ欲されていると感じさせることのできる少なくとも一人の大人＝心理的親の存在が必要である」と述べ、その重要性を強調した。

　さらに同書の中で、「子どもの利益は家族が外部からいちいち監視されずに自律的な単位として尊重されることで、最も効果的に達成される」と

し、「必要最小限度の公的介入」を大前提として掲げた。そこでは、法律や制度が親子関係という人間関係に立ち入ることの限界と、援助者や法律家が持ちがちな「救済幻想」を指摘し、措置に至るまでに、対象となる子どもは、措置そのものに内在している不利益をすでに負っていることを関係者は自覚すべきだと主張した。措置に関する決定基準は「最も有害でない選択肢」を基準とし、介入することの弊害が、現在子どもが親から被っている害よりも小さいと判断される場合のみ、介入が正当化されるとした。また子どもを家庭外へ措置する際は、その手続きの中で、必ず次の三つの重要要素について考慮しなくてはならないとした。

重要要素の一つ目は、「心理的親との関係の継続性」である。特定の心理的親との関係のもとにおいて、子どものニーズは最も効果的に充足される。措置の決定をする場合は、子ども自身が、「何が最善の利益であるかを決定し、実行することが可能な自律的な親を持つ権利」と、「その親との関係を分断されない権利」があることを忘れてはならないとしている。「（子どもにとって）親が人格的に未熟で、不安定だったとしても、子どもは情緒的な絆をその親と持つ」（Goldstein et al., 1973, p.19）のであり、「心理的親との絆に介入し、それを分断することは、親が（社会的に見て）適切な親であろうが不適切な親であろうが、子どもにとって大きな情緒的ダメージを与える」ことを忘れてはならないとしている。

二つ目の重要な要素は「子ども特有の時間感覚」である。大人にとっては短期間であっても、子どもの発達段階次第では心理的親との分離が与える影響は大きい。措置の決定を行う場合には、子どもの発達段階に応じた子どもの主観的時間感覚を考慮したものでなければならない。

三つ目の重要な要素は「専門知識による予測の限界性」である。「措置に対する決定において、法律は親子関係を見張ることもできないし、遠い将来を予測することもできないという限界を考慮しておかなくてはならない」（p.49）。そして「法律は思い上がりをやめて、子どもが傷つくことを回避するに留め、子どもの未来を予測するにしても短期間の予測にすべきである」（p.52）と指摘している（Goldstein et al., 1973）。子どもが誰の目にも過酷な家族状況におかれている極端な場合は別として、専門家は、断片的

な専門知識の接合に基づき子どもの現在と将来にとっての最善の利益を細部にわたって判断していく指導的権限を自らに認める考え方そのものを見直すべきであるという訓示は、子どもの最善の利益についての議論を深める際に、我々、援助者が大前提として心の中に刻んでおくべきことであろう。

第2作目の『Before the Best Interests of the Child』（Goldstein, Solnit & Freud, 1979）においては、「家族の統合性（family integrity）」と「最小限の公的介入」（minimum state intervention）を議論の核としている。前作の三つの原則を基盤としながら、いかなる場合にその「最小限の公的介入」が行われるべきかが論じられている。「最小限の公的介入」は、公的権力が家族に対して介入する際の根拠となる「Parens Patriae」理論を行使する際に、回答すべき三つの質問が提示されている。一つ目は、「親子関係に介入する際には何が前提条件となるか」である。つまり、公的権力が親子関係に介入することの必要性を証明することができるか、である。条件として、公的権力が「最も有害でない選択肢」を示せない場合は、介入するべきではない。二つ目は、「親子関係に介入するのに十分な原因とは何か」である。そして、その原因に対して誰がどれだけの説明を果たさなくてはならないかという問題である。親子関係に介入する際に、公的権力は何を根拠として親子関係に介入するのかをはっきりと示す必要がある。三つ目は、前の二つの質問に回答できたならば、「家庭外措置が最も有害でない選択肢となるか」である。子どもを措置する場合には、その措置という選択肢が、（子どもを措置せず）家族を支援することよりも、子どもにとって害が少ないことを証明しなくてはならない。ここでも、「子どもの措置は子どもの最善の利益のためになされるのではなく、（今子どもがいる状況よりも）害が少ない選択にすぎないということを援助者は理解しておく必要がある」とGoldsteinらは繰り返し強調する。

加えて、第3作目にあたる『In the Best Interests of the Child』（Goldstein, Freud, Solnit, Freud & Goldstein, 1986）では、措置の判断を下す時に専門家が陥りがちな危険として、「他の専門領域に越境してしまうこと」や「同じ家族に対して二つの違う役割を同時に担ってしまうこと」「子ど

もに対して親のようにふるまって子どもを混乱させてしまうこと」(p.222)をあげ、「子どもに対する措置は現在の子どものための利益ではなく、過去に子どもに関わる大人や公的権力が与えた悪影響から回復させるために使われるべきである」(p.225) と述べ、「(子どもの措置における) 子どもの最善の利益は最も害の少ない選択肢を子どもに提供することである」(p.228)と再述することでその3部作の結びとしている。

　これらの著書の中で示されたガイドラインは、米国において1980年の連邦法「養子縁組援助と子どもの福祉に関する法律」(Adoption Assistance and Child Welfare Act、以下AACWA) の中で法的手続きとして具体化された。特に第1作目の「Beyond the Best Interests of the Child」で示された三つの重要要素である「心理的親との関係の継続性」「子ども特有の時間感覚」「専門知識による予測の限界性」及び「最も有害でない選択肢」という考え方は本連邦法の中で「Permanency Planning (パーマネンシープランニング)」「Reasonable Efforts (援助専門職の正当な努力)」「Least Restrictive Alternatives (最も拘束の少ない援助の選択肢)」として子どもの措置に対する手続きの3本柱として組み込まれた (Schuerman, Rzepnicki & Littel, 1994; 芝野, 2005b)。特に「心理的親との関係性の継続性」は「子どもが元の家族にとどまれるように、または他の家族に永続的に養育されるように」「短期間に子どもが養親や保護者との間に継続した関係が築ける、そしてその関係が生涯続くことを目的に実行される系統だった援助のプロセス」つまり「Permanency Planning」(Maluccio, Fein, and Olmstead, 1986) としてFamily Preservationに実践化されることの起源となった要素であり、本研究にとって最も重要な要素であるといってよい。

　Goldsteinらが提唱したこの「子どもの最善の利益」を考慮した措置に関する考え方のガイドラインは、親権をめぐる子どもの措置を考えるという特定の状況下での考え方を示しており、子どもの権利条約第3条に示された、「子どもの最善の利益」とは同じ言葉であれ、その出自も性質も異なるものである。先にも述べたが、日本においては「子どもの最善の利益」に対する概念は「親ではなく子ども中心に考えよう」「子どもにとって常によいことを考えよう」などの「心がけ」を表す抽象的な表現の域を

出ていないのが現状である。日本の児童福祉施策特に社会的養護において「子どもの最善の利益」を操作化し、子どもにとって最善の利益だという証（evidence）を誰が見ても理解できるようにするという課題は未だ残ったままである（芝野, 2005b）。児童虐待事例の場合、親子分離する際の大義名分として「子どもの最善の利益」という言葉が使われるが、Goldsteinらが指摘するようにすでにその時点に至るまでに子どもは傷ついていること、これ以上、子どもの福利を損なわないための選択肢として、家庭外措置が本当に「最も害が少ない選択肢」なのかということを援助者は自問しなくてはならない。しかし、何が子どもにとって「最も害が少ない選択肢」なのかは個々のケースによって違うし、それを判断する援助者の価値観によっても左右されるだろう。そのためには日本の社会的養護の方向性として子どもの最善の利益を具体化させた形での「手続き」をはっきりさせておく必要がある。連邦法AACWAにおいて、その手続きは「最も拘束の少ない方法での援助」順でのヒエラルキーで確立されており、その優先順位は1. 家族維持[1]（maintaining the child in her or his own home）、2. 家族再統合（reunification of placed children with their biological families）、3. 養子縁組（adoption）、4. 長期里親（permanent or long term foster families in special situations）、5. 施設ケア（care in institutions）となっている（Pecora, Whittaker, Maluccio, Barth, Depanfilis & Plotonic, 2009; Schuerman et al., 1994; 芝野, 2005b）[2]。

　芝野は「子どもの最善の利益」を「子どもに『心理的親のいる家庭環境』を社会の責任として保障する仕組み、すなわち子どもに『安全で安定した成長の環境』を用意すること」と定義づけている（芝野, 2005b）。実際、子どもたちの中に内在化された心理的親との肯定的な関係が子どもたちのウェルビーイングを高めること、特に3歳以下であれば実親との関係が重要となることは、畠中と木村（2006）による在宅及び児童養護施設入所中の中学生に対する実証的研究でも明らかである。つまりGoldsteinらの考えを踏まえた芝野の定義は、現在の日本の子どもたちの「最善の利益」の定義として極めて適切であるといえる。

　ゆえに、本研究においても、Goldsteinらの研究成果を参考とし、この芝野の定義を「子どもの最善の利益」の定義として採用したい。加えて

Goldsteinらが提唱した基本原則、「心理的親との関係の継続性」「子ども特有の時間感覚」「専門知識による予測の限界性」及び「最も有害でない選択肢」を踏まえた手続きを鑑み、その最優先事項である「家族維持（Family Preservation）」の重要性を強調したい。また、Goldsteinらの提唱した「心理的親との関係の継続性」を踏まえ、「心理的親との永続的な関係の下での養育環境」を本研究で用いる「パーマネンシー」の定義とする。そしてすべての措置の可能性があるケースに対して、子どもの実親との関係を維持・修復しようと努力したことを援助者は証明しなくてはいけないという考えこそが「Reasonable Efforts（正当な努力）」である。この「Reasonable Efforts」は本研究にとって最も重要な概念となるため、後の章でさらに詳しく論じることにしたい。

第2節　Family Centered Practiceにおける概念的枠組み

　本研究のテーマである家族維持において焦点となるのは家族全体である。家族を関心の対象の単位とし、援助提供の対象として考えるソーシャルワークの実践モデルの一つであるFamily Centered Practice（以下FCP）は、家族維持という限定的な実践モデルの根幹を支える包括的実践モデルの一つである（Hartman & Laird, 1983）。The US Department of Health and Human ServicesのAdministration of Children and FamiliesのHP（http://www.childwelfare.gov/）では、FCPは「家族に対して支援を展開する際の一方法」であり、「家族が持つ子どもの養育と保護機能を強化するためのサービス提供システム全般に用いられ、家族やコミュニティという文脈の中での子どものニーズと福利に焦点をあてたもの」とされている。FCPは家族関係における強みを認め、その強みの上によりよい結果を築こうとするものである。また、家族とは「実家族、再婚等による混合家族（Blended）、親戚、里親、養子縁組などの幅広い種類の家族を含む」と定義されている（The US Department of Health and Human Services Administration of Children and Families）。またFCPのアプローチは多くの場合はコミュニティを基盤とし、対象も児童虐待ケースだけではなく、障がい児のいる家族、

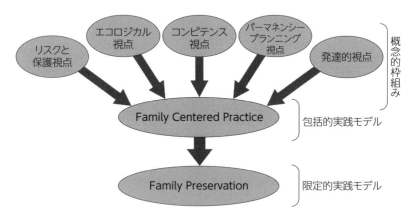

図2-1　Family Centered PracticeとFamily Preservationの概念的関係図
［レビューを元に筆者が作成］

薬物依存の親や服役中の親のいる家族など幅広い家族に対しても用いることができる（Leal, 2005）。本節では、対象と目的を限定して行われる実践モデルの一つであるFamily Preservationとその上位に位置する包括的実践モデルであるFCP、またFCPを支える概念的枠組みについて整理していく（図2-1）。

　FCP発祥の地であるアメリカにおいても、1980年以前は、児童福祉制度は家族を援助の対象とはしていなかった。むしろ、子どもを保護し、子どもを保護した後は、なるべく実親を忘れるように働きかけていた（Child Welfare League of America, 2003）。このFCPが実践において具体化された三つの流れとして、Child Welfare League of America（2003）は 1. Permanency Planning、2. Family Support、3. Family Preservationをあげている。家族を対象として強化・支援・介入を行い、すべての家族メンバーを援助することを目的としたサービスをFamily Centered Servicesという言葉で総称することも多く、先述の2. Family Support、3. Family Preservationがそれらのサービスを内包した限定的な実践モデルにあたる（Wells & Fuller, 2000）。

　なぜ家族を関心の対象単位（a unit of attention）としてとらえるのか？そこには、「子どもの成長のために最適な場所は家庭である」という価値

が根本にある。この「家族尊重」の価値観は1909年第1回ホワイトハウス会議にて宣言されて以来、児童福祉の基調となっている。また、ソーシャルワークの発展の流れから見るとHollis（1964）以降の「心理社会的枠組み」の流れにおける「状況の中の人間（person in situation）」の概念と生態学的概念との融合である「システム論的認識論」において提唱された「家族を個人が所属している環境としてとらえ、個人－家族－社会の相互作用が個人の行動に反映されるという考え方」（Bronfenbrenner, 1979）が元となっている。この生態学的視点（ecological perspective）はFCPを支える概念的枠組みの一つとされており、FCPにおける援助手続きにも大いに反映されている。また日本においても、家族という環境が子どものウェルビーイングに対して大きな影響を与えるという実証的調査の結果も報告されており（畠中・木村, 2006）、家族を対象として援助を行うことが、子どもにとってよい結果をもたらすことは広く認知されている。児童虐待ケースについては、子どもへのリスク判断によっては、児童を保護することを優先させ、親子分離をする必要に迫られる場合がある。しかし、家族自体が変化し、子どもにとって安全な環境とならない限り、子どもは実家族に戻ることはできない。また、家族が変わらない限り、その家族に新しい子どもができたら同じことが起こり得る。環境としての家族に対して変化をもたらすことを目的に援助をしなければ、応急処置及び対処療法をしたにすぎなくなってしまう。児童の保護は一時的な処置であり、FCPは児童虐待ケースにおいても、子どもの安全が確保される限り用いられるべき包括的な実践モデルである。

　日本の児童福祉施策が戦後の「児童保護」より、「児童福祉」を経て家族に目を向け始めたのは子どもの権利条約への批准や国際家族年を経て、家族の重要性を強く意識させられたことによる影響が大きい（山縣, 2010）。1998年に初めて「子ども家庭福祉論」という名称を用いたテキストが出版され、高橋（1998）はその中で、伝統的な「児童福祉」行政は「親が責任を持つかまたは問題が起これば行政処分という形で子どもの保護を行うかの二分法」（p.12）であったと批判し、子どもと家庭を一体として把握し、子どもの帰属する家庭（親）への支援を充実させるための「子ども家庭福

祉」という概念への転換を主張した[3]。

　また子どもを対象にした専門職である保育士資格が法定化され国家資格となると同時に、その養成課程に2002年「家族援助論」が位置付けられたのも家族を対象とした支援・援助についての重要性が認知された徴であるといえる。畠中（2003）は「家族福祉」を「家族成員の一人ひとりが誰も犠牲にならないで集団として自己実現していくだけの自立的遂行の援助の実践とその援助サービスの体系」（p.172）と定義し、その実現には学際的なアプローチが必要であると述べた。しかしながら、家族を対象にした援助展開において拠って立つ理論となるべき概念的枠組みは日本においては紹介されていない[4]。

　そこで、本節ではPecora他（2009）が示したFCPの概念的枠組みである五つの視点（図2-2）を紹介し、FCP実践の一つである家族維持（Family Preservation）での援助実践において、どのように解釈し得るかを考えてみたい。

　FCPを支える概念的枠組みとしてPecoraほか（2009）は五つの視点を紹介している。原案は四つの視点より構成されていたが、2009年に紹介された枠組みには五つ目の要素となる「リスクと保護要素」が加えられている（図2-2）。

　一つ目の「エコロジカル視点」はこの五つの視点の中でも基盤となる視点であり、他の視点のうち、コンピテンス視点、発達的視点、リスクと保護要素も包含した視点でもある。子どもにとって家族は保護的かつ変化を与えるミクロシステムであり、子ども自身、家族そして社会的なレベルでリスクと保護要素を見つけ出し、その中での複雑な作用を改善していくことこそが実践の目的となる。家族を対象として、養育機能のみではなく生活全体を包括的に援助する家族維持の実践は環境の中で家族をとらえ、家族の中で親及び子どもをとらえるエコロジカル視点に端を発したものである。

　二つ目は「コンピテンス視点」である。Germain（1992）はRobert Whiteの概念を参考とし、コンピテンス（competence）を「その環境で『効果』を上げるような方向へ向けられる本能的な力と、環境とともに成長する経

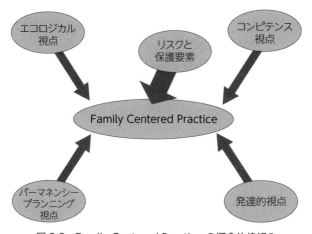

図2-2　Family Centered Practice の概念的枠組み
[Maluccioによる図（Pecora et al., 2009; p.85）を日本語訳したもの]

験を探し求めること」（p.10）だと定義し、自説の生活モデルの概念的枠組みとして取り入れた。このコンピテンスという概念は、FCP以外にも多くのソーシャルワークの実践モデルの中で概念的枠組みとして用いられている。コンピテンス視点は家族へのエンパワメントの基本となる考え方である。コンピテンス視点を踏まえ、エンパワメント実践を行うために大切な要素として、家族自身の意思決定への参加、家族自身の強み、問題解決能力、自立心があげられている。家族維持において、親のコンピテンスを信じ、生活のための継続的かつ包括的な支援を提供することこそ、エコロジカル視点・コンピテンス視点・発達的視点にそって行われる実践である（Pecora et al., 2009）。

　三つ目の「発達的視点」は、人間は環境との交互作用を通じて生涯、発達していくという考えを基本としている。そして環境の変化に合わせて人間自体も変化し続けるという環境との交互作用と、家族にあるコンテクストにおいての人間の機能・成長を理解するための拠って立つ視座（a frame of reference）を提供する視点である（Germain, 1973; Pecora et al., 2009）。発達段階についてはFreudをはじめとした固定した発達段階があるという考え方と、個人、家族によってその段階が様々であるという考え方がある

(Germain, 1987) が、ここで枠組みとして使用されるのは後者のほうであり、Germain (1991) は人間の発達は社会的、物理的環境との間の複雑かつ相互依存的な関係における力動的なプロセスであると述べた。家族をとりまく環境が変化することによりその交互作用にも変化が及ぶという考え方は、家族全体とその家族のいる環境に対して働きかけることをターゲットとした家族維持にも使われている視点である。

　四つ目の視点である「パーマネンシープランニング視点」については、Goldsteinら (1973) が述べた子どもの措置に関する基準を概念化した視点である。Pecoraほか (2009) はこの視点を「実家族の重要性と家庭で子どもが養育されることの価値に重点をおいた哲学」と紹介し (p.74)、子どものパーマネンシーを守るためには、家族が持つ問題と子どもの安全とのバランスに焦点をあてた実践、つまり、家族維持 (Family Preservation) にもっと関心を向けるべきだと主張している。

　FCPの概念的枠組みの中で最も新しく加えられた五つ目の視点はリスクと保護要素である。他の四つの視点 (perspectives) とは違う次元から切り込むように図示されているこの要素はFCPにおける革新的な概念要素である。リスクと保護要素の考え方は、予防科学における流れの中で生み出された考え方であり、リスク軽減に対する試みを目的としたものである。リスクとレジリエンスアプローチとして紹介されることも多い (Greene, 2007)。貧困家庭などのハイリスクとみなされる家族で養育されても、成功した成人となった多くの子どもたちがいる事実をとらえ、リスクに焦点をあてるよりも、それを緩和・軽減させる要素に焦点をあてようとする考え方である。児童虐待においては、家族が持つ児童虐待やネグレクトにつながるリスク要素と子どもの安全と家族全体のウェルビーイングを促進させる保護要素の考え方の両方が必要である (The US Department of Health and Human Services. Administration of Children and Families)。

　リスク要素とは危機的及び否定的な出来事を経験した人が将来、その悪影響を受け、問題を発生させたり、ストレスを高じたりする可能性のことであり、内的要素である生物的なリスク要素と外的な環境的リスク要素がある (Encyclopedia of Social Work 20th ed., 2010)。実際にリスク要素には、リ

スク自体が除去可能なものと除去することが難しいものとがある。例えば、障がいがある子どもなどは、障がい自体を取り除くことは難しい。ひとり親家庭も同じである。この場合、リスクだけに焦点をあてているだけでは効果的な援助が期待できない。一方、保護要素はリスクからの影響を緩和し、発達における成功した成果の可能性を上げるものである。保護要因の場合も内的・外的の両方があり、アセスメント結果によっては、ソーシャルワーカーはクライエントの回復能力を強化し、サポートネットワークを補強することができる（Greene, 2007）。FCPにおけるリスク及び保護要素は1. 子ども自身・家族（親）・コミュニティ、2. 社会、3. 環境の三つの領域に分別することができる（Pecora et al., 2009）。

日本においても2000年前後より児童虐待に対するリスクアセスメントの研究が盛んとなり、早期発見という目的のもとに「リスクを見つけること」に力が注がれていた時代があった。昨今、リスク偏重傾向への反省を含めて、ストレングス視点やエンパワメント実践などの流れとともに、「サインズ・オブ・セーフティアプローチ」（Turnell & Edwards, 1999）などの保護要素もアセスメントの対象とする方法論も紹介され始めた。しかしながら、措置前の在宅支援、特に市町村の在宅支援においてはリスクアセスメント以外のアセスメントが十分されているとは言い難い現状もあり、されていたとしても十分に援助に結びつけられていないことも多い（加藤, 2005; 山野, 2009）。家族維持は子どもの安全へのリスクのみに集中するのではなく、あくまで家族本来が持つ養育機能を促すこと、家族が持っている保護要素を的確にアセスメントし、それを増進させることで子どもの養育に適した安全な環境を作り上げることを目的とした実践である。家族維持は最もリスク要素と保護要素について敏感であり、正確に把握し、バランスをとることを必要とされる実践といってもよいだろう。

以上、本書の主要テーマである「家族維持」の包括的実践理論となるFamily Centered Practiceにおける概念的枠組みについて整理をした。これらの概念は、「家族維持」の実践においても援助者の価値・態度・援助方法のミクロ的分野に始まり、制度・法律・施策等のマクロ的分野においてもしっかりと認識しておくべき重要な概念である。本書においても、こ

のFCPの概念を視座として本研究を展開していくこととする。

注
1) 厳密にいえば、家族維持はパーマネンシープランニングには含まれず、それ以前の前提条件とされることもあるが、要保護児童とその家庭に対する最優先事項であることにはかわりないと考える。
2) 1997年以降、Adoption and Safety Family Actによりこの序列については並行プランニング（concurrent planning）の義務付けにより、家族再統合については、その可能性を検討した上で、長期里親ケアや養子縁組のパーマネンシープランニングも同時並行で、目的として設けることになっており、完全な序列ではなくなっている。
3) なお、高橋（1998）は家族は「扶養のシステムに関わる少数の近親者」であるとし、家庭は「家族及びそれに属する人びと」であり、「家庭を構成する成員相互が、情緒に基づく相互作用を行うことによって、生理的、社会的、文化的、保健的欲求を充足するシステム」であるとし、親族関係にとらわれない「家庭」という言葉を用いて「子ども家庭福祉」としている。FCPにおけるFamilyの定義は、「『家族』としてのアイデンティティを持っており、その関係性にコミット"commit"している二人以上の人」（Pecora et al., 2009, p.63）であり、高橋の「家庭」の定義とほぼ同義である。本研究の中心テーマの「家族維持」は実家族にこだわり、システムの焦点を「家族」という複数の人間の集合体にあてるため、あえてFamilyの訳語として「家族」を用いることとする。
4) 家族援助のターゲット及びその全体像を示すための構成要素については山縣（2009）が提示したものがあるが、ここでは援助を行う際のよりどころとなるべき理論的枠組みの不在について言及したい。

第 3 章

日本における家族支援についての考察
―日本における親子分離に対する考え方の変遷と現状―

　第 1 章でもふれたが、1997 年に厚生労働省が第 434 号通知を出し、2000年に児童虐待防止法が制定されてから後、子どもの安全のためには親子分離を辞さない態度が児相に求められ続けている。その結果として、児童養護施設及び乳児院への入所児数は年々増加傾向にあり、平成 22 年度の全国の児童養護施設の定員充足率は平均 86.5％（厚生労働省, 2012a）である。平成 25 年度児童養護施設等入所児童調査結果によると、入所児童の約 6 割が虐待という背景を抱えていることがわかる（厚生労働省, 2015）。本章では、このような現状を踏まえて、親子分離に対して積極的になっていく日本の児童虐待施策に対して次の三つの点を指摘し、なぜ日本の児童福祉施策に「家族再統合」とともに「家族維持」の試みが必要なのかを議論したい。

　まず一つ目の議論として、親子分離のみが児童虐待（時にはネグレクト）に対する効果的な手段になっていることが、虐待を背景とした入所児童の増加の主な原因となっている可能性を指摘したい。特に、虐待をしている親が指導に乗らない場合、従来の方法のままでは子どもの安全を確保しきれないことから、立ち入り調査、一時保護そして施設入所という流れのいわゆる介入的アプローチやハードアプローチといわれる方法論が展開されるようになってきた。これは今までの児相が感じてきた「優しさを前面に打ち出した対応」による無力さからの反省（津崎, 2003; 才村, 2005b）から生まれたものである。津崎（2003）はこの「権威に裏付けられた毅然たる対応を行うソーシャルワーク」である「ハードアプローチ」により、一歩も後に引かない強い姿勢をとり続けることにより、保護者は始めて挫折体験を味わい、気弱になり、そこで受容的アプローチをとることにより、保護者の態度の変容を促し指導に導きやすくなるとし、子どもの安全確保だけでなく、親の態度を変容させる手段として大変効果的であると提唱した。

さらに、津崎（2008）は「早期発見・早期の安全確認→速やかな子どもの保護→ニーズに乏しい親に対する改善の効果的指導枠組み→子どもの心の傷の回復の手立ての整備→改善・回復を前提とした親子の再統合を目指す取り組み→家庭復帰が困難である子どもたちを対象にした里親などの新たな代替家庭の提供、あるいは自立を可能にするための保護・支援機能の整備」（p.19）の流れの支援の形を提唱し、「介入型支援」と呼んだ。2000年の児童虐待防止法制定以降、この介入型支援に向かって法律・制度は移行しつつある。しかし、この方向性に対して懸念を示す声も少なくない。才村（2005b）は、「ソーシャルワークは虐待事例の前では無力」として強制的介入を盲信する児童相談所職員がいることが「児童相談所の福祉警察化」と揶揄される原因となっている事実を指摘している。また竹中（2003）は、介入的ソーシャルワークと受容的ソーシャルワークが二極化している事実を指摘し、両者の統合の可能性を無視しているという批判もあるとした。川崎（2006）も「職権により子どもを保護したことで家庭引き取りを願う保護者が指導を受けることもある。だからといって保護者を指導する『手段』として子どもから親を引き離すのは本末転倒である」（p.141）と親子分離を親の行動変容のために積極的に用いるやり方について反論している。

　この津崎による「介入的支援」の流れを受けて、立ち入り調査、一時保護の意味合いも変わりつつある。以前は、立ち入り調査は原則的に児童福祉法28条申し立てを想定しているケースについてのみ行われるものであり、立ち入り調査を行う前に家庭裁判所の審判に耐えるだけの証拠がなければ実効性に欠けると考えられていたが、現在はそれを前提とはしていない。立ち入り調査は「調査」ではなく、「初対面の保護者との対立関係を前提とした手法」（平野, 2008, p.31）であるとしている。また多くの実践現場で立ち入り調査は一時保護と連動している場合が多い。一時保護においても、以前は、保護者の同意を得ることが前提であった（厚生省児童家庭局, 1977）が、1990年「児童相談所運営指針」では、親権者の同意が得られない場合にも行うことができると明記され、1998年の改正版では、「一時保護の強行性」という表現が使われることで、以降、立ち入り調査と連動し

ての一時保護という考えが定着していった。立ち入り調査自体においてもその強制力を強めることとなり、2007年度の児童虐待防止法改正においては（第9条の3第1項）には「解錠を伴う立ち入り調査の強化及び拒否した者に対する罰金額の引き上げ」「臨検、捜索等」の処分などが付け加えられた。また2010年夏に大阪市で起こった幼児2名の死亡事件についで、同年8月に厚生労働省は「安全確認の徹底に関しての通知」を、9月には「虐待通告のあった児童の安全確認の手引き」を各児童相談所向けに通達し、各自治体はすべての通告に対して48時間以内に安全確認を行うことを原則とした。以上のように虐待対応において、安全確認の手続きはさらに強迫的になりつつある。

　本書は、子どもの安全を犠牲にすることを肯定しているのでは決してない。しかし、目先の安全確保と救命のみが目標となり、初回訪問からすでに介入的な対応のみで家族に接触してしまうことは、家族としての統合性に配慮することができず、家族維持の可能性を探る機会を見失ってしまうのではないかと危惧している。児童虐待事例に対する支援の方向性が一方向のみになってしまうことで、家族に対して包括的な支援を措置前に行う可能性が狭められる危険性を懸念しているのである。芝野（2005b）も、アメリカの1974年「児童虐待防止及び処遇法」（Child Abuse Prevention and Treatment Act）成立後の、子どもたちの命を救うことが至上命令であり、虐待を受けている子どもたちは「救命」と「保護」の名の下に虐待者である親から次々に引き離された状況と2000年に児童虐待防止法が成立した後の日本の現状の類似性を指摘し、親権の効力をそのままにしたまま、パーマネンシーの理念のバックボーンを持たない状況の下での援助の流れに対して警鐘を鳴らしており、その様子を「目先の安全という薄明かりのみを頼りに、まさにジャングルの中を地図や装具を持たずに進むことになってしまっている」（p.367）状況であると指摘した。一時保護はあくまでも子どもの安全確保の目的で用いるものであり、親にいうことを聞かせるための手段として用いるものではない。子どもの身柄を保護し、安全を確保するのみで援助を終えるのであれば、ソーシャルワークでなく警察が行えばよい。子どもの安全を確保しながら、子どもが家族のもとで安全で

安心して生活できるように援助を提供する「正当な努力」を行うこと、そして何よりも大事なことは、それが可能であるか見極めること、それが児童虐待という問題に関わるソーシャルワークとしての使命ではないのだろうか？　そして、その使命を遂行できるような、「介入型支援」以外の方向性を示す法的制度が整えられるべきである。また、津崎が示すような「介入的アプローチ」も、熟練の実践者の中では、長年積み重ねられた経験から「受容的アプローチ」と融合され、必要な時において「毅然とした態度」として顕示されるものであり、実際の現場においては分離されておらず自然と援助テクニックの中に組み込まれているものであると考える。津崎（2003）も「力で押さえ込めといっているのではない」と述べ、最終的には習癖化した問題解決のパターンに歯止めをかけた上で、親の背負っている苦労や悲しみに思いを馳せ、その気持ちを汲み取ってより現実に適う行動を彼ら・彼女らが選択できることに導く重要性を訴えている。決して「介入的アプローチ」に偏重して親に真っ向から対抗することだけを推奨しているのではないのである。そのアプローチを使いこなすには高い専門性と多くの現場経験が必要であり、「家族全体」のウェルビーイングに対する援助者の責任を忘れてはいけない。川崎（2006）は、「児童虐待の加害者となってしまう保護者は、これ以上ないというほどの苦しみ、困難を味わわされ、また人権侵害の被害者の側に立たされてきたのであり、その果てに到達したのが児童虐待という結果なのである。だとしたら保護者自身が、まずは精神的・物理的に、また社会的に十分な援助を与えられなければならない」（p.90）と述べた。家族の最善の利益を守ることで、子どもの最善の利益を守る方法があるのだということを忘れてはならない。

　二つ目の議論として、長期の家庭外措置にとって子どもの最善の利益であるパーマネンシーの確保のための制度が現時点では未成熟（premature）な点である。ここで指摘しているのは次の二つの状況についてである。

　まず、長期の家庭外措置の判断に際して、親子分離の正当性及び必然性を客観的に証明するシステムが未だ整っていない状況である。事実、平成24年4月1日の「民法等の一部を改正する法律」の施行により2年以内の期間に限って親権の停止制度が新設された（厚生労働省, 2011a; 厚生労働省,

2011b; 法務省, 2011)。この制度に該当する事案として想定されているのは、「祖父母や親族が養育するのが相当であるが、親権者がそのことに納得せず、親権を喪失するのもちゅうちょされるような事案（法務省, 2011）」「入所ケースにおいて不当な主張が繰り返される、または繰り返されるおそれがあることにより、児童の安定的な監護が損なわれるおそれがある場合」（厚生労働省, 2011b)、「緊急時以外の医療ネグレクト事案」（厚生労働省, 2011d)、「在宅でも性的虐待のケース」（厚生労働省, 2011b）などであり、筆者が論じているような司法という中立的な立場で、パーマネンシーの確保のために親子分離が必要かどうかを客観的に判断することをねらったものではない。また停止解除の条件に伴う保護者に対する指導に対しては、議論の段階から、司法関係者は極めて消極的な態度であり、「施設入所中などの子どもの養護上、必要であるケースに対して関与する」という運用が主ではないかと見込まれる（法務省, 2011）。このまま、「分離の正当性・必然性を証明する」という制度が整えられないまま親権制限の処分が行われてしまうことがないようにしてほしい。この制度を「子どもの最善の利益」のために、運用していくには、これから事案を積み重ねていく必要があり、時間が必要となるだろう。

　そして、日本の社会的養護の現場が子どものパーマネンシーを保障するという観点での未成熟な状況である。実際、家庭外措置になった子どもたちの約9割が児童養護施設に入所[1]している中で、職員配置等を定めた「児童福祉施設最低基準」は2011年まで、30年近くの間、改正されてはこなかった（才村, 2008）。2011年6月、一部が改正されたものの職員配置に関しては、家族支援専門相談員・個別対応職員・心理療法担当職員の加配職員配置を義務化し実質的にはすでに現行の措置費に含まれていたものを明記するにとどまり、新たに職員配置を増やすものではなかった（厚生労働省, 2011d）。日本は国際的に見ても、親のケアを受けていない子どもに対する代替的養護が不十分であることに対して、再三の勧告を国連子どもの権利委員会から受けている（平野, 2010）。パーマネンシーの保証、つまり、「心理的親との永続的な関係の下での養育環境」の保証という観点では、施設において職員がどんなに努力しても、入所している子どもの発達に対

して万全の環境であるとは必ずしもいえない。特に職員配置の問題では、金子（2004）が指摘するように、現在の交代勤務制で複数の職員が養育に携わる中では、特別な大人との永続的な関係を保障することはできず、心理・社会的関係を構築することが難しい。施設現場に関わる経験がある者ならば誰でも、どれだけ職員が精魂を込めて子どもと向き合っても、施設という環境の中での子どもとの関係性に対して限界を感じたことがあるだろう。もちろん、「集団主義養護理論」（積, 1971）、「積極的養護理論」などの施設養護における集団養護の特性の肯定的影響を唱えた理論（北川, 2000）もあるが、三宅（2002）が指摘するように、職員体制・治療・支援体制等の児童養護施設体制そのものが被虐待児の受け入れが整っているとはいえない現状が続いている。これらの点についても、今後、「施設の小規模化と家庭的養護の推進」を目的に、政府は里親委託率の引き上げ、施設の小規模化、里親ファミリーホームの拡充など将来的な構想として取り組んでいるが、社会的養護下にあるすべての子どもたちに対してパーマネンシーを保証する制度を構築するのにはまだまだ時間を要するだろう（厚生労働省, 2011g）。里親制度が進んだアメリカでさえ、家庭外措置の経験自体が子どもに与える否定的な影響を示す調査結果が示されている（Fantuzzo & Perlman, 2007; Stone, 2007）。このような否定的影響を考えても、Goldsteinらがいうように親子分離後の措置先が「子どもが家庭にとどまるよりも害が少ない」ことをあらゆる意味で保障できなければ、家庭外措置は正当化できない。

　家庭外措置に関わる裁判所介入及び社会的養護のいずれも改善に向けての制度改変が行われつつあるが、これらの改変と同時に、その未成熟（premature）な状況を改善するためにも、在宅でパーマネンシーを保障するための実践、家族維持を目的とした在宅支援を制度の中に組み込む必要性があると強調したい。

　最後に三つ目の議論は、一度、物理的に長期分離してしまった子どもを家庭復帰させ、家族を再統合することは家族維持よりも難しいのではないか、という点である。実際、家族再統合の定義についても、日本では、分離された子どもが実際に家族のもとで生活することを要件とする狭義の

「家族再統合」と、在宅ケースにおいて傷ついた親子関係についての関係修復を目的とした「家族再統合」、また施設入所児の子どもと親との関係修復を目的とし、必ずしも同居家族の再開を要件としない「家族再統合」などのかなり広義の定義が混在して検討されている（才村, 2005b; 山本・庄司・有村・板倉・佐藤・伊藤ら, 2009）。本研究では、在宅支援による親子関係の修復については、「家族維持」の定義の範囲に含まれるものとしてとらえており、本論文で「家族再統合」という言葉を用いる時は、前者の「分離した家族が再び一緒に生活すること」として子どもの家庭復帰を想定した「家族再統合」を意味している。平成17年から平成19年にかけて才村らは、「児童相談所における家族再統合援助実施体制のあり方に関する研究」においてその実態調査を行っている。平成18年度の調査では虐待相談で児童福祉施設に施設入所している在籍児童（里親を含む）7,026人のうち、実際に家族再統合の方針を立てている事例数は1,091件（15.5％）、家族再統合に向けてプログラムを実施しているのは626件（8.91％）（553家族）、うち各種技法として特定される技法によるプログラムを実施しているのは64件（0.9％）であった。平成20年の児童養護施設入所児童等調査結果では自立まで児童養護施設に在所し続ける見込みの子どもたちが55.1％にも至ることが明らかになっている。才村（2005b）は子どもたちの家庭復帰が困難化している理由として、家族再統合の必要性は感じつつも、十分に時間が割けないこと、保護者を援助の土俵に引き入れるための制度的基盤が脆弱であることなどの要因を指摘した。それを裏付けるかのように平成19年度における才村らの調査（才村・澁谷・柏女・庄司・有村・佐久間, 2006; 才村・澁谷・柏女・庄司・有村・妹尾ら, 2007; 才村・山本・庄司・有村・板倉・根本ら, 2008）において対象となった実際に家族再統合を策定している136件の事例のうち、保護者自体が「行為があったことも虐待にあたることも認めていなかったケース」は全体の18.4％を占める。家族再統合の援助計画の策定に虐待者自身が参画したケースは64件（24.6％）、虐待以外の家族が参画したケースは34件（25.0％）にとどまっており、児童相談所が保護者に参画を要請していないケースが多いのではないかと考えられる。家族再統合を図るには、生活課題解決のためのソーシャルワークをはじめ、家族と子

どもを徐々に接近させる家族再接触プログラム、個別またはグループによるカウンセリング、ペアレントトレーニングなどの治療的教育など多面的な援助が必要と考えられるが、実際行われている援助は「定期的な面接指導・カウンセリング」が群を抜いて多く、他の援助の実施状況は低調であった。以前から一般的に取り入れられていた「家族再接触プログラム」でさえ、3分の1にとどまっていた。「実施予定が立てられない・実施予定なし」と回答した理由については「親の意識・意欲が乏しいため」が12件（92.3％）、「親の経済的理由から実施が困難であるため」3件（23.1％）であった。

　平成19年の児童虐待防止法改正において家族再統合への試みに対する強化が法律に盛り込まれたのち、様々な保護者向けのプログラム（東京都児童相談センター, 2004; 加藤・福間, 2005;神奈川県児童相談所虐待防止班, 2006）、そして2008年には厚生労働省より主に家族再統合を目的とした保護者を援助するためのガイドラインが示された。施策は試行錯誤しながら児童養護施設等に入所している子どもたちを家庭復帰させ、家族を再統合することを目的として力を尽くしているが、その試みは未だ発展途上といってもよい。物理的に分離された親子をもう一度、家族として再統合させることは、その分離期間が長期間であればあるほど、至難の業であることは想像に足る。実際、米国の調査においても、再統合率は13％〜70％と幅があり、再統合ケースにおける再措置率においても10％〜33％とまちまちである（Maluccio, Fein & Davis, 1994）。再統合の検証はその方法論が難しいため、手法についても、不明確である部分が多い（Maluccio, Fein & Davis, 1994; Barth, Courtney, Berrick & Albert, 1994）。日本での家族再統合の試みはまだ始まったばかりである。どの手法をとっても、人が人に対して行う手法であるゆえ、完璧なものはないだろう。だからこそ、緊急の安全確保が必要でない限り（これを判断することは重要となる）、子どもが在宅の時点で、子どもが家族とともに安全に暮らしていける方向性を探ること、つまり家族維持を数ある方法論の一つとして、実践に根付かせることの必要性を繰り返し強調することを本章の結論としたい。

注
1) 平成21年度（年度末実績）において児童養護施設の在所児は29,587人、里親委託児は3,836人であった（厚生労働省, 2011e）。

第4章
アメリカ合衆国における「Family Preservation」

第1節 連邦法に見られるFamily Preservationの変遷
——the Adoption Assistance and Child Welfare Act of 1980 と the Adoption and Safe Families Act

　本章では、家族維持のoriginともいうべき、アメリカ合衆国でのFamily Preservationについて、その法律上・実践上の歴史的変遷、効果測定の調査に関するレビューを行い、どのような背景のもとでFamily Preservationが生まれ、実践されてきたのかを把握し、日本の児童福祉施策にどのように応用できるかを考察したい。

1. the Adoption Assistance and Child Welfare Act of 1980の成立とその背景

　1970年代のアメリカ合衆国では、児童虐待やネグレクトの主な解決策として里親ケアが利用され、その結果として1977年には約50万2,000の子どもたちが里親ケアに措置されていた。その結果、平均措置期間は31ヶ月、一人の子どもが15ヶ所以上の里親に措置変更される"ドリフト（たらいまわし）現象"も起こり始めた。いったん里親ケアに措置されると、実家族に対しては具体的な支援が行われないまま、子どもが措置に至った原因となる問題についても放置されていることが多かった。里親ケアへ措置された子どもに対しても、措置後のフォローアップが行われることも少なかった（Smith, 1991）。このような状況の中でも特に1980年に連邦法ができた理由として、Stein（2000）は次の5点をあげている：1. 十分な家族維持の努力がなされないまま、子どもが簡単に措置されてしまった現状が

あったこと、2. 里親ケアは一時的なものであるべきなのに、永続的なケアとして使われてしまっていたこと、3. 子どもに対する援助計画がほとんど文書化されていなかったこと、4. 実親に対して措置を予防するためのサービスがほとんど提供されてこなかったこと、5. 里親ケアにいる子どもに対して実親の訪問が促されていなかったこと。

　里親ケア下での虐待の被害、里親ケアの長期化や「たらいまわし現象」の子どもに対する悪影響が問題視される中、上記のような理由から、1980年 に the Adoption Assistance and Child Welfare Act of 1980（以下AAC-WA）が制定された。この連邦法は「子どもの心理的親との永続的な関係の下での養育環境の保障に対する系統だった援助のプロセス」（Permanency Planning）の確立を目的に、「家族維持」及び「家族再統合」に対する「正当な努力（Reasonable Efforts）」を法制化した州に財政的な報償（連邦特別予算の支給）を与えるものであった。この法律は過去20年間の児童福祉体制に対する大改革を試みており、社会福祉法IV-A章、IV-B章を改正し、新しいIV-E章を創出することで作られた。またこのAACWAには、概念としての子どものパーマネンシーを実現させる法的枠組みとしての「パーマネンシー・プランニング」、子どもの措置をする場合の基準となる「最も制限の少ない（実家庭に近い）措置環境」（The least restrictive placement）、措置予防及び家族再統合に対する「正当な努力」（Reasonable Efforts）などの方向性が示された（Pecora, et al., 2009）。具体的には、連邦政府が各州に対して特別予算支給の条件としたのは次の内容だった。

1. 子どもが実の家族から分離されることを予防すること（family maintenance）、そして措置の必要がある子どもについては家族再統合を行うことを義務付ける（1983年より、親子分離に対する予防及び家族再統合に対する「正当な努力（Reasonable Efforts)」の実施については各ケースの内容を裁判官がレビューし、確認することが義務付けられた）。
2. すべての子どもに対して詳細に文書化された援助計画（子どもを家庭復帰させるために必要な条件、コミュニティにおけるサービスの提供者、ソーシャルワーカーが家族を援助するために何を実際行うか）を作成する。

3. これらの援助計画は6ヶ月に1回、次の内容に関して裁判所にてレビューされる(「里親ケアに子どもが継続して措置される必要があるか?」「親はサービスに対して協力的か?」「子どもが再統合される、養子縁組される」「または法的後見人がつく予定日はいつか?」)。
4. 子どもの親権についての判断のため、措置後18ヶ月以内に裁判所によるレビューを行う。
5. 州規模の子どものケースに対するデータベースを作る。
6. 家庭外措置に対する判断基準を設置する(なるべく子どもにとって、より実家族に近い環境での措置先を選別できるような基準を設ける)。
7. 特別なケアを要する子どもに対する養子縁組の特別補助を設ける。

AACWAは連邦政府が州に対して「最善の実践(Best Practice)」の枠組みを提示し、それに対する報奨となる特別予算を設けたものであり、児童福祉史上、この法律は、最も重要な役割を、裁判官に対して与えることになった(Knepper & Barton, 1997)。ゆえに、法廷関係者の中にはこの大きな役割に対して戸惑いを示す者も少なくなかった(Knepper & Barton, 1997: Kopels & Rycraft, 1993)。この混乱の元となり、後にAACWAの最大の欠点であると指摘されるのは、条件として示したにもかかわらず、「正当な努力(Reasonable Efforts、以下RE)」に対する連邦政府の指導が不十分である点だった。連邦政府がREの具体的定義を示しておらず、その定義づけは州政府や裁判所任せになってしまっている点(Kopels & Rycraft, 1993)、またREを実践するための援助計画の作成だけが義務付けられており、実際の実施については義務付けられていない点(Knepper & Barton, 1997)、REの対象となる範囲が曖昧であるため、子どもを生命の危険がある状態で行使される可能性のある点(Raymond, 1998)が不十分な点としてあげられる。また現実は、理想とはほど遠く、AACWAが発効された後、各州では里親ケア数が増加し続けたに関わらず再統合を試みようとしたため、結局、里親措置期間が延びてしまう結果となった(Pecora, et al., 2009; 池谷, 2009)。さらには州政府に対してREの不履行を訴える集団訴訟も起こり始めた(Alexander & Alexander, 1995: Kopels & Rycraft, 1993)。加えて、いくつかの州

でFamily Preservationプログラム実践中のケースで子どもの死亡事件が起こってしまう（池谷, 2009; Kelly & Blythe, 2000）など、様々な点で、実践とAACWAとの間のギャップを埋める必要性が明らかになってきた。また、1990年代に入ってからのコカインの流行や10代の妊娠の問題により、薬物依存や若年層の母親など援助の対象となる家族も変化し、「貴重な資源を投入してまで、これらの不適切な親の元に子どもをとどめる必要があるのか」という意見がメディア等で叫ばれるようになった。このFamily Preservationに対する攻撃は、一時のFamily Preservationに対する一部の児童福祉実践者や研究者の熱狂的な傾倒に対する反発（backlash）とも思われた（Kelly & Blythe, 2000）。

2. the Adoption and Safe Families Act（ASFA）の成立

　AACWAで解決できなかった状況に対応するため、1997年に新たな法律であるthe Adoption and Safe Families Act（ASFA）が制定された。このASFAはその名前のとおり、養子縁組の促進とともに、子どもの安全を最優先事項とし、今まで曖昧であったREの対象となるケースについて、「REを行わなくてもよい条件」を明文化した。拷問、遺棄、慢性的虐待、性的虐待などの「極端な状況（aggravated circumstances）」、親に殺人及び殺人補助の前科がある（疑いがある）場合や、対象児またはきょうだいに対して暴行行為の結果重傷を負わせたことがある場合、きょうだいに対して親権喪失宣告がされている場合は、再統合及び家族維持に対するREは行わなくてもよいとされた。

　養子縁組の促進のために、ASFAは子どもの里親ケアへの措置期間を短期化するため、過去22ヶ月間のうち15ヶ月以上里親ケアに措置されていた子どもたちに対して、養子縁組のプロセスを開始することとした。また法廷上の手続きとして、すべての家庭外措置ケースに対して措置12ヶ月後にパーマネンシー・ヒアリングを行い、子どもが家庭に復帰することが可能かまたは養子縁組が可能かどうかも審議することとした。これに対しては、12ヶ月という期間が家族再統合を試みるためには短すぎるとして多くの批判が上がった（Raymond, 1998; Pecora, et al., 2009）。またこのASFA

はクリントン政権下の主たる福祉改革である the Personal Responsibility and Work Opportunity Act of 1996 とほぼ同時に施行されたため、AFDC（児童扶養世帯扶助）からTANF（貧困家庭一時扶助）への切り替えと合わせて、貧困家庭にとっては、子どもの再統合がさらに難しくなる可能性が高くなったとも批判された（McGowan & Walsh, 2000）。

援助計画作成についても、家族再統合をパーマネンシー保障のための目標とした場合、それがうまくいかなかった場合の並立する目標（concurrent goals）も設定しておくことを義務付けた。このconcurrent goalsの導入により、家庭外措置後の家族再統合を上位としたヒエラルキーは事実上存在しなくなった。また、養子縁組促進のために地理的な条件等を緩和し、養子縁組が目標として設定された場合は、どのように養子縁組・親族ケア・法的後見人等などの永続的なケアの提供に尽力がなされたかを文書化するように義務付けられた。

一方でFamily Preservationプログラム及び予防的なファミリーサポートサービスプログラムについては1993年に発効されたFamily Preservation and Support Service Program（PL.103-66）を継続させ、新しいREの条件の下での予算調和が行われた。ASFAのもとで予算支給の対象が時間制限内での家族再統合サービス、養子縁組前後に提供されるサービスなどにも広げられ、広範なサービスを含むことになった。

以上のようにASFAはAACWAで提示した児童福祉施策の枠組みを現実的な問題に対応できるように、補足・修正を加えたものであった。ASFAでは児童福祉サービスの目標を大きく、子どもの「パーマネンシー」・「安全」・子どもと家族の「ウェルビーイング」と定め、各州の児童福祉サービスがこれら三つの目標をどれだけ達成できたかを評価するシステムである「Child and Family Service Review」を設立し、州の目標達成度を可視化した。

ASFA以降、全米において養子縁組は1998年から2000年の間で57%の増加が見られた。また親権喪失ケースも減少し始めた。このような肯定的な結果の一方で、1998年に、再統合ケースの33%が3年以内に家庭外に再措置されているという結果も報告されている（The United States General

Accounting Office, 2002)。現場の運用においても、裁判官は重責を果たしきれず、当初の養子縁組の時間制限から外れることも多く見られた[1]。

以上の点から、本来の目的である養子縁組の促進が図られた点について、ASFAはある程度の成果が見られたと考えてよいだろう。法廷システムの整備については、当初意図していたような時間的枠組みを全ケースに対して適応することは難しかったが、その分、ケースの個別性に対応しながらパーマネンシーの保障を行っているような動きも見られている。一番のASFAの成果は養親の獲得についても予算が整備される中、本来ならば養子縁組が難しく長期里親ケアとなる可能性の高かったケースに対して、時間制限が設定されることにより、養子縁組に促されるようになったことである（Pecora, et al., 2009）。

養子縁組の数の急増とさらなる子どもたちの安全の確保及び家族の強化のため、連邦政府は2001年、Promoting Safe and Stable Families Amendmentsにより、ASFAから引き続きFamily Preservation、ファミリーサポートサービスプログラム、家族再統合プログラムなどの拡大発展を州に促した。またこの法律では引き続き、裁判所制度の改善及び里親ケアや養子縁組後の子どもたちに対するプログラムの設置なども定められている。

3. ASFA以降のアメリカ合衆国の状況

2000年以降、引き続き、各州で児童虐待通告数は増加し続け、そのケースが持つ問題性が複雑化していくにもかかわらず、利用できる資源に限りがある状態が見られた（Shusterman, Hollinshead, Fluke & Yuan, 2005, p.vii）。特に、通告ケースの中でもリスクがそれほど高くないマルトリートメントケースに対しては、援助がうまく届かないままになってしまう状況が多く見られた（Child Welfare Information Gateway 2008）。このような現状を踏まえ、これまでの「調査基盤対応」（Investigation based track）の代替となる対応（alternative response）としてDifferential Response Approachが新たな児童虐待ケースへの対応策として生み出された。このDifferential Responseと家族維持を目的とした在宅支援への融合の可能性については、第12章にて詳しく論じることにしたい。

第2節　Family Preservationプログラム実践の歴史

　本節では、前節で述べたような法律的な変遷の背景で、アメリカ合衆国のFamily Preservationプログラム実践がどのような歴史をたどり発展していったのかについてレビューを行いたい[2]。

　Family Preservationプログラムの原型となる多問題家族に対する家庭訪問を中心としたサービスは、古くはMary Richmondによる友愛訪問である (Kelly & Blythe, 2000)。また包括的な家族に対する支援としては、Oregon ProjectやSt. Paul Family Centered Projectがあげられる。これらのプロジェクトは多問題家族に対して、家庭訪問を中心に、具体的な生活援助を伴う包括的な家族支援を提供するものであった (McCroskey, 2001; Schuerman et al., 1994)。1960年代から全米で児童に対する虐待及びネグレクトから子どもを守る試みが広がり始め、1974年には児童虐待に関する初の連邦法であるChild Abuse Prevention and Treatment Actが施行され、各州に対して本法が要求する内容にそうように州法を改正することが連邦政府からの助成金の条件となった (池谷, 2009; Pecora, et al., 2009)。この法律に合わせて各州は通告受理システム等の児童保護システムを整備し、被虐待児に対する里親ケア措置を用いた救済システムを整備させた。しかし、当時、虐待を受けた子どもたちが次々と親子分離されていく一方で、通告ケースの60％が「虐待が発生したと断定するには不十分なケース」である現実があった。これらの虐待が認められながらも家庭外措置を行うほどではないケースに対して、なんらかの積極的な対応が求められるようになってきた (Schuerman et al., 1994)。

　そんな中、1974年、ワシントン州タコマにあるNational Institute of Mental Healthからの「里親ケアの代わりに実家族を支援するプログラムが作れないか？」との呼び掛けに、David HaapalaとJill Kinneyらのソーシャルワーカーのグループが応じ、Homebuildersプログラムという新しい家族支援プログラムを完成させた (Kinney, Haapala & Booth, 1991; MacDonald, 1994)。この頃、虐待を受けた子どもを救済する介入型援助が強く求められると同時に、膨らみ続ける里親ケア措置数や里親ケアたらいま

わし現象に対する解決策が児童福祉領域で働く実践家たちの間で強く問題視されていたという時代背景があった。それらの問題の解決策として、1909年の第1回ホワイトハウス会議で唱えられた「家族生活は文明の最高で最も素晴らしい産物」であり、「緊急で最も差し迫った理由がない限り、子どもから家庭生活を奪ってはならない」という家族尊重の価値観を実践に反映させようという動きが求められ始めた (Schuerman et al., 1994)。AACWAの草案が作成された時にも、法律上の「Reasonable Efforts」の実践例の一つとしてHomebuildersプログラムが米議会に提出されている。1980年以降は、Reasonable Effortsの実践化のために、多くの州がHomebuildersプログラムをプロトタイプとしたFamily Preservationプログラムを実施するようになった。

　1980年代には家族支援のための社会資源も増加し、Family Preservationプログラムの実施数も増加していった。家庭外措置されていた子どもの数は1980年代には減少し始め (Pecora, Fraser, Nelson, McCroskey & Meezan, 1995)、1990年代初めには35州でFamily Preservationプログラムが開始され、1993年末にはニュージャージー州、コネチカット州、ニューヨーク州の3州内だけでも72プログラムが実施されていた (MacDonald, 1994)。このプログラム実施数の爆発的な増加には、The Edna MacConnell Clark FoundationとAnnie E. Casey Foundationが大きなスポンサーとして1990年初めに一連のFamily Preservationの動き (Family preservation movement) をバックアップしたことが背景にある (MacDonald, 1994)。しかし、前節にて先述したように1990年代に入ると、児童福祉の援助の対象となる家族層の変化や薬物依存の親の増加などにより、再び、家庭外措置される子どもの数が増え始め、1990年代半ばには55万3,600人にも達するようになった (Pecora et al., 1995, p.xviii)。加えてニューヨーク州、コネチカット州、イリノイ州で立て続けに発生した虐待死亡事例 (Kelly & Blythe, 2000) をきっかけにして、メディアはさもFamily Preservationプログラム自体が子どもの安全を危険にさらしているかのように攻撃し始めた。この頃、Family Preservationプログラムに対して実験デザインを用いた大規模な効果測定が行われ始め、Homebuildersモデルに代表される短期間集中型

Family Preservationプログラムの「措置予防」に対する効果は当初期待していたほどではない、もしくはプログラムのあり方自体が妥当ではないことを示唆する研究結果が報告され始めた。Family Preservationプログラムが子どもの安全を脅かしているという批判に対して、後にMcCroskey (2001) が指摘したように、Family Preservationプログラムは、在宅で子どもの安全が確保されることを確認した上でしか提供されておらず、実際には子どもの安全に慎重になるあまりに「差し迫った措置の危機にある」家族はプログラム対象から外してしまうことが多いという現実があった。ゆえに、「措置予防」自体を目的としている点を再考する必要性も同時に唱えられ始めた (Wells & Tracy, 1996)。

　2000年以降、家族維持を目的とした家族支援は残るものの、全体的な在宅支援の流れからは短期集中型・危機介入型モデルの特徴は薄れつつある。また名称も短期集中的なプログラムを集中型Family Preservationプログラム (Intensive Family Preservation Program) と呼び、それ以外の家族を中心とした包括的なサービスを提供する在宅支援をIntact Family Services、Family Based Services、Home Based Servicesなどの他の名称で呼ぶことで、もとのHomebuildersプログラムとは区別化を図ろうとする傾向も見られるようになった。また、措置予防という第2次予防的な側面から「家族機能の向上」というハイリスク家族を対象としながらもさらに低次の予防を目的としたプログラムに移行し、より予防的なプログラムであるファミリーサポートサービスプログラムとの融合による多くの複合型のFamily Preservationプログラムが実践されている (Pecora et al., 1995)。

第3節　Family Preservationモデルの類型化と実践例

　前節でも述べたように、現在、サービス提供体系を表す呼称としてのFamily Preservation プログラムはそれ以外の呼称 (Family Based Services, Home Based Services, Intact Family Services) などと混合して使われることが多い。実際には、1980年以降の措置予防を目的とした集中型プログラムとしての印象をFamily Preservationという呼称自体が持つため、1990年

代後半以降、同様のサービスを展開しながらも目的を措置予防に固執しない包括的な在宅サービスを指す場合は「家族基盤サービス（Family Based Services）」と呼ぶ場合が多く見られるようになった（Pecora et al., 2009）。また対象を限定せず、コミュニティ基盤での予防サービスを展開するファミリーサポートサービスと同延長線上でとらえられる場合も多い。ここでは混乱している多くの虐待ケースに対する「在宅支援プログラム」の呼び名を整理し、本論文の主題テーマである「家族維持」の概念について明確にしていきたいと思う。

1. 集中型 Family Preservation モデル（Intensive Family Preservation Service Model）

　Family Preservation プログラムの代表として紹介されたワシントン州タコマの Homebuilders プログラムが集中型 Family Preservation モデルの原型であり、そのため Homebuilders モデルと呼ばれることもある。Homebuilders プログラムはワシントン州ピアス郡タコマ市（人口 413,500人）を対象に始まった小規模のプログラムであり、もともとはプログラムの対象者もタコマ市内とその郊外に住んでいることを条件に助成された限定されたプログラムだった。家族、Homebuilders スタッフ、送致元のスタッフの全員が「Homebuilders プログラムが家庭外措置をとどめる唯一の方法である」と同意していることが条件となる。つまり、本当に Homebuilders プログラムを必要としている家族しか対象としていない。また家族の中で最低一人は「家族を維持していこう」という意志を表明していなければならない。また家族の中の重要メンバー（親、対象児）が家族維持に明らかに反対していないことが条件となる。プログラム初期では、対象となった家族は、児童虐待よりも子どもの問題行動（不登校、家出等）を主な問題とする家族が大半であった（Kinney, Madsen, Fleming, & Haapala, 1977）。このプログラムを基盤としたモデルは集中型 Family Preservation モデルと呼ばれ、以下のような特徴を持つ。

　　1. 危機介入理論と認知行動理論を基盤としており、家族の危機に迅

速に介入することを目的としている。そのため、短期間（4～6週間）かつ集中的（ワーカーは1日24時間・週7日体制で対応）であり、ワーカー一人あたりのケースロードも少ない（約2～4ケース）。また家族のニーズに柔軟に対応できるようにチーム体制である（パラ・プロフェッショナルもチームに含める）。
2. 家族に焦点をあて、家族の問題対処能力を高めることを目的として援助を展開する。家族が本来持つ強みを信じ、それをエンパワーすることを目的としている。
3. 家庭訪問を基盤としてサービスを提供する。
4. 具体的な生活援助（住居、衣服、食料、緊急現金扶助に対する援助）、具体的な生活技術や養育技術に対するスキルトレーニングが行動変容カウンセリングなどとともに組み合わされている。

(Feldman, 1991; Schuerman et al., 1994; Kinney, Haapala & Booth, 1991; Kinney, Madsen, Fleming, & Haapala, 1977)。

　元となったHomebuildersプログラムは家族の実際のニーズと機能不全に焦点をあてた、システムとして大変整ったプログラムであり（Kinney et al., 1991; Schuerman et al., 1994; MacDonald, 1994）、家族が変化の必要性を自覚した上で課題中心の行動変容に自発的に参加することを目的としていた。また、州側にとっては短期集中型のサービスは経費が節約でき、かつ予算が立てやすいという魅力があり、それも全米に拡大した理由だと考えられる（Schuerman et al., 1994）。しかし1990年以降、全米で広がった集中型Family Preservationモデルは、もともとHomebuildersプログラムが対象としていた家族とはまったく違う種類の家族を対象としなければならなかった。もともとのHomebuildersプログラムは非行ケースを主な対象としており、人種的マイノリティ（人種的少数派）の家族が占める割合は対象全体の15％のみだった。しかし、集中型Family Preservation モデルが実施された多くの大都市における対象家族の大半は、人種的マイノリティの家族であった。例えばニューヨーク市での3年間の試行プログラムの対象には、人種的マイノリティの家族が85％含まれていた。また、1980年か

らのコカイン使用の大流行により、対象とするケースには多くの薬物依存ケース、加えて貧困問題などの複雑な多問題を抱えたケースが含まれており、元来Homebuildersプログラムが対象としていた家族とはまったく性質が異なる家族であった（MacDonald, 1994）。児童虐待ケースの中には、児童保護サービスが介入する前から問題が長期化しており、プログラムを開始する時点で、すでに多くの公的機関が家族に介入していることも多かった。家族が公的サービス慣れしてしまっているために、児童保護ワーカーが出す警告に対して鈍感になってしまっている場合も多くあり、中には子どもが措置されることを待ち望んでいる家族さえもいた（Schuerman et al., 1994）。実際、Fraserらのメタアナリシス分析によると、措置予防という指標では、この集中型Family Preservationモデルは、親や家族自体が抱える問題に対してよりは子どもの問題行動を起因としたケースに対して効果的だという結果が出ている（Fraser, Nelson, & Rivard, 1997）。反対に、親が精神疾患を持つ場合、子どもが男子の場合、年収が5,000ドル以下の家族の場合、ネグレクトケースの場合の措置予防には短期集中型は効果が見られないとの調査結果もあった（Fraser et al., 1997; Bath, Richey, & Haapala, 1992）。Bathらは子どもの年齢グループによって、集中型Family Preservationモデルの効果に影響を与える属性が異なることを明らかにした。子どもの年齢が2歳以下の時は単親であること、親が精神疾患を持っていること、子どもが3〜9歳のケースでは、子どもに精神疾患があること、特別学級に所属していること、ネグレクトケースであること、また12歳より年長の子どものケースでは、家族の収入、以前の措置歴、男子であること、措置歴があることがその効果の低さと関連しているとされた（Bath et al., 1992）。つまり、時代の流れによる家族の問題の変容に対して、集中型Family Preservationモデルがその効果を発揮できなくなってきたのである。以上のことから、措置の可能性のあるすべてのケースを対象にするのではなく、しっかりと対象の選定を行った上でのサービス提供の重要性がわかる。また、この集中型Family Preservationモデルの目的として、「措置予防」を設定することが本当に適切なのかという疑問も生まれてきているが（Wells & Tracy, 1996）、その効果を再評価する動きもある（Kirk &

Griffin, 2007)。

2. マルチシステムモデル（Multi-system Model）

1990年代初め、全米にFamily Preservationプログラムが広がり始める中で、集中型Family Preservationプログラムの亜種ともいえる新しいモデルが登場するようになる。マルチシステムモデルは基盤とする理論を家族システム理論にシフトさせ、それを拡張したものであり、家族、親類、コミュニティ、Family Preservationプログラム介入グループ（ワーカー、SV、事業所〔エージェンシー〕などプログラムに関わる援助者・援助機関）の四つのシステムに働きかけることを枠組みとしたモデルである。このモデルでは従来の集中型が焦点としていた親子関係からさらに焦点をさらに広げ、家族がおかれている環境にも着目し、よりエコロジカルな視点を導入しているのが特徴だといえる（Cimmarusti, 1992; Scherer & Brondino, 1994）。またマルチシステムモデルでは、アセスメントを重視し、各システム間の持つ機能、相互作用等にも注意を払い、家族の強みを探しエンパワメントすることを重視する（Cimmarusti, 1992; Scherer & Brondino, 1994）。多問題家族に対しては家族内のシステムだけではなく、その他の複数のシステム（マルチシステム）に介入することに効果があり、このマルチシステムモデルを用いたモデルは特に非行ケースに対して効果があるといわれている（Scherer & Brondino, 1994）。このマルチシステムモデルはHomebuildersモデルに比べて長期間となる（約3ヶ月）。メリーランドモデルとも呼ばれ、イリノイ州でもファミリーファーストプログラムとして採用された（Schuerman et al., 1994）。

3. 家族基盤サービスモデル（Family Based Service Model）

対象をあまり限定せず、集中的ではなく、将来的に措置の可能性があるケースに提供される。提供されるサービスには、親に対する教育プログラム、アンガーマネージメント（怒りのコントロール）、行動療法、アサーティブ（積極性）トレーニングプログラムなどのスキルトレーニングを中心にしたものと同時に交通手段の支給、緊急現金給付、住居や衣服の提供など

の具体的なサービス提供も行う (Smith, 1991)。Family Preservation プログラムにおいては最も新しいモデルである。

　Pecoraら (2000) はFamily Preservation プログラムを家族に対する予防的プログラムの一部としてとらえ、集中型Family Preservationモデルを最も対象を限定し、最も集中的なサービス提供体系を持つモデルとして位置付ける反面、この家族基盤サービスモデルを最も予防的なモデルと位置付けた。実際には、実践現場では家族基盤サービスと総称としてのFamily Preservation プログラムをほぼ同義に用いることも多くあり、Pecoraらもその著書の第3版においては、集中型Family Preservationモデルを家族基盤サービスモデルの特殊なサービス体系の一種とし、家族基盤サービスモデルはケースマネージメントやカウンセリング、教育的プログラム、スキルトレーニングなどの幅広いプログラムと具体的な生活支援を組み合わせ、家族の問題解決に向けてサービスを提供するモデルを指す呼称として説明している (Pecora et al., 2009)。家族基盤サービスモデルは、児童虐待等の問題があり将来的には子どもが家庭外措置される可能性のある家族に対して、その家族機能を回復させることを主な目的としており、集中型モデルに比べ、対象の選定条件として「差し迫った措置の可能性」にはこだわらないことが特徴である。また理論的枠組みについても、危機介入理論は薄れ、家族システム理論、社会学習理論、認知行動理論、エコロジカル視点など多くの理論を幅広く取り込んでいる。家族基盤サービスモデルの中にも、治療的な要素が強調されるHome Based Model、Family Treatment Modelと呼ばれるモデルもある。Home Based Modelの代表的なプログラムとして、アイオワ州でのFAMILIESプログラムは有名である。このFAMILIESプログラムでは、準臨床的な方法を用いセラピストは10〜12のケースを一度に担当し、平均4.5ヶ月間介入する (Whittaker, Kinney, Tracy & Booth, 1990)。Family Treatment Modelは家族システム理論を用いた治療的要素がさらに強くなったモデルである。オレゴン州子どもサービス局が初めてこのモデルを実施した。各セラピストは11ケースを担当し、90日間の介入期間が基本形である。二人のセラピストがつく場合もあるが集中度は高くなく、必ずしも家庭訪問での提供を基本とせず、

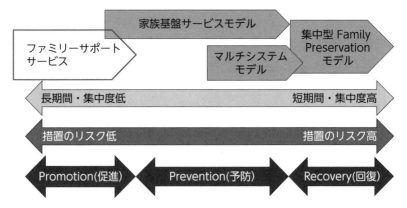

図 4-1　Family Preservation Model の類型化
［レビューにより筆者が作成］

家族が来所する形の面談もある。

　1993年の連邦予算改正の一部である Family Preservation and Support Services Program の制定により、さらに予防的なプログラムと介入（治療）中心のプログラムを統合させていく傾向にある。そのため、図4-1 に示したように、ファミリーサポートサービス、家族基盤サービスモデルの区分は曖昧なものになりつつある（Arsan, 1996）。

　結論として、援助の目的、家庭外措置のリスクの程度、サービス提供の集中度、基盤とする理論的枠組みによって、Family Preservation モデルは類型化することができるが、依然として複数の呼称が混乱している現状がある。AACWA で課せられた Reasonable Efforts を実践化した形での Family Preservation プログラムは先で述べた短期集中型モデルを基盤としたプログラムが主流となっていたが、1990年以降に提供されているあまり集中度の高くないプログラムにおいても、「子どもにとって家族が必要であり、可能である限り実家族を維持する」という「家族維持」の目的は存続している。また、現在、「Family Preservation」という名称は、集中型 Family Preservation モデルを指すことが多いが、本研究では家族を維持することを目的に「現時点での心理的につながりを持つ保護者（家族の形態にはとらわれない）のもとで、子どもが安全に安心して成長できるこ

とを目的とした援助の体系」のことを「Family Preservation」と呼び、「家族維持」はその日本語訳として扱う。特定のサービスというよりは「家族維持」という特定の目的のもと、展開される実践の総称としたい（図4-1参照）。Family Preservationを哲学としてとらえるか、特定のサービスとしてとらえるかによって、その言葉のとらえ方はまったく異なってくる（McCroskey, 2001）が、**本研究ではFamily Preservationは家族維持という「価値観」を根底に持つ系統だった実践体系（プログラムやモデル）を総称するものと扱いたい**。そしてそのFamily Preservationは、レビューしたように主に三つのモデルに類型化される。また、Family Preservationをプログラムとして具体化したものを「Family Preservationプログラム」と呼ぶこととする。その際、広義のFamily Preservationには予防的なファミリーサポートサービスを含む場合もあるが、本研究ではそれらの「対象を限定しない」ポピュレーション型予防的実践プログラムについてはFamily Preservationの概念には含めないこととする。

　児童福祉に関わる熟練した実践者（experts）は、児童保護サービスの介入により離れ離れになった家族を再統合することは、措置前に家族を維持することを目的に援助を展開するよりもより多くのエネルギーとより多くの資源を必要とすると認めており、家族再統合だけでは子どもの最善の利益を守ることは不十分であることを強く主張し始めている（Kelly & Blythe, 2000）。多くの批判がありながらも、Family Preservationの価値観は、慎重な意思決定のもとで実践されれば、決して子どもの安全を犠牲にするものではない。Family Preservationの理念は養子縁組とともに児童福祉のシステムにおいて子どもの最善の利益を追求するためには不可欠なものであると著者は考える。アメリカ合衆国の児童福祉システムは、Family Preservationの哲学をより効果的に実現できる実践方法を試行錯誤し続けているのである。

第4節 Family Preservationの効果に関する先行研究レビュー

　アメリカ合衆国におけるFamily Preservationプログラムについて、その効果が科学的に証明される前に、家族に対する価値を具体化したプログラムとして熱狂的に崇拝されてしまった経緯があることは否めない。実際にその効果測定が始まったのは、1980年代後半であり、Jacobs（2001）は一連のFamily Preservationプログラムの効果測定を三つの時代に区分して整理している。第1期では効果測定は小さなサンプルを用いての、プレ・ポストテストのみの評価であり、実験デザインは使われていなかった。比較的多くの調査結果がFamily Preservationプログラムに対して肯定的な結果を誇示していた。第2期では、多くの批判により実験デザインが用いられるようになり、大規模な調査が行われるようになった。しかし、後に示すようなサンプリングの問題、評価対象の選定のゆらぎなどの問題が新たに指摘されるようになった。また、第1期で示されたような肯定的な調査結果とは裏腹にFamily Preservationプログラムの効果について、実験デザインを用いて行われた調査結果は芳しくないものが多かった。第3期においては、それまでの2期の反省を踏まえ、評価デザインも洗練されたものになった一方で、以前のような大規模な調査に対する予算がつかず、調査数は減少した。

　Family Preservationプログラムの目的とそのムーヴメントの動機づけ自体が、膨れ上がった里親ケアへの措置数を減らすことにあり、「差し迫った措置の危機」にある家族に対する「子どもの措置の予防」であったため、ほとんどの効果測定における「効果」を表す指標に「措置予防率」が用いられた。初期の実験デザインを用いない効果測定においては、高い措置予防率を示すものが多く、その評価の対象となったプログラムのほとんどがHomebuildersモデルをもとにした集中型Family Preservationプログラムであり、その多くが80〜95％の措置予防率を誇示していた（Schuerman et al., 1994）。これらの効果測定については、実験デザインでなく（比較のための統制群を使用していない）、これらの高い措置予防率には通常の里親

ケア以外への家庭外措置や家出した子どもについては差し引かれたものが多かった。またサンプルサイズが小さすぎて、メタアナリシスによるESが計算できない、多変量による分析が行われていない（Blythe & Patterson, 1994）、などの科学的な証拠として扱うには手続き上不十分な点が多かった。

　1990年代に入り、上記のJacobsによる区分の第2期にあたる効果測定では、実験デザインを用いた無作為振り分けによる実験群と統制群による大規模な調査が数多く行われた。実験デザインを使わずに行った効果測定による結果とは違い、これらの実験デザインを用いた効果測定の結果は様々なものであり、今回レビューした実験デザインによる効果測定17調査のうち、措置率で実験群と統制群との間に統計上有意な差が出ていた調査は5調査しかなかった（表4-1参照）。

　しかし、これらの実験デザインを用いた調査においても、問題点はいくつか認められた。社会福祉サービスの実験デザインによる効果測定については、サービスが提供されないことに対する対象への不利益を考えると倫理的問題により実践することが大変難しいという現実がある（Rubin & Babbie, 2008）。特にこのFamily Preservationプログラムに対しては「子どもの安全」に関わる問題であるため、オーバーフローケース（サービス提供の順番を待っているケース）を統制群にしていない限りは、ほとんどの調査が統制群に対しても、なんらかの在宅支援サービスを提供している。しかし、提供されたサービス内容についての詳細が説明されている調査報告は少ない（Blythe & Patterson, 1994）。サービス提供自体も、特に複数の地域での調査を行っている場合は、サービス内容を同一化するようにコントロールすることは難しい（Schuerman et al., 1994; Blythe & Patterson, 1994）。また調査対象の単位がそれぞれの調査でバラバラであり、家族単位のものと子ども単位のものが混在している。「ケース」を単位としている場合は、子ども単位なのか家族単位なのかがさらに不明確である（Blythe & Patterson, 1994）。対象についても詳細がわからず、無作為の振り分けがされてはいるが、両群においてどこまで対象の属性が均質化されているのかは不明なものが多い。

表4-1 Family Preservationプログラムに対する効果測定

	著者	場所	サンプル数（単位）	対象グループ	調査デザイン
1	Feldman（1991）	New Jersey	117FPS：97統制群（家族）	18歳までの子ども、平均年齢13.89歳、措置歴なし、行動問題有する傾向	実験デザイン、ランダムアサインメント
2	Fraser, Pecora, and Haapala（1991）	Utah	97FPS：27統制群（子ども）	平均年齢14歳、CPS及び少年サービス送致ケース	マッチングによるオーバーフローケース
3	Schwartz, AuClaire, and Harris（1991）	Minnesota	53FPS：58統制群（子ども）	青年、裁判所の介入なし、裁判所命令なし	オーバーフローデザイン改善型
4	Schuerman et al.（1994）	Illinois	994FPS：593統制群（家族）1991/4/1まで	児童虐待ネグレクトケース	実験デザイン、ランダムアサインメント
5	Wood, Barton, and Schroeder（1988）	Davis, California	26FPS：24統制群（子ども）	実験群平均年齢8.9歳 統制群5.4歳	オーバーフローケースを統制群に使用
6	Yuan et al.（1991）	California	356FPS：357統制群（子ども）	CPS送致ケース、平均年齢6.7歳	実験デザイン、ランダムアサインメント
7	Bergquist, Szwjda, and Pope, 1993 the department of Human Services, Michigan（http://www.michigan.gov/dhs/0,1607,7-124-5458_7695_8366-21909-,00.html）retrieved on Feb 27, 2011.	Michigan		差し迫った措置の可能性のある225人の子ども（実験群）と最近里親ケアを措置解除された225人の子ども（統制群）	統制群が不十分との指摘あり
8	Jones, Neuman, and Shyne（1976）；Jones（1985）		無作為により振り分けられた525人の子ども	差し迫った措置の可能性のある子ども（後に、最近措置解除された子ども）	

提供されたサービス	調査結果 (結果については比較のために措置率に統一)	統計的 有意差	措置予防に対するES Fraser, M.W., Nelson, K.E. & Rivard, J.C. (1997).	再通告に対するES Fraser, M.W., Nelson, K.E. & Rivard, J.C. (1997).
	初期評価では9ヶ月後のフォローアップにて、FPSグループが措置率が低い。12ヶ月後では統計的な有意差がなくなる。FPSのほうが他の尺度においてもよい得点が得られる。	*	+0.28	
	統制群において85.2%の措置率、FPSでは41.2%の措置率。マッチングにおいてはFPSグループでは44.4%の措置率（統計的有意）。フォローアップ時点で追跡できなくなったケースが多い（Fraser, Nelson, & Rivard, 1997）。	*	+0.90	
実験群に対しては、集中的で家庭訪問によるサービスが8人のワーカーによって提供される。サービス期間は4週間。ケースロードは2ケース。ほぼ唯一、統制群にまったくサービスが提供されておらず、効果が確認されている。Fraser, M.W., Nelson, K.E. & Rivard, J.C. (1997)	FPSグループにおいて56%の措置率、統制群においては59%（統計的有意）。FPSグループのほうが措置期間が短く、措置先も制限が低い。	*	+0.88	
	措置率、再通告率、ケース終結率において統計的に有意差なし。		-0.19	+0.05
	12ヶ月後フォローアップ時にてFPSグループ措置率25%、統制群53%（統計的有意）。経費はFPSのほうが安い。	*		
	8ヶ月後フォローアップにて、措置率82%FPSグループ、83%統制群（統計的有意差なし）、FPSケースは措置先の制限少なく、措置期間が短い。措置に至る期間までも長い。		-0.03	-0.07
Family First	family first参加者の12ヶ月の間、措置率24%。統制群においては35%。			
NYCにある七つの有志の民間団体がサービスを提供。実験群のみ集中サービスを14ヶ月提供（ケースロードは10ケース以下、ワーカーとの拠り密な直接接触）	サービス提供直後は実験群は統制群よりもやや措置率は低かった。(7%対18%統計的有意) 6ヶ月後：措置率は実験群8%、統制群23%（統計的有意） サービス終了後から5年後、実験群から243ケースがフォローアップ。実験群34%が措置、統制群46%（統計的有意。）フォローアップの参加率が50%以下のため、調査結果としては考慮が必要。フォローアップ時、実験群98家族のうち21%が虐待の再通告あり。統制群44家族中25%が再通告（統計的には有意ではない）。	*		

表 4-1 （続き）

	著者	場所	サンプル数（単位）	対象グループ	調査デザイン
9	Hennepin County Community Services Department (1980) Stein (1985)		無作為に振り分けられた138ケース	措置の危険があるが差し迫った虐待及びネグレクトの危機はないと判断された15歳未満の子どものいる家族 (Stein, 1985: 116)	実験群・統制群に割り振られた子どもの数は不明。
10	Halper & Jones (1981)	NYC	無作為振り分けされた120家族（282人の子ども）	措置の可能性のある子どもを持つ家族	
11	Nebraska Department of Public Welfare (1981) Stein (1985)	Nebraska	無作為振り分けされた153家族	虐待のために措置の可能性のある家族	
12	William and Durubeis (1981) Stein (1985)	Hudson County, NJ	無作為振り分けされた90家族	2年以内に措置の可能性があると考えられた家族	
13	Lyle & Nelson (1983) Frankel (1988)	Ramsey County (St. Paul, Minnesota)	無作為振り分けされた74家族		
14	Szykula, S.A., & Fleischman, M.J. (1985)	Cascade County, Oregon	子ども48人を無作為振り分け。ケース困難度（通告回数と家族の問題の種別）により2グループに分け、各グループ内にて実験群と統制群に振り分け。	児童虐待・ネグレクトにより措置のリスクのある3～12歳の子どもを持つ親	

提供されたサービス	調査結果 （結果については比較のために措置率に統一）	統計的有意差	措置予防に対するES Fraser, M.W., Nelson, K.E. & Rivard, J.C. (1997).	再通告に対するES Fraser, M.W., Nelson, K.E. & Rivard, J.C. (1997).
実験群のケースロードは 15 ケースまで、統制群は 22～40 ケース。サービス提供時間は平均 40 時間（実験群）対平均 32 時間（統制群）。すべてのサービスはどちらのグループも利用可能。サービス内容についての詳細は不明（Stein, 1985）。	措置ケース数は実験群 123 人、統制群 84 人。（それぞれのグループのケース数不明）実験群の子どもの措置期間は平均値 199 日（実験群）、208 日（統制群）と実験群のほうがわずかに短い。			
実験群、統制群ともにカウンセリング、家事サービス、保育サービスを提供。実験群のほうがサービス提供の集中度が高い。ワーカーとの平均年間直接面接回数が実験群は 39 回、統制群は 13 回。電話回数に至っては 39 回（実験群）、3.4 回（統制群）。実験群のほうが関係機関への連携、緊急扶助提供回数が多い。実験群のワーカーのケースロードは 12 家族、統制群は 18 家族。	サービス提供期間中、実験群 156 人の子どものうち、4％（6 人）が措置、統制群 17％（126 人）が措置（統計的有意差）。	＊		
ネブラスカ公立サービスによりサービスが提供される。実験群にはワーカーの 30％の時間が直接接触または電話接触に費やされる（統制群には 20％）。主な違いは実験群のほうが意思決定に対して指示やサポートをより受けており、時間制限によるプレッシャーも少ない。	実験群は親族ケアや友人へのインフォーマルなケアが多かったのに比べ、統制群は一般的な里親ケアを必要とした。実験群 80 家族のうち、3 家族（4％）、統制群 73 家族のうち 8 家族（11％）が 1 回以上の措置経験があった（有意差はない）。			
すべての家族は地域の保健福祉サービス、呆健ケア、保育ケア、家族計画サービス、家事サービスに送致された。実験群は法的サービス、グループセラピー、緊急扶助を提供され、雇用促進サービスがより提供された。実験群のケースロードは 11 ケースであり、統制群のケースロードについては不明。実験群は家庭訪問がより多くなされ、来所面接もより多くなされていた。	3 年間の調査プロジェクトの終了後 24％（11）の実験群の家族が 18％（8）の統制群の家族が措置を経験した（有意差なし）。統制群の子どものほうが制限のよりきつい家庭外措置に措置されており、親族ケアに措置されている子どもは少なかった。統制群のほうが家庭復帰率は高いが（7 対 3）、統制群の家族再統合の結果については「前もって計画されたものではなかったため、成果とはよべない」。			
カウンセリングと具体的な生活援助の組み合わせによるサービスを提供されている。統制群は伝統的なケースマネージメントサービスを提供される。実験群は統制群の半分のケースロード。ケースは 10～12 ヶ月の援助期間である。	サービス提供終了 3 ヶ月後、統制群 55％に比べ、実験群の 33％が一人以上の子どもを措置されている。実験群の子どものほうが措置期間は短かった（有意）。			
児童保護サービスと社会学習治療プログラムを合わせたプログラム。サービスタイプ、サービス期間、サービスの強度については詳細なし。	困難度によりケースを 2 分。困難度が低いケースは子どもの問題を起因としており、困難度が高いケースは親が持つ問題や環境上の問題が起因となっている。困難が低いグループでは、実験群で措置率 8％、統制群 38％。困難度が高いグループでは実験群で 64％、統制群 45％。全体の効果は統計的に有意ではなかった。		困難度低ケース：+0.76 困難度高ケース：-0.38 全体 +0.19	

表4-1 （続き）

	著者	場所	サンプル数（単位）	対象グループ	調査デザイン
15	Mitchell, Tovar, & Kenitzer (1989)	Bronx, NY	21ケースはChild Welfare Administration、22ケースはPius XII Court Designated Assessment Services. オーバーフローケース12ケース、1ケースはフォローアップ時に不明	CWAからのケースの子どもの平均年齢8.3歳、Piusは13.3歳	
16	MacDonald and Associates (1990)	California	304家族を無作為振り分け		
17	Meezan and McCroskey (1993)	Southan California	240家族を無作為振り分け	ケースワーカーがサービスに対するニーズを判断。措置の危険性だけを考慮したわけではない	

Bath & Haapala (1994)；Fraser, Nelson, & Rivard (1997)；Schuerman, Rzepnicki & Littell (1994)；Stein (1985) のレビューを参考に、個々の調査論文をレビューし表を作成。

提供されたサービス	調査結果（結果については比較のために措置率に統一）	統計的有意差	措置予防に対するES Fraser, M.W., Nelson, K.E. & Rivard, J.C. (1997).	再通告に対するES Fraser, M.W., Nelson, K.E. & Rivard, J.C. (1997).
ホームビルダーモデル。平均期間は35日。	オーバーフローケースの家族の措置数は比較的少なく、3ヶ月後の措置率はCWA実験群19％、Pius実験群23％、Pius統制群9％。12ヶ月後、CWA実験群27％、Pius実験群27％、Pius統制群18％。1年後のフォローアップ時もすべての子どもは措置されたまま。			
カリフォルニア州の8郡に手サービスを実施。サービス開始までの平均日数7日。平均サービス提供期間7週間。ワーカーの家族への直接接触32時間（関係機関との接触17時間、移動時間10時間）、サービスにはアセスメント、援助計画策定、個別・家族カウンセリング、危機介入、ペアレントトレーニング、サービスのコーディネートが含まれる。具体的生活援助が提供されたのは全体の10％未満のケース。有資格のセラピストによりサービスは提供（共同セラピストか補助員により提供されることもある）。フォローアップサービスは42％のケースに提供。	無作為振り分けより8ヶ月以内に20％の統制群、25％の実験群が措置された（統計的に有意でない）。措置期間、措置費用については両グループに違いなし。統制群のほうが親族に措置される傾向にあった。8ヶ月以内に両グループの25％のケースが再通告される。			
二つの民間機関による家庭訪問によるサービス。統制群にくらべ実験群はワーカーによりかなり多くの接触がある（9.6回対4.2回／3ヶ月）接触回数だけではなく時間数も長かった。	措置に関するデータは231家族に対して得られた。調査開始時には実験群108ケースのうち37ケース（34％）、統制群123ケースのうち30ケース（24％）が1回以上の措置があった。調査中は実験群335ケース中19ケース（6％）、統制群424ケース中34ケース（8％）が措置された。サービス終了から12ヶ月後には実験群は統制群よりも多く措置されていた（38％対24％）家族機能について六つの項目で測定。実験群では生活状態と経済状態が終了1年後の時点で統制群に比べて改善が見られた。また実験群では送致してからサービス終了までに子どもの行動についても改善が見られていた。実験群において全項目で問題があった家族について、サービス開始から終了までに6項目中4項目で改善があった。（親子間の交流、生活状況、家族に対するサポート、子どもへの発達上の刺激。）			

第4章　アメリカ合衆国における「Family Preservation」

中でも、指摘された大きな問題は、ケースの選定条件についてであった。これは調査デザイン自体の問題というよりは、調査対象となったFamily Preservationのプログラムデザイン自体の問題といってもよい。評価の対象となったほとんどのFamily Preservationプログラムが援助対象としていたのは「差し迫った措置の危険のある」家族であるが、対象となった家族が本当に「差し迫った措置の危険」があるのかという疑問が持たれた。実際、現場のワーカーは、子どもの安全に対して懸念のある場合は、Family Preservationプログラムにケースを送致しない傾向があること、また、Family Preservationプログラムへの実際の送致理由は、今差し迫った措置の危機があるからではなく、何ヶ月後かに起こりえる措置の可能性を低くするため、または漠然と家族を具体的なサービスに迅速につなげるためである場合が多いことがインテークワーカーへのインタビュー調査で明らかになっている（Hayward & Cameron, 2002）。母集団であるすべてのFamily Preservationプログラムの対象ケースが「差し迫った措置の危機」があるケースであるならば、ランダムに抽出された調査対象となるケースをランダムに実験群・統制群に振り分けた場合、統制群のケースの措置率は非常に高くなるはずだが、統計的有意差が認められたケースにおいても、実験群の措置率と大きな差がないものがほとんどである（MacCroskey & Meezan, 1998; Smith, 1991）。またサービスが提供されていないオーバーフローケースを統制群として用いた調査でも、統制群の措置率はあまり高くない。これではプログラムの目的と援助対象者の選定が合致していないということになる。

　また、もともと「差し迫った措置の危機」（the imminent risk of placement）の定義がはっきりとしていないことも問題の一つである（Blythe & Patterson, 1994; Tracy, 1991; Stein, 1985）。差し迫った危機に至るまでのリスクの種類がケースにより様々であり、ゆえに対象となるケースが児童虐待・ネグレクトケース、非行ケース、精神保健ケースまたは他のありとあらゆる複雑な問題が混在している可能性が高い。今回レビューした17の調査のうち、「差し迫った措置の危機」について「2年以内に措置される可能性が示唆されること」と定義づけが加えられていたものは1調査、「差し迫った措

置の危機」ではなく、「家族がどれだけFamily Preservationプログラムを必要としているか」を選定条件としていたものは1調査であった。しかしながら、どちらも大変主観的な定義であることは否めない。

　また、「少なくともどちらかの親がプログラムに進んで参加すること」「新しいスキルを学ぶ能力があること」「変化に対する動機づけが確認されていること」などのFamily Preservationプログラムへの参加条件自体が家族を選別してしまい、実際に「差し迫った措置の危険がある」家族のほとんどは当てはまらずに排除されてしまうことも報告されている（Frankel, 1988; Tracy, 1991）。加えて、家族が調査に同意する時点で、サンプルとなる家族にバイアスがかかる可能性も無視できない（Blythe & Patterson, 1994）。

　次に効果測定を通じて指摘された大きな問題は、効果の指標となる「措置予防」についてである。これはFamily Preservationプログラム自体の目的が「措置予防」であるゆえに、「どれだけ措置を防げたか」が自動的に効果の指標となるが、その評価は大変難しい。「差し迫った措置の危険性」と同様に「措置予防」に影響を与えた変数を特定することが難しいためである。また、措置の決定に影響する変数に対しても事前に注意が必要である。Nelson（1991）の調査によると、虐待及びネグレクトケースにおける措置の決定に大きな影響を与える変数は「薬物依存」「精神保健サービスの受給」であった。また「措置の危機にある子どもの数」も決定要因としての影響力が高かった。これらの変数をあらかじめきちんとコントロールしないことには妥当性が確保されない。また望ましい措置と避けるべき措置の区別がつけにくいし、その区別をつけることは不可能である（Pecora et al., 1991; Schuerman et al., 1991）。

　以上のような問題点により、Family Preservationプログラムに対する調査デザインの改善策として次のような点が提言される。

1. 措置予防率以外の措置に関する指標を使う（措置に至るまでの在宅期間、措置期間、措置変更回数、措置にかかるコスト等）。

　実際、措置期間が短い、措置に至るまでの時間を延長させている、制限の少ない措置先に措置されている、というような効果も調査により示さ

れている (MacCoskey, & Meezan, 1998; Blythe & Patterson, 1994)。またSmith (1991) は解決策として、措置を予防できたケースではなく、統制群、実験群のどちらのグループでも、措置されたケースについてその経緯について詳細に比較を行うべきだと提唱している。

2. 措置予防率以外の効果に注目すべきである。

措置に至るまでに媒体変数となっている変数で、Family Preservationプログラムが変化をもたらしている変数があるはずである。子どものウェルビーイング、家族機能、ソーシャルサポート、親子間の関わり方の向上、生活状態の改善、家族に対するサポートの増強、養育技術の向上、家族の情緒的状態の改善、ストレス低下などについて効果が確認されている (MacCroskey & Meezan, 1998; Schuerman et al., 1991)。また、児童虐待再通告率 (Schuerman et al., 1991; Yuan et al., 1990) 及び非行ケースにおける再補導率・再逮捕率 (Fraser, Nelson & Rivard, 1997) なども効果の指標として用いている調査もある。

3. 属性と効果の関係性を明らかにし、Family Preservationプログラムの対象選定について考察すべきである。

措置予防を効果の指標とした場合、子どもの年齢と送致理由は措置率に影響を与える可能性が大きく、多問題家族やネグレクト家庭は効果が低いが、一方で援助を行う期間を延長することで効果が上がるという報告もある (Fraser et al., 1997)。また、子どもに起因した送致理由を持つケースに対する効果は高く、反対に親の薬物依存・精神疾患があるケースについて効果はあまり期待できない。家族の問題として貧困家庭、ひとり親家庭、ネグレクト、措置歴がある場合は効果が薄い (Bath et al., 1992; Wells & Tracy, 1996)。事前に属性を限定した上で、様々な効果指標を用いて測定することによって今後のFamily Preservationプログラムの対象選定に対する示唆を得ることができると考える。

4. 調査デザイン自体を見直す

　量的調査における効果測定が主流になっているが、ケース記録やワーカーに対するインタビュー調査などの質的な手法による調査（Wells & Freer, 1994; Hayward & Cameron, 2002）も必要であると考える。また、Smith（1991）が提唱するようにまた、同規模、同条件のカウンティで、Family Preservationプログラムが実施されたカウンティと実施されていないカウンティでのカウンティ全体の措置率の比較を行うのも、Family Preservationプログラムの影響を評価する一方法である。

　これらの効果測定を通して見えてきた対象の選定と効果の指標にあたる問題点は、調査自体の問題と同時に、Family Preservationプログラム自体の脆弱点も反映している。措置予防率だけの評価では当初期待されていたほどの効果を示す調査は多くなかったが、調査を通した提言を踏まえて、さらに家族の、そして子どもたちの最善の利益を守るために貢献できるプログラムを目指して改良していくことができると考える。

第5節　まとめ　アメリカのFamily Preservationから応用すべきもの

　本章では、アメリカ合衆国におけるFamily Preservationにおける法律、歴史的変遷、類型化、そして効果評価についてのレビューを行った。Family Preservationモデルはこれまで児童福祉が尊重してきた家族に対する価値を実践として具体化したものであり、1980年のAACWAに定められたReasonable Effortsを実践として具体化させたものであった。

　AACWA施行以降、ワシントン州で開発されたHomebuildersモデルを原型とした短期集中型のモデルが全米に広がったが、このモデルでサービス提供の対象とされているのは、「差し迫った措置の危機にある」家族であり、このモデルの目的は「子どもの措置の予防」であった。この集中型Family Preservationモデルについては、その対象の選定と目的自体が自己矛盾を招いていることが、一連の調査の中で明らかになってきた。つまり対象となる「差し迫った措置の危険性があるけれども、Family Preservationサービスを提供されれば措置を予防できるケース」の選定が非常に難しいため、目的にあった対象が選定されていないことが多かった。

　ゆえに、集中型Family Preservationモデルについては、早期対応におけるアセスメントを兼ねて行われるべきではないかという意見もある(Hayward & Cameron, 2002)。集中型Family Preservationモデルに比べサービス提供期間がより長く集中度が低い家族基盤サービスモデルと対象を組み合わせながら、複数の効果指標を用いて、「どのモデル」が「どのような対象」に、「どのような効果」をもたらすかを吟味していく必要があると考える。

　結局は、"Family Preservation"は「措置を予防する」ことに重きをおくのではなく、「家族を維持する」ことを目的とするべきである。根底に流れる哲学としての"Family Preservation"は児童福祉にとって欠かすとのできない価値であり、その実践は絶やしてはならない。実験デザインを用いた量的調査による効果測定では芳しい結果は出なかったが、プログラムの性質上と調査デザイン自体に問題があった。「Family Preservationプログラムは効果がない」と結論づけてしまうのではなく、「できる限り家族が維持できるように」努力すること (Reasonable Efforts) を具体化する方法としてFamily Preservationは大切であり、日本でもアメリカでのFamily Preservationの流れや調査結果を踏まえた上で、「家族維持」への努力を具体化させた、援助行動の集合体としてのFamily Preservation実践モデルの開発が必要である。ゆえに本研究では、この日本におけるFamily Preservationの日本語訳として「家族維持」という言葉を用い、その内容について「現時点での心理的につながりを持つ保護者（家族の形態にはとらわれない）のもとで、子どもが安全に安心して成長できることを目的とした援助の体系」を指すものと定義したい。そしてその「家族維持」のための「正当な努力」について、操作的定義を行い、日本での児童虐待ケースの在宅支援実践での検証を試みたい。次章においては、援助者が行うべき「Reasonable Efforts（正当な努力）」についての文献レビューを行い、その操作的定義を行う。

注

1) 里親ケアに15ヶ月以上いる子どもたちに対しても、親がすでにきょうだいの親権を喪失しているケースや重度の虐待ケース以外でない限りは、裁判官が完全に家族再統合の可能性を絶つことを嫌がり、なかなか養子縁組のプロセスを始めないケースも多くの州で見られた。反対に、年長児ケース、特別な医療ニーズのあるケース、親族ケアに措置されているケース、間もなく再統合が完了する予定のケースに関しては、15ヶ月以上里親ケアに措置されていても、親権喪失対象ケースからは例外とされることが多かった（The United States General Accounting Office, 2002）。
2) なお、本文中で用いている「モデル」と「プログラム」という語句については、プログラムは「ある目的に向かって実施されているサービス実践」であり、個々の実践体系を指すものとして扱う。モデルはプログラムの上位概念であり、「実践理論と意義を背景に持ち、ある特定の対象に対して、具体的な援助の方法論を示すもの」として使用している。

第5章

「家族維持」のために援助者が行うべき「正当な努力」とは

第1節　アメリカ合衆国におけるReasonable Effortsとは

　本節では、Reasonable Efforts (RE) に関する文献研究を行い、その概念の整理を行いたい。Reasonable Effortsは法律用語として広く用いられる用語であり、その使用は児童福祉及び社会福祉領域に限ったものではない。Reasonable Effortsは二つの単語からなるが、英単語の「Reasonable」はプログレッシブ英和中辞典によると「1. 理に適っている，道理の通った，筋道がたっている　2. 道理にはずれない，正当な，公平な，適当な，ほどよい，（値段について）相応な，法外でない　3. 理性のある，分別のある」であり、「Effort (s)」は「（目的のための）努力・奮闘」を意味している。法律用語においては、Best Efforts（すべての手段を用いて、手を尽くす）の次に高い程度の「努力」を表すものであるが、その程度は主観的判断に委ねられている。Adoption Assistance and Child Welfare Act of 1980 (AACWA) に記されたREは「子どもの家庭外措置されることに対する予防」及び「子どもを家庭復帰させること」に対してReasonableなEffortsを行うこととされた。序章で述べたように、本研究では「Reasonable」を子どもの最善の利益の追求を目的に、家族を援助する援助者としての道理に適った努力の程度を示すものと理解し、「正当な」と訳すこととし、Reasonable Effortsを「正当な努力」と訳した。しかし、アメリカ合衆国の実践においても、Reasonable Effortsの定義は主観的判断を意図的に残したものであり、解釈は人によって違う。そのため、本節では、アメリカ合衆国において「Reasonable Efforts」がどのように扱われ、解釈されているかを文献より探っていくこととした。

　The US department of health and human services: Administration for children and familiesによると、児童福祉におけるReasonable Effortsは連邦法においてはその法律的定義をあえて明確に行っておらず、州法もケースバイケースでの解釈が可能なものとしており、裁判所がケースの状況を見て最終的な判断ができるようになっている。REは1980年の連邦法であるAACWAの中で、1回目は州政府に課した16アイテムの一つとして、2回目は各事業所が行った援助が「Reasonable」であるという判断をする仕組みの設置を裁判所に義務付けたものとして、条文の中に2回登場している (Blome, 1996)。連邦政府からの予算獲得の条件として各州に課せられた措置予防及び家族再統合のための「正当な努力 (Reasonable Efforts)」は、1983年には、すべての措置ケースに対して、事前にその努力が行われたことを裁判官がレビューし判断することになっていた。だが、このReasonableがどの程度のサービスの量と質を指すのかは、はっきりしないままであり、その概念については裁判官の主観的な判断に完全に委ねられていたのだった (Seaberg, 1986)。

　AACWA施行以降も増え続ける里親ケア措置数により、裁判所が取り扱うケース数は膨大となり、裁判所が行うREのレビューは形骸化してしまうことも少なくなかった。多くの州では、裁判官がREのためのチェックリストにチェックを入れていくだけであり、ある州ではすでに措置を求める書類に「REは証明された」と事前に印刷してあるので裁判官は何もしなくてもいいようにさえなっていた (Knepper & Barton, 1997)。ケンタッキー州で裁判所システム改善のために行われた調査では、多くの場合、裁判官は児童福祉に関しては門外漢であるとの意識が強いため、ほぼケースワーカーの主張どおりに判決が下されていることが明らかになった。また、REを否定すると、その後の処理が煩雑になるためなるべく避けようとする傾向が強いことも結果により示された (Knepper & Barton, 1997)。

　州によるREの不履行に対して、権利擁護団体等から州に対して訴訟が行われたが、多くの場合は、児童福祉事業所に対してケースワーカーに対するスーパービジョンと研修の強化、ワーカーが抱える担当ケース数の減少などを求める判決結果に終わった。中でもイリノイ州児童家庭局を訴えたSuter v. Artist Mは、連邦最高裁判所にまで控訴された判例である。

この訴訟ではREは連邦政府が州に対して課したものであり、個人は州に対してその不履行を訴える権限はないと判断され、最高裁判所での訴えは取り下げられた。加えて、この最高裁判決によって、連邦政府は州に家族維持と家族再統合のためのREを示すような援助計画を作成することは求めていても、実際に計画を実行することまでは求めてはいなかった点が公に明らかとなった。また連邦政府は意図的にREの定義を明文化することを避けており、その解釈については州任せになっていることも、この訴訟において公然の事実となった（Kopels & Racraft, 1993）。

このようにREに対する客観的判断は困難ではあるが、同時によい結果をもたらすこともある。Rattermanの調査によると法的に実践の説明責任を問われることにより、ケースマネージメントの主体である事業所に対して、説明責任を果たすことへのよいプレッシャーを与えることになる。また、裁判官が児童福祉に対する知識が深ければそれだけよい判断を下すことができるため、裁判官への研修が各州で行われるようになってきた。加えて、裁判官が判決のために、ケース記録をレビューした結果、家族維持のための資源の不足に気づき、新しい社会資源の創出を指示することもある（Ratterman, 1986）。1997年のAdoption and Safe Family Actにより、子どもの安全性が最優先事項としてさらに強調されたため、REの遂行について条件がつけられるようになった。またRE自体もその定義が拡大され、必要があれば親権を停止し養子縁組を行うことでパーマネンシーを確保することや、REが必要ないとされる状況であっても、子どもにとって「最も有害でない環境への措置」を熟慮する努力もREとして解釈されるようになった。

実際にはReasonable Effortsは主観的な判断であるはずだが、その主観的な判断を裁判所が客観的に判断するのは大変難しい。特にReasonableが示す「正当な」量・質は、親に「何をすべきか」を伝えるだけではなく、実際にワーカーが積極的に援助しているか（Seaberg, 1986）、家族にサービスを使うようにどのくらい働きかけたか（Hunner, 1986）、家族がサービスを利用しやすいようにどのくらい配慮したか（サービスのaccessibility）（Hunner, 1986）、サービスの提供の順番・タイミングに配慮したか、措置の

危機の起因となるニーズを満たすだけの量を提供したか（Hunner, 1986）、必要なサービスが入手不可能であれば、代替となるサービスを用意したか（availability）、が判断基準となるが、これらの判断は十分なソーシャルワークの専門知識を持った者でも困難だろう。

　サービスの質に関しては、家族の状態及びニーズとサービスとの妥当な関係、つまり提供するサービスの適切さ（appropriateness）を示す。適切なサービスとは次の二つを克服することを目的としていなくてはならない：1. 子どもが里親ケアに措置された、もしくは措置されるおそれが発生した原因となった問題、2. 家族がサービスを利用することへの阻害要因（Seaberg, 1986）。問題の特定化には包括的かつ綿密な家族状況に対するアセスメントが必要となり、アセスメント自体の正確さもここでは問題となる。これらのサービスに対する一連の多角的な判断を行うためには、提供したサービスのリストだけではなく、「どのように援助をしたのか」などに及ぶ援助活動の詳細な記録、及びアセスメント記録が必要であり、ケースの状況を見ながらその記録を綿密に精査して判断する必要がある（Seaberg, 1986）。また、REは援助者からの一方向の努力だけではなく、家族（親）側の変化に対する努力も含まれる。サービスプランに対して親がどれだけ協力的だったか、そして実際に措置の原因を解消するにあたってReasonable Progress（適切な進展）があったのか、も判断の基準となっている（Sudia, 1989）。

　つまるところ、REは1980年の米国連邦法AACWAにおいて定められた子どもの家庭外措置を防ぐための努力水準である。連邦法では、REの定義はあえて具体的には定められていないが、その判断は、援助計画が作成されているかだけではなく、その援助の内容や提供方法などにも及んでおり、多角的で総合的な判断が必要とされている。RE自体は法律用語であり、その努力に対する評価基準を指す用語にすぎないが、児童福祉におけるこの用語の運用に際しては、かなり重く複雑な任務を各州に委ねているといえるだろう。次に各州が実際、州法の中でどのようにREを定義し、どのような状況でREを必要としているかについてレビューし、まとめることにした。

第2節　合衆国州法に見るReasonable Effortsの定義

　本節では、実際に全米各州（合衆国領含む）におけるREの定義とその必要条件についてレビューを行った。州法の該当箇所の検索には、Administration for Children and FamiliesによるChild Welfare Information Gateway State Statutes Search（http://www.childwelfare.gov/systemwide/laws_policies/state/）を用いた。

　なお、ここでとりあげた州は州法に、連邦法に書かれているREの定義（「子どもの家庭外措置されることに対する予防」及び「子どもを家庭復帰させること」を目的とした援助・サービス提供等の主旨）以外の内容が含まれているものである。

　1997年のASFA施行以降、REの意味は拡大され、家族維持・家族再統合以外のパーマネンシーを達成するための努力もREとしている州もある。次の多くの州は親権喪失と養子縁組（後見人選出）によりパーマネンシーを最終化させるための努力もREの定義に含んでいる：アラバマ州、ワシントンDC、ジョージア州、メイン州、ノースカロライナ州、メリーランド州、マサチューセッツ州、ネブラスカ州、ネバダ州、ニューヨーク州、オクラホマ州、ペンシルヴァニア州、プエルトリコ領、ロードアイランド州、サウスキャロライナ州、テネシー州、テキサス州、ユタ州、バーモント州、ヴァージニア州、ウィスコンシン州、ワイオーミング州、アイオワ州、アーカンサー州。また、子どもにとって「最も有害でない環境に措置すること」がREの一部となっている州もある（デラウェア州、ニュージャージー州）。子どもが今まで馴染みのあったコミュニティや近隣とのつながりを考慮した措置先などを含むこと（アイダホ州）やきょうだいと同一の措置先もしくはきょうだいの訪問の保障（カリフォルニア州、ノースダコタ州、オクラホマ州）などを具体的にREの内容として含めている州もある。

　連邦法AACWAでは援助計画の作成のみがREの内容となっているが、州によっては文献研究において見られたように、提供されたサービスの質についても州法で言及しているところもある。サービスの提供だけを指すのではなく、それらのサービスが入手可能であること（available）、利用可

能であること（accessible）、適切であること（appropriate）（ワイオーミング州、ニューハンプシャー州、バーモント州）、子どもの安全を守るのに十分か、文化的に適切か、入手可能で利用可能かどうか、一貫していて迅速かどうか、状況にとって現実的かどうかの5条件（ミネソタ州）など、提供されるサービスの内容がREに値するものかどうかを判断する基準を示している州もあった。

　また、サービスの提供について文書化した計画を立てておくこと（アラスカ州、デラウェア州、グアム領、メイン州、モンタナ州）、さらにその援助計画の内容に対しても具体的に条件づけている州もある。「家族が必要としているサービスの優先順位、強度、量が家族のためになるようにバランスよく構成されていること」（ハワイ州）、「児童保護サービス局により文書化された上で、家族に提案され、援助の提供者として関係機関も広く含めていること」（グアム領）、「子どもの措置の危機の原因となった問題に対するサービス、子どもの安全を確保する方法、効果を測る手段、子どもの身体的・情緒的ウェルビーイングを守るための家庭訪問を含んでいること」（メイン州）などが援助計画に必要な要素として含まれている州もあった。

　REで提供されるサービス種別を具体的にあげている州もある。「実家族だけではなく、拡張家族や養親に対しても提供される家事サービス、カウンセリングサービス、ファミリーセラピー、グループセラピー、セルフヘルプグループ、薬物・アルコールカウンセリング、職業カウンセリング、養子縁組後のサービス」（イリノイ州）、「適切な養育のための訓練などを含む親に対するサービス、入手可能または過度の財政負担にならないサービス、子どもが在宅で維持、もしくは家族再統合されることが可能となるように身体的健康及び情緒的危害から守ることのできるサービス」（サウスダコタ州）、「経済的扶助、家庭訪問による援助、集中的な治療サービス、コミュニティ基盤のサポートサービス、特別なニーズのある家族に対する特別サービス」（ウィスコンシン州）など、家族支援のための多種多様なサービスがREを証明するために提供すべきサービスとしてあげられている。

　また、サービス提供やその計画（援助計画）だけではなく、アセスメントや効果測定などの一連のケースワーク及びケースマネジメントに関す

る行動についてもREに含める州もある：「包括的なアセスメント」（ウィスコンシン州）、「定期的な効果測定」（モンタナ州）。REを援助者側だけの努力ではなく、家族（親・保護者）側の努力でもあることを明記した州もある（ミシガン州）。また、モンタナ州は「家族の自主的な同意」をREに含めている。

以上、各州での州法においてREは連邦法よりも具体的に定義づけられてはいるものの、やはり、ケースバイケースで判断できるだけの解釈の余地を含むものにはなっていることがわかった。本研究では、これまでのレビューと次節でとりあげるイリノイ州での在宅支援に関わる実践者に対するインタビュー結果を踏まえて、このREの操作的定義を行うことを試みる。

第3節　家族維持を目的とした「正当な努力(Reasonable Efforts)」に対するインタビュー調査の結果より

本節では、本章における前2節での文献及び州法のレビューに加え、著者が実際にアメリカ合衆国イリノイ州において行った、在宅支援に携わっている実践者のグループ2グループに対するFGI調査、及び児童家庭局局長1名、副局長2名、民間児童福祉機関プログラム責任者3名に対する個別インタビュー調査の結果（畠山, 2007）についてとりあげる。調査の全容については「家族維持を目的とした『正当な努力』(Reasonable Efforts)に対する一考察—アメリカ・イリノイ州のインタビュー調査結果を通して—」（『子どもの虐待とネグレクト』9 (1)、2007年）にて発表済なので、調査の手続きについては割愛する。

本調査は援助職として、Reasonable Effortsをどうとらえているか、を明らかにすることを目的として行った。インタビュー対象については表5-1及び5-2を参照してほしい。

インタビュー質問は、すべてのインタビューに共通して「どのようにして援助者が行った家族を維持するための『努力』が『正当である』と判断できるか？」と尋ねた。

表5-1 個別インタビュー対象者属性

	名前	役職名	最終学歴	児童福祉領域での経験年数（年）	今までに働いたエージェンシーの数	Family Preservationでの経験年数（年）	現在のエージェンシーの勤務年数（年）
対象1 児童家庭局 局長・副局長	A	副局長	社会福祉学修士号, 2 years post graduate	20+	5	11+	11
	B	局長	社会福祉学修士号	無記入	数ヶ所	0	2
	C	副局長	社会福祉学修士号	15	4	8	3
対象2 民間児童福祉機関プログラム責任者	D	所長	修士号（ソーシャルケースワーク）	37	2	12	27
	E	副所長	社会福祉学修士号	15	3	15	7
	F	所長	修士号（カウンセリング）	29	3	17	4

表5-2 FGI調査参加者の属性

	G機関	H機関
参加者合計人数	10	9
社会福祉学修士号（MSW）修得者数	3 (30%)	4 (44%)
児童福祉領域での平均経験年数	11.5	12.8
現機関を含めて勤務した平均機関数	2.5 最大　5 最小　1	1.5 最大　2 最小　1
家族維持のための在宅支援プログラム平均勤務年数	6.15	9.75
現機関での平均在籍年数	7.95	11.44

　結果として、14カテゴリーが抽出され、三つのカテゴリー、Ⅰ「Reasonable Efforts」の内容、Ⅱ「Reasonable Efforts」を実践するために必要なもの（必要な条件）、Ⅲ「Reasonable Efforts」の抱える問題点に分類した。結果は表5-3のとおりである。

　本節ではREの操作的定義の参考とするため、「REの内容」のカテゴリーに注目した。各カテゴリーについて、ローデータであるインタビューイーの発言を含めながら（「　」内に示す）考察を加えた。

家族と援助者側両方に「正当な努力」を認める

　裁判所での判断の基準となるのは、援助者側の活動に対してのみになり

表5-3 分析より得られた14カテゴリー

Reasonable Effortsの内容	家族と援助者側両方に「適切な努力」を認める リスクとニーズのアセスメント 結果ではなくプロセスである ワーカーの「努力」についての記録を残す 達成すべき目的がある 家族との接触 家族への物質的サービスの提供 家族が子どもの養育に対する最低基準を保つ 継続性を持って家族に働きかける 援助側のアイデアと手段の限りを尽くす
必要なもの	援助に使える資源の存在 家族が援助に対して拒否的でない
問題点	司法論理に基づいている 一定の定義がない

がちだが、「家族の能力と責任を認めた上で、家族側にも求められるべきものである」という意見が本調査では多数見られた。援助者側の「正当性」だけではなく、介入される側の家族も「正当」であるべきだという意見も見られた。

リスクとニーズのアセスメント

家族を維持しながら子どもの安全を守るためには、「最初に子どもに対するリスクアセスメントを行い、現時点で子どもが家族にとどまることが可能かどうかを確認した後、子どもが家庭で養育され続けるためには、家族に何が必要かのアセスメントを行う」。

結果ではなくプロセスである・ワーカーの「努力」についての記録を残す

実践現場にいるワーカーは「正当な努力」を裁判所が判断する「結果」であるとはとらえていない。「今回は子どもの措置が認められなかったとしても、文書が残っていれば、裁判所は次回違う判断を下すかもしれない」「『正当な努力』はいつでも達成しなければならないのではなく、それに向かって取り組んでいくことである」。現時点では、裁判所の客観的な判断では、「正当性」が認められなかったとしても、「援助することで起こった小さな変化が次の大きな変化につながる」可能性を信じながら、援

助を提供し、その証明のため記録を残しておく。

達成すべき目的がある

　援助者が家族に対して「正当な努力」を行う時、そこには常に達成すべき目的が存在していなくてはならない。その目的とは、「子どもがより安全になること」「家族が安定すること」「親がよりよく機能できるような機会を与えること」であり、「子どもの最善の利益のために、養育に適切な環境に子どもをとどめる」ために「家族を必要な援助に結びつける」ことである。

家族との接触・家族への物質的サービスの提供

　ワーカーが行った努力が正当なものであるか否かの最低基準は、「ワーカーが家族に接触したか（しようとしたか）」と「親として子どもを養育する最低基準を満たすための物質的サービスをワーカーが提供したか」である。「ワーカーの中には、十分に家族と接触しなかったり、リスクに対するアセスメントをしなかったりするワーカーがいるので、ある一定の責任基準を設けておく必要がある」との意見もあった。また、親に対して物質的サービスを提供するのは、「貧困は親の責任ではなく、国や州の政策の責任である」という大前提があるからである。これらのサービスが提供されたにもかかわらず、親が与えられた物質的サービスを子どものために使わなかった時には、子どもの措置が必要となる。

家族が子どもに対する養育の最低基準を保つ

　親は子どもを養育するための衣食住以外の最低基準も保っておかなくてはならない。「たとえ、家から一歩出た環境が、銃声が飛び交い、薬物の売人がたむろするような場所だったとしても、家に一歩入れば、子どもが安全に暮らせる環境を、親は提供する必要がある。それが提供できない場合は、子どもの措置を考慮する必要がある」。

継続性を持って家族に働きかける・援助者側のアイデアと手段の限りを尽くす

　援助者側の援助は継続性を持ったものでなくてはならない。「家族が非協力的態度、怠慢、無反応だったとしても、1回の電話、2回の訪問で終わるのではなく、ワーカーは子どもに対するリスクレベルを考慮しながらも、継続的に家族に働きかける必要がある」。そして、「チームや機関が全力で関わってでも、変化が起こらず、子どもにとって危険な場合は、すべての関係者が集まって『正当な努力』が達成できたかどうかを判断する」必要がある。「『正当な努力』とは治療ではなく、すべての人が試みたということ」であり、「家族に対する援助の方法は一つだけではない」ので、援助者が「どれだけ工夫を凝らして家族に介入したか」で判断される。

　これらの内容を踏まえた上で、実際に日本の在宅支援を援助者の「正当な努力（Reasonable Efforts）」の視点で評価を行うため、その操作的定義を次節にて試みたい。

第4節　まとめ　「正当な努力」という概念の操作的定義

　本章では、第1節にて、文献レビューより、Reasonable Efforts（RE）の概念の整理を行い、第2節にて、全米の各州法ではどのようにREが定義されているかを州法の条文内のREの定義を抽出しまとめた。第3節では、筆者がアメリカ合衆国イリノイ州にて児童家庭局関係者及び実践者に対して行ったインタビュー調査の結果についてまとめた。以上を参考にしながら、本節では本章のまとめとして、REを法的用語として使うのではなく、「正当な努力」と日本語訳し、その定義を「現時点での心理的につながりを持つ保護者と子どもの関係を重視し、家族に価値をおき、家族を維持するために児童福祉に関わる援助者として正当な努力を行うことであり、専門的援助活動のアカウンタビリティ（説明責任）を示す指標」とし、質問紙調査により日本の現在の在宅支援においてREがどれほど体現されているかを明らかにするため、操作的定義を行い、変数化したい。

　もともとREはケースバイケースにて判断できるための余地を残してい

るため、ケースの状況に合わせた定義づけは本研究で予定している「援助者に対する質問紙調査」という形にはそぐわない。なので、個別のケース内での実践を操作的定義に含めることは難しい。だが、質問紙という手法を用いて、文献レビューにより明らかになった「正当な努力」を示す援助行動（「家族との接触」（畠山, 2007）や「援助活動の詳細な記録」（Seaberg, 1986; Sudia, 1989; 畠山, 2007）など）が行われているかを尋ねることはできる。サービスの質については、個々のケースに実際に提供されたサービス内容を検証することは難しいため、サービスの質を保証するような行動（「サービスとニーズの妥当性のためのアセスメント」（Seaberg, 1986; 畠山, 2007）、「達成すべき目的の設定」（畠山, 2007）など）を援助項目に反映させることとした。前章で述べたとおり、アメリカ合衆国のFamily Preservationは「REを実践にて具体化した援助の体系」であるはずであり、Family Preservationの概念を援助行動として項目化したものに、サービスの質を表す援助項目が含まれているはずであるため、Family Preservationの概念を援助項目化した後に、REの文献レビューに上がっている「サービスの質」に関する項目が含まれているか確認した（実際、抽出した項目にすでに含まれていた）。また家族側の「正当な努力」については、個別のケースに関する状況であり、援助者を対象とした今回の質問紙調査では把握するのは難しいため、今回の定義づけには直接的に含めないこととした。

　芝野（2005b）はReasonable Effortsを「適切な援助努力」と訳し、直接援助者の専門的援助活動実績であり、アカウンタビリティとしてのプロセス・エビデンスであると説明した。前節でとりあげた筆者によるインタビュー調査の結果（畠山, 2007）においても、REは結果ではなく、「達成すべき目的に向かったプロセス」であり、「継続性」を持って「援助者のアイデアと手段の限りを尽くし」て、家族に働きかけることであるとされていた。ゆえに、本研究でもREを援助行動の総量としてとらえることとし、家族維持を目的とした援助（REの具体化した援助行動でもある）の実施度の総量として定義することとした。フェーズ型の日本の児童虐待施策において、プロセス・エビデンスに基づく評価は難しいとされるが（芝野, 2005b）、援助者を主体とし、その在宅支援全般に対しての一定期間における援助の総

量を変数としてとらえることは、援助者としてのREの操作的定義としては適当であると考えた。

加えて、もともとの連邦法（AACWA）でのREの主旨を考慮し、「措置に至ったケースに関しては、援助者は措置前に家族維持のための援助をできる限り行った」という措置前の家族維持のための尽力度に対する評価を操作的定義とすることとした。ただし、実際のREは米国では裁判所による客観的評価の基準であるが、日本の現状では客観的な評価が難しいため、今回の調査では援助者自身による主観的評価という形式をとった。

最後に、1980年連邦法でREの背景にある家族に対する価値、「親子分離は最後の手段である」もその操作的定義に含め、援助者の「正当な努力」の「正当性」の基盤となる価値についても定義として含めることにした。これは子どものパーマネンシーを確保するという意味でも、重要な価値であり、1980年連邦法の中心的な理念の源となっているものである。

以上、本研究ではReasonable Efforts「正当な努力」の操作的定義として次の三つの変数を採用し、質問紙調査においては観測変数として定義づける。

---

1. 家族維持を目的とした援助活動の総量
2. 子どもの家庭外措置の決定前に、できる限りの家族維持を目的とした援助を行ったという援助者自身の評価
3. 「親子分離は最後の手段である」という価値

そして、これらの三つの変数においては相互に正の関係があることを仮定し、在宅支援を行う上でこの三つの変数の関係が成立することこそが、「正当な努力」の「正当性」を示していると仮定する。つまり援助者の家族維持の努力が「正当である」ためには、この三つの変数が正の相関を示していることとした。

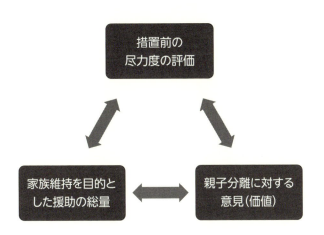

図 5-1 「正当な努力」の正当性を示すモデル

第Ⅱ部
日本の家族支援を検証する

第6章

研究方法

第1節　調査デザイン

　本調査は、序論で示したリサーチクエスチョンをもとに、実態把握及び生成した仮説を検証することを目的としている。繰り返しとなるが、リサーチクエスチョンは次の二つである。

> Ⅰ　「家族維持」という視点において、現在の日本の児童虐待ケースに対する在宅支援は何がどこまでできていて、何が足りないのだろうか？　また、日本で行われている「家族維持」を目的とした援助にはどのような要素が実際は影響を与えているのだろうか？
>
> Ⅱ　日本における児童虐待在宅ケースの援助者は、援助者として行うべき家族維持に対する「正当な努力（Reasonable Efforts）」の概念を持っているのだろうか？　それはどこまで援助に体現されているのだろうか？

　まずはリサーチクエスチョンⅠを明らかにするために、日本の児童虐待ケースに対する在宅支援の実態把握とそれを主に行う援助者の意識を明らかにすることとした。具体的には次の事柄を明らかにする。

①日本の児童虐待ケースに対する在宅支援において、「家族維持」のための援助がどのくらい実施されているか？
②日本の児童虐待ケースに対する在宅支援を主に行う援助者は「家族維持」の援助をどのくらい重要だと思っているか？
③日本の児童虐待ケースに対する在宅支援を主に行う援助者は「家族

維持」の援助に対して何を障害だと感じているか？
④日本の児童虐待ケースに対する在宅支援を主に行う援助者は「家族維持」のためには何が必要だと感じているか？
⑤日本の児童虐待ケースに対する在宅支援のどのような援助が実際にはどのような主体により提供されているか？

リサーチクエスチョンⅡについては前章での文献レビューを踏まえ、「正当な努力（Reasonable Efforts）」の概念に対して、操作的定義を行い、尽力度（措置前の援助の主観的評価）、実施度合計（援助行動の総量）、親子分離に対する意見（価値）の3変数に変数化した。そして、これら三つの変数間の関係として次の仮説を立てた。

仮説1. 援助者はすべてのケースに対して、措置前に家族維持のための援助をできる限り行ったと感じている。
仮説2. 援助者は「親子分離は最終手段でありなるべく避けるべきである」と考えている。
仮説3. 措置前に家族維持の尽力をしたと感じる援助者ほど、在宅支援ケースに対しても、家族維持を目的とした援助を多く実施している。
仮説4. 親子分離に対する意見は、措置前に行った家族維持の尽力度と関係している。つまり、親子分離は最後の手段と考えるグループのほうが尽力度は高く、親子分離は対応の一方法と考えるグループのほうが尽力度は低い。
仮説5. 親子分離に対する意見は現在行っている在宅支援に対する家族維持の実践に影響を与えている。つまり、親子分離は最後の手段と考えるグループのほうが、親子分離を対応の一方法と考えるグループよりも家族維持のための援助実施量の平均値が高い。
仮説6. 親子分離に対する意見は回答者の属性に関係している。

```
┌─────────────────────────────────────────────────┐  ┌──────────────────────┐
│ 1.児童虐待在宅ケース援助者に対するフォーカス        │  │ Family Presevationについて │
│   グループインタビュー(FGI)調査                   │  │ の文献研究              │
│  ①市町村児童虐待防止ネットワーク会議に所属する    │  │                       │
│   実践者に対する調査(2005年実施)                 │  │ Reasonable Effortsについて │
│  ②アメリカ・イリノイ州家族維持プログラム実践者に  │  │ の文献研究(本文第5章)   │
│   対する調査(2グループ)(2005年9月実施)          │  │                       │
│  ③在宅支援児童福祉司に対する調査(2005年11       │  │                       │
│   月・2006年1月実施)                            │  │                       │
└─────────────────────────────────────────────────┘  └──────────────────────┘
                              │ 抽出
                              ▼ 質問項目として採用
```

2. 全国児童相談所の在宅支援担当児童福祉司に対する質問紙調査(2006年2月実施)

| ①家族維持を目的とした援助項目(66項目)
→実施度
→重要度
→援助の主体 | ②家族維持のために必要な要素項目
27項目→必要要素
(児相・市町村共通) | ③家族維持にとって障害となる要素項目
20項目→障害度 | ④親子分離に対する意見
⑤家族維持の尽力度
⑥属性等に関する質問 |

3. 全国市区町村の児童虐待在宅ケースに対する援助についての質問紙調査(2006年2月実施)

| ①家族維持を目的とした援助項目(61項目)
→実施度
→重要度
→援助の主体 | ②家族維持のために必要な要素項目
27項目→必要要素
(児相・市町村共通) | ③家族維持にとって障害となる要素項目
19項目→障害度 | ④親子分離に対する意見
⑤家族維持の尽力度
⑥属性等に関する質問 |

図6-1　本研究における調査デザイン

1. 2005年度関西学院大学COE海外調査奨励金による調査(②米国FGI)、2005年関西学院大学COE個人研究助成費による調査(①日本市町村FGI)、厚生労働科学研究　子ども家庭総合研究事業　「児童虐待等の子どもの被害及び子どもの問題行動の予防・介入・ケアに関する研究」(主任研究者　奥山真紀子)ならびに「児童相談所を中心とした在宅支援に関する研究」(分担研究者　前橋信和)の一部(③児相児童福祉司FGI)
2. 厚生労働科学研究　子ども家庭総合研究事業　「児童虐待等の子どもの被害及び子どもの問題行動の予防・介入・ケアに関する研究」(主任研究者　奥山真紀子)ならびに「児童相談所を中心とした在宅支援に関する研究」(分担研究者　前橋信和)の一部として実施した質問調査の一部
3. 平成19年度・平成20年度　科学研究費補助金(若手研究スタートアップ)(課題番号19830119)による研究の一部として実施した質問調査

以上の分析を行うために、調査デザインを作成した。調査デザインは図6-1のとおりである。

まず第1段階として、日米での在宅ケース援助者に対するフォーカスグループインタビュー調査（FGI調査）を行い、全国児童相談所児童福祉司に対する質問紙調査のための質問項目（家族維持のための援助項目、家族維持のために必要な要素項目、援助の際の障害項目）を抽出した。次に第2段階としてこれらのFGI調査及び文献研究にて抽出した項目を元に質問紙を作成し、全国児童相談所及び全国市区町村に対して質問紙調査を行った。これら二つの対象に対して全国規模での調査を試みた理由は、児童虐待ケースに対する在宅支援の役割が児童相談所と市町村間で明確でない経緯があり、日本の児童虐待ケースに対する在宅支援をくまなく把握するためには、児相・市町村両方に対して調査を行う必要があると考えたためである。またこれらの二つの質問紙調査の質問項目についてもできる限り共通の項目を用い、二つの調査結果を比較できるようにした。

第2節　日米における児童虐待在宅ケース援助者に対するフォーカスグループインタビュー調査

1. 本調査の目的

質問項目抽出のために、日本とアメリカ合衆国の在宅支援に関わる援助者のグループ4グループに対してフォーカスグループインタビュー調査（以下FGI調査）を試みた。主にここで抽出しようとしている質問項目は、1. 家族維持を目的とした援助項目、2. 家族維持のために必要な要素項目、3. 家族維持を目的とした援助にとって障害となる要素項目である。

アメリカ合衆国イリノイ州にて調査を行ったのは、1980年のAACWA以降、提示されたFamily Preservationの実践が、およそ30年の間に、紆余曲折を経て形を変えながらも、在宅ケースに対する実践の中でしっかりと生き続けており、その中で実践を続ける援助者から直接データを収集することで、文献研究だけでは抽出できない現場ならではの「生のデータ」が収集できると考えたためである。また、日本でのFGI調査では抽出でき

ない先駆的な部分を抽出し、質問項目に含めることができると考えた。中でもイリノイ州を選んだのは、著者が以前に在宅支援ワーカーとして勤務していたため、州法や援助手続き等に関する知識を持っていること、調査協力が得られやすかったこと、そして、イリノイ州は2002年からの3年間の間、他の州と比べて里親ケア措置数が少ないこと（1,000人あたり1.8人の措置数）(the US Department of Health and Human Services: Administration of Children and Families, 2005) が主な理由である。

また併せて、日本において児童相談所在宅支援担当児童福祉司と市町村在宅支援援助者という二つの異なるグループをインタビュー対象としたことで、日本の現場で行われている家族維持の要素を質問紙調査に包括的に組み入れることができると考えた。

2. 調査方法
1）FGI調査について
本調査はFGI調査の手法を用いて行った。FGI調査は参加者と直接関わり「ありのままの表現」を得られる、グループでの相互作用を通して、より広範でまとまったデータが得られる、より潜在的な意見が得られるなどの特徴がある（安梅, 2001; 呉, 2003; Vaughn, Schumm & Sinagub, 1999）。これらの特徴を考慮した結果、FGI調査は、グループダイナミクスを利用して、日頃の実践を通して参加者が感じている「家族維持」に対する潜在的な意識を効率的に抽出できる手法だと考え、調査方法として採用した。

2）調査方法
4グループのいずれのグループにおいてもFGI調査の手法にのっとり（安梅, 2001; 呉, 2003; Vaughn et al., 1996; 梅澤, 1993）参加者がリラックスして自由に意見が表出できるように、飲み物やお菓子を用意し、座席配置にも気を配った。インタビューデータはICレコーダー及びDVDカメラを用いて、録音・録画した。倫理的配慮として、事前にインタビュー調査の趣旨とインタビュー設問を参加者に送付またはインタビュー前に提示し、録音・録画の承認も事前に得た。インタビューで得られた情報は個人が特定される

形で外部に漏れることがないことを事前に説明し、インタビュー内容についてのインタビュー参加者間での守秘義務についても確認を行った。

①インタビュー設問

インタビュー設問は、事前に参加者に送付またはインタビュー前に提示した。設問はすべてのグループに対して共通したものである（アメリカでのFGI調査においては同義のものに設問を英訳した）。

　　ⅰ.「(児童虐待在宅ケースを想定して) 子どもが措置されることなく、家族が家族として維持していけるためには、援助者は何を行う必要がありますか？」
　　ⅱ.「子どもが措置されることなく、家族が家族として維持していけるためには、何が必要だと思われますか？」
　　ⅲ.「援助者が家族を維持していくための援助を行う際、何が障害となる（なっている）と思われますか？」

②調査対象について

対象の属性については表6-1のとおりである。アメリカでの2グループに関しては、在宅支援においてシカゴ市内で最も多くの在宅ケースを委託されている民間児童福祉機関であるA機関とイリノイ州南部の州第2の都市のペオリアにてFamily Preservationプログラムを委託されているB機関に対して、調査協力をお願いし、了承していただいた。シカゴ市内においては、Family Preservationプログラムという呼称は在宅支援については使われておらず、州南部においてのみ用いられているが、内容に関してはB機関で行われているFamily Preservationプログラムには緊急現金扶助（Emergency Cash Assistance）がサービスメニューに含まれている以外は、担当ケース数や期間等のプログラム枠組みや内容に関しては両グループであまり相違がなかった。

グループ3の日本の市町村援助者のグループに関しては、阪神地域にあるC市の要保護児童対策地域協議会の所属機関に属し、児童虐待ケースの

表6-1　FGI調査グループメンバーの属性

	グループ1. 在宅支援ワーカー (アメリカ)	グループ2. ファミリープリザベーションワーカー (アメリカ)	グループ3. 市町村援助者 (日本)	グループ4. 児相児童福祉司 (日本)
人数	9名	9名	1回目11名、2回目10名	7名
性別	女性9名	女性7名、男性2名	女性8名、男性3名(2回目2名)	女性4名、男性3名
職種	在宅支援ワーカー6名 プログラム責任者1名、SV1名 所長1名	副所長1名、SV3名、ワーカー1名、プログラム責任者1名、セラピスト2名、アシスタント1名	家庭相談員3名、中学校教員(生活指導)1名、保育士(子育て支援)1名、保健師3名、障害相談担当1名、教育センター(教育主事)1名	児童福祉司7名
現職(現プログラム)での平均経験年数	6.15年 (最短1年、最長15年)	9.75年 (最短4年、最長16年)	6.3年 (最短2ヶ月、最長16年2ヶ月)	7年 (最短2年、最長14年)
社会福祉領域での平均経験年数	11.5年 (最短4年、最長30年)	12.83年 (最短4年、最長20年)	—	22年 (最短10年、最長34年)
教育バックグラウンド	福祉4名(学士1名、修士3名)カウンセリング修士1名、心理学修士1名、工学学士1名、神学修士1名、社会学学士1名、その他学士1名	福祉(修士4名)カウンセリング修士2名、臨床心理修士1名、心理学士1名、高卒1名	—	福祉4名、心理2名、法学1名
資格	LCSW(州の社会福祉資格)3名、LCPC(州のカウンセリング資格)1名	LCSW(州の社会福祉資格)3名、LCPC(州のカウンセリング資格)2名	社会福祉士1名、教員免許2名、保健師3名・看護師4名、精神保健福祉士1名、保育士3名、社会福祉主事1名 (複数の回答あり)	社会福祉士2名、社会福祉主事1名

援助に関わった経験を持つ専門職を対象者の条件とし、地域協議会事務局を通してリクルートを行った。グループ4の児童相談所児童福祉司のグループについては、阪神地方の3ヶ所の児童相談所に勤務し、児童虐待ケース在宅支援を担当した経験が比較的多い児童福祉司を対象者の条件として、各児童相談所の代表者を通してリクルートを行った。いずれのグ

ループの参加者も、1. 児童虐待在宅支援ケースに対する経験が豊富であること、2. 自身の実践を言語化し表現することに長けていること、を条件として紹介いただき、本調査の趣旨を説明し参加の同意を得た。

3. 分析方法

　分析方法は安梅（2001, 2003）の「内容分析法」、Vaughnら（1999）の「自然主義的探査法を基礎としたデータ分析の手続き」、及びFlick（2002）の「質的研究の枠組み」を参考とし、次のような手順で行った。①各インタビューの録音を書き起こし、その精度の確認を行った。②調査者である著者はデータを何度も読み込み、インタビュー目的にそった基本的考えを確認した上で、データをそれ自体で有益であるように最も少ない情報量を含んだ単位に単位化した（コーディング）後、その単位をカード化する作業を行った。③筆者と複数の調査協力者の手によって内容を同じくする情報単位をまとめていく作業であるカテゴリー化を行った。

　なお、本調査では、質的研究においての「妥当性」を確保するために次のような手続きをそのインタビュー進行及び分析プロセスの中に含めた。インタビュー進行では、研究の枠組みにそったインタビューフローを事前に作成し、データ収集に意図的な偏りが出ないような進行を試みた。分析に際して、Respondent Validationとして、第三者の判断を通じて分析結果の妥当性を高めることを目的に、児童福祉領域に造詣の深い調査協力者複数名に分析のプロセス全般に参加してもらい、レビューをしてもらった。また、言語については、英語でのFGI調査に関しては、録音データを書き起こす際、英語を母国語とする調査協力者のチェックを受け、次に書き起こしたデータから日本語のコーディングをする際には、日本語と英語に堪能である調査協力者の協力を得て、2言語間で意味のとりこぼしがないよう細心の注意を払った。

4. 結果

　すべてのグループに対する調査結果をまとめたものは表6-2～表6-4のとおりである。ここでの分析結果で得たカテゴリーを質問項目作成に使用す

表 6-2　家族維持のために援助者がする援助

カテゴリー	サブカテゴリー	アメリカ グループ1	アメリカ グループ2	日本 グループ3	日本 グループ4
1. ワーカーと家族との関係	1. 家族とよい関係を築く	◎	●		
	2. 家族に適切に対峙する		◎		◎
2. 親の技術の開発	3. 親を教育する	◎	●	●	
	4. 他の親と交流する機会を与える			●	
	5. 家族の主訴を明らかにするために傾聴する	●	●		●
3. ケースワーク過程	6. 包括的なアセスメントをもとにして援助計画を作成する	●	◎		◎
	7. 援助効果を評価する				◎
	8. 援助終結後もフォローアップを行う		●		
4. サービスをより効果的にする	9. 家庭訪問を有効に利用する		●	●	
	10. 家事サービスなどの基本的ニーズを戦略的に用いる		◎	●	●
	11. 援助のタイミング				●
5. 家族に必要なサービスを提供する	12. 家族のストレスを緩和するレスパイトケアを提供する		●	◎	
	13. 親に対するカウンセリングの提供・送致		●		◎
	14. 親族によるインフォーマルなサポートを探す			◎	
6. 援助のためのサービス提供のネットワークを構築する	15. コミュニティにあるサービスに家族をつなげる		◎		
	16. 関係機関と連携する		●		●
7. 家族を変化に導く	17. 子どもを肯定的に見る視点への変化を促す			●	
	18. 家族とともに目標を設定し、それに向かって努力していく		◎		
	19. 家族の変化を促していく	●	◎		◎
	20. 家族が自立できる準備をする		●		
	21. ワーカー自身がクライエントの変化の可能性を信じる		◎		
8. 援助者としての態度と価値を持つ	22. 援助を個別化する		◎		
	23. 自分自身の役割を越えない	●			
	24. 問題解決に集中する		●		
	25. ワーカーとして適切な資質を持つ		◎		
	26. 家族維持に対する価値観を持つ		◎		
	27. ワーカーを支える環境		◎		
	28. 家族の自己決定を尊重する		◎		
9. 子どものためのサービスを提供する	29. 子どものリスクに対する対応を行う		◎		◎
	30. 子どもに焦点をあてた援助		●	●	●
10. 援助者の責任を果たすために記録を残す	31. 自分の援助を記録として残しておく	●	◎		
11. その他				●	●

◎はグループ内において特に強い同意の見られた項目、●はグループ内において発言のあった項目。表 6-3、6-4 も同様。

表6-3 家族維持のために必要な要素

カテゴリー	サブカテゴリー	アメリカ グループ1	アメリカ グループ2	日本 グループ3	日本 グループ4
1. 養育に必要な最低要素	1. 養育に必要な生活の最低要素	◎	◎	◎	●
	2. 親の養育能力			●	●
	3. 親の精神的安定			●	
2. 家族の機能	4. 家族としてのアイデンティティとコミットメント	●	●	◎	●
	5. 親子間の絆	●	●		●
	6. 親としての責任の自覚	◎	◎		●
3. 家族が持つ力	7. 資源を活用できる	◎	●		
	8. 家族が自立できる力を持っている	◎			
4. 家族の変化に対する態度	9. 変化に対する動機づけ	●	●		
	10. 家族の「自分たちが変化できる」可能性への希望		●		
	11. 家族の援助に対する受け入れ			●	◎
5. 家族をとりまく環境に関する要素	12. サポートネットワークの存在		◎	●	◎
	13. 近隣の環境が整っている	●			
6. 子どものリスクに対する要素	14. 子どもの家族に対する安心感			◎	
	15. 子どもの命に危険はない			●	◎
	16. 子どもの安全確認をしてくれる人の存在〈家族〉			◎	●
	17. 子どもが自分自身を守ることができる能力〈家族〉			●	●

表6-4 家族維持を目的とした援助に対する障害

カテゴリー	サブカテゴリー	アメリカ グループ1	アメリカ グループ2	日本 グループ3	日本 グループ4
1. サービス提供システム自体が持つ障害	1. プログラムの財源不足	●			
	2. 資源の不足・制限	◎	●		●
	3. 援助提供システムの矛盾・問題	◎	◎	●	◎
	4. 司法システムとの意見の相違	●	◎		
2. 児童虐待施策のイメージによる障害	5. 児童虐待施策に関するネガティブなイメージ		◎		◎
3. 児童虐待という問題に対する対応の難しさ	6. リスクアセスメント指標の誤用		◎		
	7. ワーカーが求められる努力の曖昧さ・不可能さ		●		
	8. 安全と家族維持のバランスの難しさ		●		
	9. 家族の個性の尊重の難しさ			●	
4. 対象となる家族が持つ困難性	10. 家族が持つ問題の複雑さ	◎	◎		
	11. 親に対する援助者の苛立ちや無力感			◎	
	12. 家族の状態を把握することの難しさ			●	
5. 援助者自身が持つ困難性	13. 援助者の専門的資質に対する問題				●
	14. 文化的差異に対する理解不足	◎	●		

第6章　研究方法

ることとした。また、日米グループ間で共通するサブカテゴリーについて比較し、それぞれの家族維持のための在宅支援の特徴について表にまとめた。

5. 考察

本FGI調査の主な目的は質問項目抽出であるため、考察は日米グループの比較に関するものに限定したい。

1) 家族維持のために援助者がする援助（表6-2）

日本における在宅支援は、児童相談所によるものと市町村によるものの2層構造にて行われている。市町村においては、直接的な援助というよりは、親子に他の親子と交流する機会を与えるなどの間接的な方法で家族を支援することが多い。基本的に市町村では、家族が自発的に援助を受け入れることが、援助提供の際には必要であるため、積極的な介入ができない実情がある。ゆえに市町村では関係機関を介して家族に対する情報を収集し、最も介入するのに効果的なタイミングを計ることが重要となってくるようである。

アメリカの在宅支援ワーカーは、家族との間の複雑な立場をよく理解しており、まずは家族との信頼関係を結ぶことが不可欠だと感じている。そのためには、まずは家族に対して自分たちの役割を明確に理解してもらうことが必要である。自分たちは援助するために家族に接触しているのであり、非難をしに来たのでも、罰を与えに来たのでもないことを明確にする。また、ワーカーは家族自身がしなければいけないことまで、踏み込んで代わりにしようとはしない。ある参加者は「ワーカーは家族よりも、家族維持に対して一生懸命になってはいけない。家族に対する自分の関わりに対して常にバランスを計らなくてはいけない」と言及していた。

2) 家族維持のために必要な要素（表6-3）

日本の児童福祉司は、サービスを提供する前に、家族自身がどれくらいリスクに対する緩和要因を持っているかをアセスメントするよりも、リス

クの除去をどのように行うかに援助を集中させてしまう傾向が強い。一方、アメリカの在宅支援ワーカーは、家族自身の変化に対する動機づけや自発力に高い重要性をおいている。例えば、アメリカでのインタビュー参加者の一人は「（家族維持は、）家族自身によるものである。最も大切なのは、家族自身が自分たちは何をしなくてはいけないかをわかっていることだ。誰も家族の代わりはしてくれないということを理解しておく必要がある」と述べた。

3) 家族維持を目的とした援助に対する障害（表6-4）

　日本において児童虐待防止法ができて、約10年しか経過していない。未だ日本での児童虐待対応のシステムは発展途上である。法的な虐待の定義はあるものの、システム上、どこからどこまでを児童虐待として取り扱うのかという点、どこからどこまでを強制的介入の範疇とするのかという点で、現場では混乱が見られる。アメリカにおいては司法システムと児童虐待対応システムの間の整合性の不足が障害要素として今回のインタビュー調査で指摘されていた。もしも、日本が積極的な司法のモニタリングをアメリカのように導入するのであれば、この二つのシステムのすりあわせは十分に議論する必要があると考える。

　今回の調査は四つのグループのみを対象としたため、結果の普遍化には限界がある。本調査の結果から抽出した質問項目を用いて、質問紙調査を行い、多方面からの分析に臨む。

第3節　二つの質問紙調査で用いる質問項目について

1. 質問項目作成について

　全国児童相談所の在宅支援担当児童福祉司を対象とした質問紙調査、及び全国の市区町村の主たる援助者を対象とした質問紙調査に用いる質問項目については、両調査の結果を比較するため、基本的に共通した項目を用いることとした。質問紙項目には主に前節で説明した日米四つのグループに対するFGI調査、及び米国のFamily Preservationについての文献研究

の結果（Pecora et al., 1992, 1995; Nelson et al., 1990; Kinney et al., 1991; Kaplan et al., 1994）そして「子ども虐待対応の手引き」（日本子ども家庭総合研究所, 2009）より抽出した。そして、児童福祉領域の現場経験者、児童福祉領域を専攻とする大学院研究室メンバー、学識経験者等とともにこれらの項目の妥当性の検討をした結果、質問項目として妥当であると合意したものだけを採用した。

特に家族維持を目的とした援助項目66項目については、日米で行った4グループに対するFGI調査と文献研究の結果を踏まえ、アメリカのFamily Preservationの実践の概念を項目化するために、文献研究から得た下位概念を六つ、1.「基本的姿勢・援助の枠組み」、2.「安全とのバランス」、3.「変化を促す態度」、4.「テクニック」、5.「ケースワーク」、6.「具体的援助」を質問カテゴリーとし、FGI調査から抽出されたコードから、アメリカのFamily Preservationの実践を反映しながらも、日本の現場で行う家族維持を意識した援助項目の選定を心がけた。次に第5章にて行ったREの操作的定義における「サービスの質」を担保する援助項目が含まれていることを確認した。質問紙作成の順序としては、まず児相児童福祉司を対象とした援助項目を作成した。同様の内容を持つものは一つの質問項目となるようにし、援助項目が業務上弁別しているように試みた。最後に、在宅支援の経験の豊富なベテラン児童福祉司1名に、アメリカのFamily Preservationの概念を表象しながらも、日本の現場での実情から離れていないかどうかについて、ワーディングも含め確認と修正を依頼した。

項目選択後、試用版を作成し、実際に阪神間の児童福祉司7名に回答していただき、ワーディングと質問項目の両方についての意見を収集した。また、質問者の回答傾向などからも妥当性の検討を行い、修正を加え、児童福祉司に対する援助項目は66項目となった。家族維持の援助に必要な要素、障害要素に関する項目についても、同様の手続きを行い、必要な妥当性を確保するように努めた。

市区町村用の質問項目については、児相用の質問紙調査で用いた質問項目から市町村の実践に当てはまらないものを省く、または修正するという作業を行った。児童福祉司用の質問項目と同じ意味を持つように留意しつ

つも、表現を修正した試用版を阪神間の4自治体の児童福祉主管課のメンバーに実際回答していただき、質問紙全体の意見を収集した。

　質問紙に含まれる項目は次のとおりである（巻末資料の「質問紙」を参照）。

1）家族維持を目的として行う援助項目（児相66項目、市町村61項目）
　①それぞれの援助項目に対して「どの程度実施したか」を「1. していない～5. よくしている」までの5件法のライカートスケールで評価する。
　②それぞれの援助項目に対して「家族維持にとってどの程度重要か」を「1. 重要でない～5. 重要である」までの5件法のライカートスケールで評価する。
　③それぞれの援助項目に対して、誰・どの機関が主に行うべきか（援助の主体に関する質問）を児相対象の調査では、「児童相談所・市区町村・その他」から当てはまるものをすべて選択して答える。市区町村が対象の調査では、児相を含めた援助の主体リスト36主体（巻末の質問紙参照）の中から当てはまるものをすべて選択して答え、市区町村においてはまた実施する必要はないと思う場合は、「実施する必要はない」を選択する。

2）家族維持を目的とした援助に対する障害について
　　（児相20項目、市区町村19項目）
　それぞれの項目について「1. まったく障害とは思わない～5. 大変障害だと思う」の5件法のライカートスケールに加えて「0. 現状に当てはまらない」から選択する。

3）家族維持のために必要な要素について（児相・市区町村とも27項目）
　それぞれの項目について「1. 必ずしも必要でない～5. 絶対に必要である」の5件法のライカートスケールで評価する。

2. REの操作的定義を示した変数に関する質問項目
　第4章におけるREの操作的定義化をした変数に関する項目として次の二つの質問項目を用意した。

1)「親子分離」に対する価値観

　長期の親子分離についての回答者の考えを尋ねた。「1. 親子分離は最後の手段であり、なるべく避けるべきである」「2. 親子分離は対応の一方法として積極的に行うべきである」の2選択肢のうち「どちらかといえば」当てはまるものを選んでもらうように質問に指示を付け加えた。

2) 家族維持に対する尽力度

　調査実施年度に担当したすべての児童虐待長期措置ケース（一時保護ケースは除く）に対して、どの程度、「家族維持」のための援助を措置前に行ったかを「1. まったく行わなかった〜5. できる限り行った」の5件法のライカートスケールにより尋ねた。

第7章

質問紙調査1「児童相談所における児童福祉司による児童虐待ケース在宅支援の実態及び意見調査」

第1節　調査の対象、調査方法、分析方法

1. 調査対象

　全国197ヶ所の児童相談所（支所も含む）の児童虐待在宅支援ケースを担当する児童福祉司、また担当が決まっていない場合は児童虐待在宅支援ケースに関わっている児童福祉司、各相談所5名ずつ、計985名を対象とした。実際は、全数調査として全国の児童虐待在宅支援担当児童福祉司すべてに行うつもりであったが、各児童相談所によって在宅支援の体制（担当がいる、在宅支援担当課がある、地域担当が地域別に在宅支援を担当している、等）が様々なことが想定され、かつ各児童相談所に対象となる児童福祉司が何名いるかが把握できないため、研究班で協議の結果、各児童相談所所長宛に質問紙を送付し、該当する児童福祉司最大5名に質問紙を配布してもらうこととした。なお5名という人数も都市部の大規模な児童相談所を想定した場合、該当者の概ねの人数として適切であると考えた。

2. 調査方法

　郵送法による質問紙調査を実施した。質問紙と返信用封筒を5セット、各児相にまとめて郵送し、回答者が個別に返信してくる形をとった。なお、回答については統計処理後のデータから個人が特定されることはないこと、個人名、相談所名等を一切公表しないことを質問紙の表紙に記載した。調査は2006年2月に実施した。

3. 分析方法

　分析として記述統計、探索的因子分析、t検定、分散分析、共分散構造分析及びその共分散構造モデルに対する多母集団同時分析を行った。分析には、Microsoft Excel 2003、PASW（SPSS）Statistics 18.0、AMOS17.0 を用いた。

　本章では、リサーチクエスチョンⅠに対する分析として記述統計、探索的因子分析までの分析結果を考察する。リサーチクエスチョンⅡに対する分析の結果については第10章でまとめて取り扱うこととする。

第2節　調査結果の分析（その1）

1. 回収率について

　支所を含む全国児童相談所197ヶ所に5通ずつ質問紙を送付（985通）し、540通の回答があった（回収率は54.8％）。欠損している回答が各質問群につき3分の1以上あるケースを除くと、有効回答数は528通（有効回収率53.6％）であった。

　有効回答の中で、相談所名が書いてあったものは504通で、169ヶ所（85.5％）の児童相談所から回答があったことが明らかであるが、実際は在宅支援担当者や課があると答えた回答者は5.5％しかおらず、担当ケースが地区で割り振られているため、自分の地区の在宅支援ケースを担当している場合が多く見られた（82.2％）。

2. 回答者の属性について

　回答者の属性について特徴的な事項を記述する（詳細については表7-1を参照）。

1. 年齢については、最も多かったのは、40歳代（37.1％）、続いて30歳代（28.0％）、50歳代（21.8％）の順であった。
2. 児相での勤続年数は、1年以上3年未満が最も多く（33.7％）、次に

1年未満（18.8%）であった。3番目に多いのは、10年以上30年未満（11.9%）であった。全体の7割（70.1%）が5年未満の勤務であった。

3. 児相以外の直近の勤務先では、福祉領域以外の部署や施設が最も多く（23.1%）、次に多いのは、福祉事務所（18.4%）であった。他の児童相談所も含め、児童福祉領域の機関に勤務していたものは、合計31.6%であった。

4. 児童福祉司資格の種別については、心理学、教育学、社会学の課程を修得し1年以上の勤務経験のある者が最も多く、約4割（40.9%）を占めた。

5. 大学・短期大学での主な専門領域については、社会福祉学専攻が最も多く全体の3割（32.1%）を占めていた。次に多いのは、教育学（12.1%）、心理学（9.7%）の順であった。

6. 社会福祉士の資格の有無は、回答者の全体の8割（80.1%）が社会福祉士資格を持っていなかった。

7. 担当ケース数については、全担当ケースが51～100ケースの児童福祉司が最も多く、全体の4割を占めていた。101～300ケースの福祉司も3割近くいることから、7割近い児童福祉司は50ケース以上担当している。児童虐待ケース数については11～30ケースが最も多く、4割強を占めた。児童虐待在宅ケースの担当ケース数は、30ケース以下がほぼ8割を示す結果となった（詳細については表7-2を参照）。

3. 記述統計による結果

1）家族維持を目的とした援助の実施度の平均点ランキング（表7-3参照）

5件法のライカートスケールの尺度をそのまま点数化し、平均値ランキングとして表した。以下、重要度、障害度、必要要素についても同様である。

実施度について上位25%（平均の第3四分位数）にある項目は17項目あり、関係機関との連携（質問項目番号23、24、12、43の計4項目）やワーカーの援助者としての姿勢や態度を表す項目（質問項目番号7、13、52、8、16の計5項目）

表 7-1　回答者（児童福祉司）の属性

基本的属性		度数（パーセント）
性別	男性	315（59.0%）
	女性	205（38.4%）
	不明	8（1.5%）
	合計	528（100.0%）
年齢	20歳代	58（11.0%）
	30歳代	148（28.0%）
	40歳代	196（37.1%）
	50歳代	115（21.8%）
	60歳代	2（0.4%）
	不明	9（1.7%）
	合計	528（100.0%）
児童相談所での勤務年数	1年未満	99（18.8%）
	1年以上3年未満	178（33.7%）
	3年以上5年未満	93（17.6%）
	5年以上7年未満	52（9.8%）
	7年以上10年未満	36（6.8%）
	10年以上30年未満	63（11.9%）
	30年以上	2（0.4%）
	不明	5（0.9%）
	合計	528（100.0%）
児童相談所以外の福祉領域での勤務年数	1年未満	15（2.8%）
	1年以上3年未満	28（5.3%）
	3年以上5年未満	73（13.8%）
	5年以上7年未満	57（10.8%）
	7年以上10年未満	60（11.4%）
	10年以上30年未満	166（31.4%）
	30年以上	116（21.9%）
	不明	13（2.5%）
	合計	528（100.0%）
児相以前の勤務先（直近）	他の児童相談所	82（15.5%）
	福祉事務所	97（18.4%）
	児童福祉機関の部署	85（16.1%）
	児童領域以外の福祉関係の部署	93（17.6%）
	その他の部署・施設	122（23.1%）
	現児童相談所が始めての勤務部署	40（7.6%）
	不明	9（1.7%）
	合計	528（100.0%）
児童福祉司資格の種別	養成する学校を卒業・講習会課程修了	76（14.4%）
	心理学、教育学、社会学の課程を修了と1年以上の勤務経験	216（40.9%）
	社会福祉士	43（8.1%）
	社会福祉主事と2年以上	87（16.5%）
	前各号と同等以上の能力を有する	81（15.3%）

基本的属性		度数（パーセント）
	その他	1 （0.2%）
	不明	24 （4.5%）
	合計	528 （100.0%）
大学・短期大学での主な専門領域	社会福祉学	162 （32.1%）
	心理学	51 （9.7%）
	教育学	64 （12.1%）
	社会学	38 （7.2%）
	保育学	10 （1.9%）
	児童学	8 （1.5%）
	法学・法律・政治	42 （8.0%）
	経済・経営・商学・会計学	39 （7.4%）
	文学・史学・哲学・宗教学	15 （2.8%）
	理系分野	7 （1.3%）
	保健・看護（専門学校を含む）	5 （0.9%）
	大学短大には行っていない	40 （7.6%）
	その他	23 （4.4%）
	不明	24 （4.5%）
	合計	528 （100.0%）
社会福祉士資格の有無	持っている	94 （17.8%）
	持っていない	423 （80.1%）
	不明	11 （2.1%）
	合計	528 （100.0%）

表7-2　回答者の担当ケース

担当ケース数に関する質問		度数（パーセント）
回答者の全担当ケース数	1～50ケース	97 （22.2%）
	51～100ケース	182 （41.6%）
	101～300ケース	153 （35.0%）
	301～500ケース	5 （1.1%）
	合計	437 （100.0%）
回答者の担当虐待ケース数	1～10ケース	78 （17.6%）
	11～30ケース	195 （44.1%）
	31～50ケース	82 （18.6%）
	51～100ケース	76 （17.2%）
	101～200ケース	11 （2.5%）
	合計	442 （100.0%）
回答者の担当在宅ケース数	1～10ケース	163 （38.2%）
	11～30ケース	173 （40.5%）
	31～50ケース	47 （11.0%）
	51～100ケース	37 （8.7%）
	101～160ケース	7 （1.6%）
	合計	427 （100.0%）

が多く含まれていた。下位25％（平均の第1四分位数）には17項目が該当し、うち13項目（項目番号15、6、40、10、17、27、56、61、59、35、14、66、64）が住居、家計、医療、保育所への送迎等の生活上の具体的援助に関わる項目であった。

2）家族維持を目的とした援助の重要度の平均点ランキング（表7-4参照）

上位25％に当てはまる項目は18項目あり、援助に対するワーカーの態度に関する項目が9項目（項目13、8、7、30、47、52、16、1、19）、関係機関との協議・連携に関する項目が5項目（項目番号23、24、12、20、43）であった。反対に下位25％の17項目には衣食住、経済活動、医療、保育などに関する生活上の援助が固まっている（17項目中14項目：項目15、11、40、10、6、56、61、35、27、17、59、66、14、64）。

3）家族維持を目的とした援助を行う際の障害の平均点ランキング

(表7-5参照)

「0＝現状に当てはまらない」の選択肢は、欠損値として処理を行った。上位25％の項目には、担当ケースの多さや立場の問題、専門的技能の不足の問題と根本的な児相のシステムに関わる項目が含まれていた。反対に、自身の公務員としての制約ある立場や「指導」という形の援助に対する抵抗等の現在のサービス提供の仕組みに関しての項目が下位25％で見られた。

4）家族維持のために必要な要素の平均点ランキング（表7-6参照）

上位25％は、衣食住、愛着関係、安心などの養育に対する最低限度必要な要素と安全面に関する項目が混合していた。下位25％は「子どもの順調な成長」「ワーカーのいうことを聞き入れる」「家庭内での秩序」「家族の家族維持していくことに対する自信」「インフォーマルなサポートを持っている」「資源を活用できる」「自分たちが家族維持のプロセスに参加しているのだという自覚」の7項目であった。

5）実施度平均値と重要度平均値の差ランキング（表7-7参照）

　すべての項目において、重要度平均値のほうが実施度平均値よりも高ポイントに分布が偏っているため、ここでは上位25％値である0.93以上にある項目、つまり「重要だとは思っているのに、実施できていない」項目のみに着目した。特に1位の「保護者をペアレントトレーニングへ送致する」、2位の「援助終結後も、家族が再び同じ状態に戻っていないかフォローアップする」においては実施度の平均値ランキングでは、下位25％に入っているものであった。これらの項目は、実施度では「あまり実施されていない」援助であり、重要度の割には実施度が低いといっても差し支えのない項目であるといえる。また、差の上位25％にあった17項目の中で、具体的な生活援助にあたる項目は10項目を示しており、重要度のランキングではすべて下位25％である。また、ペアレントトレーニングへの送致（項目42）やスキルを試す機会（項目39）、家族のリスクへの対応法の教授（項目65）など、家族自身の生活技術構築（スキルビルディング）に関する項目も差のランキングの上位にあがっており、重要度に比べ実施度が低い。

　市町村の結果と比べて、児相のみで実施度－重要度の差が上位25％の項目（市町村の実施度－重要度の差の上位25％には見られない項目）は、表7-8のようになった。

　「18．カウンセリングを通して保護者に虐待した原因について内省させる」以外は、具体的な生活援助に関する項目（住居、経済、求職、保育所等への送迎、娯楽活動）であり、援助の主体を問う質問では項目18以外の項目はすべて「市町村」がその主体となるべきであるという回答が多かった。

　項目18については児相が援助の主体となるべきであるという回答が最も多く、重要であることは認められながらも、児相自身が実施できていないことを自覚している項目であると考えられる。

6）援助の主体について（表7-9参照）

　「家族維持」を目的とした援助項目66項目のうち、主体がすでに明確であるものを除いた後の44項目に対して、「誰が主に行っているかまたは行

表7-3 児童相談所 実施度平均値ランキング

順位	項目番号	質問項目	平均値	SD	度数
1	23	地域の機関から家族の情報を収集する。	4.52	0.705	527
2	60	危機的な状況の場合には、一時保護・ショートステイなどを使い、危機を回避する。	4.45	0.841	527
3	7	ワーカーとしての責任を証明するために、自分が行った援助を文書に記録しておく。	4.37	0.897	528
4	24	学校教諭・幼稚園教諭・保育士と子どもの状況について協議する。	4.36	0.755	527
5	22	児童相談所内の心理判定につなげ子どもの状態を知る。	4.26	0.874	527
6	12	関係機関に児童相談所としての視点や立場を説明していく。	4.23	0.827	524
7	47	虐待の告知の仕方は、家族状況や虐待の程度を見て、ケースにより判断する。	4.21	0.861	527
7	13	ワーカーは家族に対して忍耐強く対応する。	4.21	0.823	517
9	52	保護者と対峙する場面では、必要以上に懲罰的にならないような表現を用いる。	4.19	0.868	515
10	43	保健師や学校の教諭など地域の援助者に家庭訪問を依頼する。	4.07	0.983	527
11	8	家族を援助するという自分の立場を明らかにし、家族の信頼を得る。	4.06	0.835	527
12	5	保護者が子どもに対して肯定的な視点を持つことができるように働きかける。	4.03	0.872	526
13	29	定期的に家族に接触する。	3.84	0.935	526
14	20	家族が必要な時、自分自身で利用できるように事前に地域の資源とつなげておく。	3.83	1.006	525
15	16	それぞれの家族に対してワーカーが何がどこまでできて、何ができないのかを自覚する。	3.82	0.993	519
15	55	子どもの気持ちを代弁して保護者に伝える。	3.82	0.972	527
17	30	家族に関する情報をたえず収集し、児童相談所が家族に介入するタイミングを逃さない。	3.74	0.948	522
18	62	保護者が困っていることを口にしたタイミングを逃さず、必要なサービスにつなぐ。	3.71	0.945	512
18	26	家族がすべきことまで、ワーカーがしてしまわないように気をつける。	3.71	0.999	504
20	34	すでに保護者とつながっている関係機関に保護者が必要としているサービスを紹介してもらう。	3.67	1.088	526
21	63	児童相談所との誓約を破った場合に起こる結果についてきちんと保護者に伝える。	3.66	1.117	521
22	21	家庭を訪問し、家族の生活の場で援助活動を行う。	3.64	1.115	527
23	41	保護者や子どもの状態を医師と協議する。	3.63	1.123	526
24	1	家族の長所をいかして、援助を展開する。	3.62	0.943	522
25	51	定期的に援助の評価を行い、ある程度の結果が見られれば援助を終結する。	3.61	0.082	525
26	49	家族の「子どもとともに生活する権利」と、子どもの「安全に幸せに暮らす権利」の両方を大事にする。	3.57	1.121	517
27	36	チームアプローチをとることによって、自分のアセスメント結果や意思決定を確認する。	3.47	1.216	510
28	57	職場で同僚と共有できる家族支援に対する価値観を持っている。	3.46	1.044	522
29	37	ワーカー自身が家族の変化に対して希望を持つ。	3.45	1.034	513
30	19	家族とともに目標を設定する。	3.42	1.02	526
31	53	関係機関に対して、家族との接し方についての詳細な助言を行う。	3.41	1.017	524
32	28	次の大きな変化につながるような家族の小さな変化を支援する。	3.35	1.053	510

順位	項目番号	質問項目	平均値	SD	度数
33	54	子育ての負担を軽減するための家事・育児支援サービスに家族をつなぐ。	3.34	1.099	527
33	58	家庭訪問を行い、子どもの長期分離を防ぐためには家族が何を必要としているかをアセスメントする。	3.34	1.072	526
35	25	地域の民生児童委員に協力を要請する。	3.22	1.169	527
36	45	問題の原因の分析を行うのではなく、今ある問題の解決に集中する。	3.20	0.902	523
37	44	頼りにできるような親戚を探し出し、協力してもらう。	3.19	1.181	527
38	31	家族が必要としているスキルを例を用いて家族にわかりやすく説明する。	3.16	1.082	524
39	46	ワーカーが家族に必要な具体的なサービスを提供することで、実際に「援助できること」を家族に証明する。	3.13	1.014	518
40	48	地域の資源に家族をつないだ後も、子どもに対するリスクアセスメントを継続する。	3.05	1.202	525
41	18	カウンセリングを通して保護者に虐待した原因について内省させる。	3.03	1.14	528
42	50	保育サービス、学童サービスの利用のための手続きを援助する。	3.01	1.268	526
43	65	家族が自身のリスクに気づく術と、それに対する適切な対応を教える。	2.96	1.033	526
44	11	家族に病院・医師を紹介する。	2.95	1.186	528
45	9	家族をどのように資源やサポートに結びつけるかの援助計画を作成していく。	2.92	1.114	527
46	4	児童福祉司指導を保護者に虐待を認識させる枠組みとして使う。	2.91	1.332	523
47	33	保護者が通院・入院している間、子どもの保育ケアを確保する。	2.89	1.301	526
48	38	家に食料が十分確保されているかどうか、入手手段はあるのかを確認する。	2.88	1.23	527
49	32	生活保護等の申請を援助する。	2.70	1.189	525
50	3	援助終結後も、家族が再び同じ状態にもどっていないかフォローアップする。	2.68	1.205	526
51	15	医療機関で保護者が充分な説明を受けられるよう配慮する。	2.65	1.193	520
52	2	見本となる大人の姿をワーカーが子どもに見せる。	2.59	1.068	524
53	39	家族に新しく身についたスキルを試す機会を与える。	2.36	1.097	516
54	6	保護者や子どもの通院に同伴する。	2.24	1.218	527
55	40	保護者に他の親と交流する機会を与える。	2.00	1.05	527
56	10	保護者の求職に関する情報を得る援助をする。	1.81	1.026	527
56	17	衣服や学用品の提供・確保の援助を行う。	1.81	0.965	527
58	42	保護者をペアレントトレーニングプログラムへ送致する。	1.79	1.103	522
59	27	保護者と子どもが一緒に楽しめるような娯楽活動を企画するのを手伝う。	1.71	0.922	527
60	56	住居探しを手伝う。	1.60	0.886	527
60	61	医療費の控除の申請を援助する。	1.60	0.928	526
62	59	住居設備に対する援助（修繕・安全面の確認など）を行う。	1.57	0.872	526
63	35	保護者の借金の返済計画を一緒に立てる。	1.50	0.834	526
64	14	家計の管理を保護者と一緒に行う。	1.38	0.705	528
65	66	保護者の求職のための具体的な準備（履歴書を一緒に書く、面接の練習等）を手伝う。	1.36	0.732	527
66	64	子どもを学校・幼稚園・保育園に送迎する。	1.30	0.674	527

※ ■部分は上位25％、■部分は下位25％

表 7-4　児童相談所　重要度平均値ランキング

順位	項目番号	質問項目	平均値	SD	度数
1	60	危機的な状況の場合には、一時保護・ショートステイなどを使い、危機を回避する。	4.72	0.579	524
2	23	地域の機関から家族の情報を収集する。	4.58	0.685	526
3	24	学校教諭・幼稚園教諭・保育士と子どもの状況について協議する。	4.56	0.647	525
4	13	ワーカーは家族に対して忍耐強く対応する。	4.49	0.713	512
5	22	児童相談所内の心理判定につなげ子どもの状態を知る。	4.48	0.709	525
6	5	保護者が子どもに対して肯定的な視点を持つことができるように働きかける。	4.46	0.721	526
7	8	家族を援助するという自分の立場を明らかにし、家族の信頼を得る。	4.44	0.773	525
7	7	ワーカーとしての責任を証明するために、自分が行った援助を文書に記録しておく。	4.44	0.869	524
7	12	関係機関に児童相談所としての視点や立場を説明していく。	4.44	0.768	520
10	20	家族が必要な時、自分自身で利用できるように事前に地域の資源とつなげておく。	4.43	0.779	527
11	30	家族に関する情報をたえず収集し、児童相談所が家族に介入するタイミングを逃さない。	4.42	0.772	520
12	47	虐待の告知の仕方は、家族状況や虐待の程度を見て、ケースにより判断する。	4.40	0.742	524
13	52	保護者と対峙する場面では、必要以上に懲罰的にならないような表現を用いる。	4.37	0.756	514
14	43	保健師や学校の教諭など地域の援助者に家庭訪問を依頼する。	4.36	0.771	525
15	16	それぞれの家族に対してワーカーが何がどこまでできて、何ができないのかを自覚する。	4.34	0.802	516
16	1	家族の長所をいかして、援助を展開する。	4.30	0.819	517
17	29	定期的に家族に接触する。	4.27	0.795	525
18	19	家族とともに目標を設定する。	4.24	0.814	524
19	63	児童相談所との誓約を破った場合に起こる結果についてきちんと保護者に伝える。	4.21	0.835	518
20	62	保護者が困っていることを口にしたタイミングを逃さず、必要なサービスにつなぐ。	4.20	0.815	508
21	41	保護者や子どもの状態を医師と協議する。	4.18	0.848	523
22	55	子どもの気持ちを代弁して保護者に伝える。	4.14	0.877	525
23	9	家族をどのように資源やサポートに結びつけるかの援助計画を作成していく。	4.12	0.925	526
23	58	家庭訪問を行い、子どもの長期分離を防ぐためには家族が何を必要としているかをアセスメントする。	4.12	0.874	522
25	18	カウンセリングを通して保護者に虐待した原因について内省させる。	4.11	0.942	526
26	54	子育ての負担を軽減するための家事・育児支援サービスに家族をつなぐ。	4.09	0.89	526
27	36	チームアプローチをとることによって、自分のアセスメント結果や意思決定を確認する。	4.08	0.971	509
27	34	すでに保護者とつながっている関係機関に保護者が必要としているサービスを紹介してもらう。	4.08	0.885	524
29	3	援助終結後も、家族が再び同じ状態にもどっていないかフォローアップする。	4.07	1.036	521
30	21	家庭を訪問し家族の生活の場で援助活動を行う。	4.02	0.951	525
31	31	家族が必要としているスキルを、例を用いて家族にわかりやすく説明する。	3.99	0.934	523

順位	項目番号	質問項目	平均値	SD	度数
32	26	家族がすべきことまで、ワーカーがしてしまわないように気をつける。	3.98	0.97	501
33	48	地域の資源に家族をつないだ後も、子どもに対するリスクアセスメントを継続する。	3.97	0.963	523
34	49	家族の「子どもとともに生活する権利」と、子どもの「安全に幸せに暮らす権利」の両方を大事にする。	3.96	1.057	512
35	51	定期的に援助の評価を行い、ある程度の結果が見られれば援助を終結する。	3.94	0.92	524
35	65	家族が自身のリスクに気づく術と、それに対する適切な対応を教える。	3.94	0.878	524
37	57	職場で同僚と共有できる家族支援に対する価値観を持っている。	3.93	0.989	516
37	53	関係機関に対して、家族との接し方についての詳細な助言を行う。	3.93	0.877	524
37	28	次の大きな変化につながるような家族の小さな変化を支援する。	3.90	0.952	508
40	44	頼りにできるような親戚を探し出し、協力してもらう。	3.83	0.988	520
41	33	保護者が通院・入院している間、子どもの保育ケアを確保する。	3.82	1.076	524
42	50	保育サービス、学童サービスの利用のための手続きを援助する。	3.80	1.035	522
43	37	ワーカー自身が家族の変化に対して希望を持つ。	3.78	1.022	509
44	25	地域の民生児童委員に協力を要請する。	3.74	0.986	526
45	42	保護者をペアレントトレーニング（親業）プログラムへ送致する。	3.67	1.14	519
46	46	ワーカーが家族に必要な具体的なサービスを提供することで、実際に「援助できること」を家族に証明する。	3.59	0.973	515
47	38	家に食料が十分確保されているかどうか、入手手段はあるのかを確認する。	3.54	1.064	524
48	4	児童福祉司指導を保護者に虐待を認識させる枠組みとして使う。	3.50	1.103	520
49	32	生活保護等の申請を援助する。	3.44	1.063	524
50	15	医療機関で保護者が充分な説明を受けられるよう配慮する。	3.42	1.051	520
50	11	家族に病院・医師を紹介する。	3.42	1.018	526
52	39	家族に新しく身についたスキルを試す機会を与える。	3.36	0.951	509
52	45	問題の原因の分析を行うのではなく、今ある問題の解決に集中する。	3.33	0.946	521
54	40	保護者に他の親と交流する機会を与える。	3.23	1.032	523
55	2	見本となる大人の姿をワーカーが子どもに見せる。	3.15	1.072	521
56	10	保護者の求職に関する情報を得る援助をする。	2.83	1.074	523
57	6	保護者や子どもの通院に同伴する。	2.71	1.07	525
57	56	住居探しを手伝う。	2.71	1.095	522
59	61	医療費の控除の申請を援助する。	2.69	1.139	521
60	35	保護者の借金の返済計画を一緒に立てる。	2.65	1.111	522
61	27	保護者と子どもが一緒に楽しめるような娯楽活動を企画するのを手伝う。	2.64	1.086	525
61	17	衣服や学用品の提供・確保の援助を行う。	2.64	1.092	522
63	59	住居設備に対する援助（修繕・安全面の確認など）を行う。	2.58	1.088	520
64	66	保護者の求職のための具体的な準備（履歴書を一緒に書く、面接の練習等）を手伝う。	2.43	1.089	526
65	14	家計の管理を保護者と一緒に行う。	2.39	1.074	522
66	64	子どもを学校・幼稚園・保育園に送迎する。	2.25	1.08	521

※ ■部分は上位25％、■部分は下位25％

表 7-5 児童相談所 障害度の平均値ランキング

順位	項目番号	質問項目	平均値	SD	度数
1	6	児童福祉司一人あたりの担当ケース数が多い。	4.28	0.911	513
2	14	強制介入的な部分と家族維持に対する支援の部分の切り替えがむずかしい。	4.08	0.953	516
2	19	ワーカーの専門的な技能が不足している。	4.08	0.867	518
4	5	家族のニーズに答えることができるサービス提供体制が地域に組めていない。	4.04	0.941	510
5	12	虐待事件が起こると、マスコミがすべての責任を児童相談所に押し付ける。	4.03	1.044	493
6	18	司法システムの継続的関与がない。	3.98	0.951	491
7	20	保護者との信頼関係を結ぶことが難しい。	3.83	0.967	512
8	10	ネグレクトケースに対して家事を行ってくれるヘルパー制度がない（あっても利用に制限がある）。	3.77	1.037	501
8	17	十分なスーパービジョンが受けられない。	3.77	1.046	484
10	3	費用や交通が理由で、保護者が地域の資源を使えない。	3.72	1.074	500
11	13	児童福祉司の人事異動で担当者が頻繁に変わってしまう。	3.68	1.052	512
12	16	担当地区が広い。	3.65	1.145	497
13	1	保護者が都合のよい時間帯や週末にサービスを提供できない。	3.33	1.100	486
14	15	援助を受けることが、親失格とみなされ、スティグマ化している。	3.30	0.965	481
15	4	児童福祉司が虐待ケース以外のケースも担当している。	3.04	1.329	498
15	11	虐待をすべて心の問題にとらえてしまう風潮がある。	3.04	1.032	424
15	7	家族に対する援助が「指導」という一方的な形式をとっている。	3.00	0.977	421
18	8	サービスの充実によって保護者の依存心を助長してしまう。	2.82	0.991	482
19	2	援助の見直しの時期が決まっていないため、ケースを終結できない。	2.78	1.083	423
20	9	公務員という立場の制約によりサービス提供が自由に行えない。	2.46	1.085	464

※ ▬ 部分は上位 25％、▬ 部分は下位 25％

表 7-6　児童相談所必要要素平均値ランキング

順位	項目番号	質問項目	平均値	SD	度数
1	18	最低限の衣食住の確保ができている。	4.45	0.80	528
2	13	家庭内に子どもの安全を守る人がいる、または定期的に家庭を訪問してくれる人がいる。	4.27	0.86	528
3	5	保護者が自分の行動をコントロールする力がある。	4.26	0.79	528
4	6	関係機関内で「在宅で支援していく」との共通認識がある。	4.25	0.90	528
4	10	安心して生活できる住居がある。	4.25	0.85	528
6	1	子どもと保護者の間に愛着関係がある。	4.23	0.84	527
7	25	子どもが家庭で精神的な安心感をえることができる。	4.22	0.85	528
8	24	最低限度の経済的基盤が確保できる。	4.17	0.89	528
9	8	保護者自身が今までやってきたことに変化が必要だと気づく。	4.13	0.89	528
10	26	保護者が子どもを養育する最低限度の能力を持っている。	4.12	0.92	528
11	20	虐待者に虐待の認識がある。	4.06	0.93	528
12	23	虐待者が自分でSOSを出せる。	4.04	0.92	528
13	19	保護者が就業している間に保育サービスが確保できる。	4.03	0.87	528
14	4	子どもが自分自身の安全を守ることができる。	4.02	0.98	528
15	16	最低限の衛生状態が保たれている。	4.01	0.89	528
16	12	保護者が保護者としての責任を自覚している。	3.96	0.92	528
17	17	子どもが幼稚園・小学校・中学校の学校や保育所などの所属集団へ毎日通っている。	3.95	0.91	528
18	15	保護者の（精神的）治療経過が良好である。	3.94	0.86	528
19	2	家族がお互いに助け合っている。	3.87	1.02	528
20	22	何とかして家族を維持していこうという気持ちが家族にある。	3.85	0.85	528
21	3	子どもの成長（身長・体重）は順調である。	3.76	0.99	528
22	11	保護者がワーカーに対して心を開き、ワーカーのいうことを聞き入れる。	3.66	0.98	528
22	9	家族内での秩序が守られている。	3.66	1.08	528
24	27	家族自身が家族としてやっていくことができるという自信を持っている。	3.58	0.95	528
24	7	家族はインフォーマルなサポートシステムを持っている。	3.58	1.07	528
26	21	家族が地域の資源を自分でうまく利用できる。	3.53	0.91	528
27	14	家族が自分たちは家族維持のプロセスに参加しているのだと実感する。	3.33	1.07	528

※　　　部分は上位25％、　　　部分は下位25％

表7-7 児童相談所 実施度と重要度の平均値の差のランキング

順位	項目番号	質問項目	実施度	重要度	差
1	42	保護者をペアレントトレーニングプログラムへ送致する。	1.79	3.67	-1.88
2	3	援助終結後も、家族が再び同じ状態に戻っていないかフォローアップする。	2.68	4.07	-1.39
3	40	保護者に他の親と交流する機会を与える。	2.00	3.23	-1.23
4	9	家族をどのように資源やサポートに結びつけるかの援助計画を作成していく。	2.92	4.12	-1.20
5	35	保護者の借金の返済計画を一緒に立てる。	1.50	2.65	-1.15
6	56	住居探しを手伝う。	1.60	2.71	-1.11
7	61	医療費の控除の申請を援助する。	1.60	2.69	-1.09
8	18	カウンセリングを通して保護者に虐待した原因について内省させる。	3.03	4.11	-1.08
9	66	保護者の求職のための具体的な準備(履歴書を一緒に書く、面接の練習等)を手伝う。	1.36	2.43	-1.07
10	10	保護者の求職に関する情報を得る援助をする。	1.81	2.83	-1.02
11	14	家計の管理を保護者と一緒に行う。	1.38	2.39	-1.01
11	59	住居設備に対する援助(修繕・安全面の確認など)を行う。	1.57	2.58	-1.01
13	39	家族に新しく身についたスキルを試す機会を与える。	2.36	3.36	-1.00
14	65	家族が自身のリスクに気づく術と、それに対する適切な対応を教える。	2.96	3.94	-0.98
15	64	子どもを学校・幼稚園・保育園に送迎する。	1.30	2.25	-0.95
16	27	保護者と子どもが一緒に楽しめるような娯楽活動を企画するのを手伝う。	1.71	2.64	-0.93
16	33	保護者が通院・入院している間、子どもの保育ケアを確保する。	2.89	3.82	-0.93
18	48	地域の資源に家族をつないだ後も、子どもに対するリスクアセスメントを継続する。	3.05	3.97	-0.92
19	17	衣服や学用品の提供・確保の援助を行う。	1.81	2.64	-0.83
19	31	家族が必要としているスキルを例を用いて家族にわかりやすく説明する。	3.16	3.99	-0.83
21	19	家族とともに目標を設定する。	3.42	4.24	-0.82
22	50	保育サービス、学童サービスの利用のための手続きを援助する。	3.01	3.80	-0.79
23	58	家庭訪問を行い、子どもの長期分離を防ぐためには家族が何を必要としているかをアセスメントする。	3.34	4.12	-0.78
24	15	医療機関で保護者が充分な説明を受けられるよう配慮する。	2.65	3.42	-0.77
25	54	子育ての負担を軽減するための家事・育児支援サービスに家族をつなぐ。	3.34	4.09	-0.75
26	32	生活保護等の申請を援助する。	2.70	3.44	-0.74
27	30	家族に関する情報をたえず収集し、児童相談所が家族に介入するタイミングを逃さない。	3.74	4.42	-0.68
27	1	家族の長所をいかして、援助を展開する。	3.62	4.30	-0.68
29	38	家に食料が十分確保されているかどうか、入手手段はあるのかを確認する。	2.88	3.54	-0.66
30	44	頼りにできるような親戚を探し出し、協力してもらう。	3.19	3.83	-0.64
31	36	チームアプローチをとることによって、自分のアセスメント結果や意見決定を確認する。	3.47	4.08	-0.61
32	20	家族が必要な時、自分自身で利用できるように事前に地域の資源とつなげておく。	3.83	4.43	-0.60
33	4	児童福祉司指導を保護者に虐待を認識させる枠組みとして使う。	2.91	3.50	-0.59
34	2	見本となる大人の姿をワーカーが子どもに見せる。	2.59	3.15	-0.56

順位	項目番号	質問項目	実施度	重要度	差
35	28	次の大きな変化につながるような家族の小さな変化を支援する。	3.35	3.90	-0.55
35	41	保護者や子どもの状態を医師と協議する。	3.63	4.18	-0.55
35	63	児童相談所との誓約を破った場合に起こる結果についてきちんと保護者に伝える。	3.66	4.21	-0.55
38	16	それぞれの家族に対してワーカーが何がどこまでできて、何ができないのかを自覚する。	3.82	4.34	-0.52
38	25	地域の民生児童委員に協力を要請する。	3.22	3.74	-0.52
38	53	関係機関に対して、家族との接し方についての詳細な助言を行う。	3.41	3.93	-0.52
41	62	保護者が困っていることを口にしたタイミングを逃さず、必要なサービスにつなぐ。	3.71	4.20	-0.49
42	6	保護者や子どもの通院に同伴する。	2.24	2.71	-0.47
42	11	家族に病院・医師を紹介する。	2.95	3.42	-0.47
42	57	職場で同僚と共有できる家族支援に対する価値観を持っている。	3.46	3.93	-0.47
45	46	ワーカーが家族に必要な具体的なサービスを提供することで、実際に「援助できること」を家族に証明する。	3.13	3.59	-0.46
46	5	保護者が子どもに対して肯定的な視点を持つことができるように働きかける。	4.03	4.46	-0.43
46	29	定期的に家族に接触する。	3.84	4.27	-0.43
48	34	すでに保護者とつながっている関係機関に保護者が必要としているサービスを紹介してもらう。	3.67	4.08	-0.41
49	49	家族の「子どもとともに生活する権利」と、子どもの「安全に幸せに暮らす権利」の両方を大事にする。	3.57	3.96	-0.39
50	8	家族を援助するという自分の立場を明らかにし、家族の信頼を得る。	4.06	4.44	-0.38
50	21	家庭を訪問し、家族の生活の場で援助活動を行う。	3.64	4.02	-0.38
52	37	ワーカー自身が家族の変化に対して希望を持つ。	3.45	3.78	-0.33
52	51	定期的に援助の評価を行い、ある程度の結果が見られれば援助を終結する。	3.61	3.94	-0.33
54	55	子どもの気持ちを代弁して保護者に伝える。	3.82	4.14	-0.32
55	43	保健師や学校の教諭など地域の援助者に家庭訪問を依頼する。	4.07	4.36	-0.29
56	13	ワーカーは家族に対して忍耐強く対応する。	4.21	4.49	-0.28
57	26	家族がすべきことまで、ワーカーがしてしまわないように気をつける。	3.71	3.98	-0.27
57	60	危機的な状況の場合には、一時保護・ショートステイなどを使い、危機を回避する。	4.45	4.72	-0.27
59	22	児童相談所内の心理判定につなげ子どもの状態を知る。	4.26	4.48	-0.22
60	12	関係機関に児童相談所としての視点や立場を説明していく。	4.23	4.44	-0.21
61	24	学校教諭・幼稚園教諭・保育士と子どもの状況について協議する。	4.36	4.56	-0.20
62	47	虐待の告知の仕方は、家族状況や虐待の程度を見て、ケースにより判断する。	4.21	4.40	-0.19
63	52	保護者と対峙する場面では、必要以上に懲罰的にならないような表現を用いる。	4.19	4.37	-0.18
64	45	問題の原因の分析を行うのではなく、今ある問題の解決に集中する。	3.20	3.33	-0.13
65	7	ワーカーとしての責任を証明するために、自分が行った援助を文書に記しておく。	4.37	4.44	-0.07
66	23	地域の機関から家族の情報を収集する。	4.52	4.58	-0.06

表 7-8 児相のみにおいて実施度－重要度の差の平均が上位 25％内の項目

35	保護者の借金の返済計画を一緒に立てる。	-1.15
56	住居探しを手伝う。	-1.11
61	医療費の控除の申請を援助する。	-1.09
18	カウンセリングを通して保護者に虐待した原因について内省させる。	-1.08
10	保護者の求職に関する情報を得る援助をする。	-1.02
59	住居設備に対する援助（修繕・安全面の確認など）を行う。	-1.01
64	子どもを学校・幼稚園・保育園に送迎する。	-0.95
27	保護者と子どもが一緒に楽しめるような娯楽活動を企画するのを手伝う。	-0.93

※数値は実施度－重要度の差を示す

表 7-9 児童相談所　援助主体について　児相主体回答％別ランキング
（％は回答者数での割合）

		児相	児相（％）	市町村区	市町村（％）	その他	その他（％）	欠損値	回答者数
1-22	児童相談所内の心理判定につなげ子どもの状態を知る。	459	93.3%	95	19.3%	13	2.6%	48	492
1-60	危機的な状況の場合には、一時保護・ショートステイなどを使い、危機を回避する。	437	88.6%	168	34.1%	13	2.6%	48	493
1-47	虐待の告知の仕方は、家族状況や虐待の程度を見て、ケースにより判断する。	433	88.0%	143	29.1%	18	3.7%	47	492
1-55	子どもの気持ちを代弁して保護者に伝える。	420	85.7%	174	35.5%	15	3.1%	47	490
1-58	家庭訪問を行い、子どもの長期分離を防ぐためには家族が何を必要としているかをアセスメントする。	416	84.6%	231	47.0%	21	4.3%	48	492
1-19	家族とともに目標を設定する。	415	84.2%	251	50.9%	35	7.1%	47	493
1-41	保護者や子どもの状態を医師と協議する。	414	84.1%	223	45.3%	17	3.5%	48	492
1-18	カウンセリングを通して保護者に虐待した原因について内省させる。	411	83.5%	111	22.6%	65	13.2%	47	492
1-53	関係機関に対して、家族との接し方についての詳細な助言を行う。	407	82.7%	167	33.9%	15	3.0%	48	492
1-51	定期的に援助の評価を行い、ある程度の結果が見られれば援助を終結する。	403	81.7%	182	36.9%	17	3.4%	47	493
1-24	学校教諭・幼稚園教諭・保育士と子どもの状況について協議する。	395	80.3%	357	72.6%	19	3.9%	48	492
1-9	家族をどのように資源やサポートに結びつけるかの援助計画を作成していく。	393	79.7%	262	53.1%	35	7.1%	47	493
1-65	家族が自身のリスクに気づく術と、それに対する適切な対応を教える。	383	77.8%	216	43.9%	24	4.9%	48	492
1-23	地域の機関から家族の情報を収集する。	376	76.4%	360	73.2%	34	6.9%	48	492
1-31	家族が必要としているスキルを例を用いて家族にわかりやすく説明する。	374	76.0%	241	49.0%	43	8.7%	48	492
1-5	保護者が子どもに対して肯定的な視点を持つことができるように働きかける。	365	74.2%	318	64.6%	55	11.2%	47	492

		児相	児相(%)	市町村区	市町村(%)	その他	その他(%)	欠損値	回答者数
1-20	家族が必要な時、自分自身で利用できるように事前に地域の資源とつなげておく。	351	71.3%	393	79.9%	53	10.8%	48	492
1-43	保健師や学校の教諭など地域の援助者に家庭訪問を依頼する。	349	70.9%	326	66.3%	17	3.5%	48	492
1-42	保護者をペアレントトレーニングプログラムへ送致する。	349	70.8%	147	29.8%	33	6.7%	48	493
1-29	定期的に家族に接触する。	341	69.3%	371	75.4%	55	11.2%	48	492
1-44	頼りにできるような親戚を探し出し、協力してもらう。	339	68.9%	304	61.8%	22	4.5%	48	492
1-21	家庭を訪問し家族の生活の場で援助活動を行う。	322	65.3%	413	83.8%	59	12.0%	48	493
1-48	地域の資源に家族をつないだ後も、子どもに対するリスクアセスメントを継続する。	286	57.9%	334	67.6%	20	4.0%	47	494
1-25	地域の民生児童委員に協力を要請する。	251	50.9%	392	79.5%	23	4.7%	48	493
1-11	家族に病院・医師を紹介する。	241	48.9%	375	76.1%	40	8.1%	48	493
1-34	すでに保護者とつながっている関係機関に保護者が必要としているサービスを紹介してもらう。	208	42.3%	391	79.5%	47	9.6%	48	492
1-54	子育ての負担を軽減するための家事・育児支援サービスに家族をつなぐ。	197	40.0%	409	83.1%	42	8.5%	47	492
1-38	家に食料が十分確保されているかどうか、入手手段はあるのかを確認をする。	179	36.4%	380	77.2%	53	10.8%	48	492
1-33	保護者が通院・入院している間、子どもの保育ケアを確保する。	169	34.3%	432	87.8%	53	10.8%	48	492
1-40	保護者に他の親と交流する機会を与える。	158	32.0%	340	69.0%	75	15.2%	48	493
1-3	援助終結後も、家族が再び同じ状態にもどっていないかフォローアップする。	148	30.1%	406	82.5%	63	12.8%	46	492
1-32	生活保護等の申請を援助する。	144	29.3%	419	85.2%	52	10.6%	48	492
1-50	保育サービス、学童サービスの利用のための手続きを援助する。	129	26.2%	439	89.2%	32	6.5%	47	492
1-6	保護者や子どもの通院に同伴する。	119	24.1%	304	61.7%	81	16.4%	48	493
1-27	保護者と子どもが一緒に楽しめるような娯楽活動を企画するのを手伝う。	100	20.3%	294	59.8%	131	26.6%	48	492
1-35	保護者の借金の返済計画を一緒に立てる。	71	14.4%	277	56.2%	136	27.6%	48	493
1-59	住居設備に対する援助（修繕・安全面の確認など）を行う。	65	13.2%	350	71.1%	72	14.6%	48	492
1-66	保護者の求職のための具体的な準備（履歴書を一緒に書く、面接の練習等）を手伝う。	56	11.4%	296	60.2%	120	24.4%	48	492
1-61	医療費の控除の申請を援助する。	52	10.5%	387	78.5%	50	10.1%	48	493
1-10	保護者の求職に関する情報を得る援助をする。	45	9.1%	349	70.9%	108	22.0%	47	492
1-17	衣服や学用品の提供・確保の援助を行う。	37	7.5%	377	76.5%	116	23.5%	48	493
1-56	住居探しを手伝う。	36	7.3%	363	73.8%	77	15.7%	48	492
1-14	家計の管理を保護者と一緒に行う。	34	6.9%	308	62.6%	129	26.2%	48	492
1-64	子どもを学校・幼稚園・保育園に送迎する。	21	4.3%	266	54.0%	169	34.3%	48	493

※ ▓ 部分は児相・市町村・その他の中で最も回答数が多い主体を指す。

うべきか」を尋ねた。回答には、「児童相談所」・「市町村」・「その他」の三つの選択肢を用意し、当てはまるものすべてを選んでもらった。また「その他」を選んだ場合のみ具体名を記入してもらう形をとった。なお「その他」を選んだ場合でも記入した答えが市町村に該当する機関であった場合は、市町村としてカウントした。結果としては、「心理的」な援助（「22. 児童相談所内の心理判定につなげ子どもの状態を知る」）、「保護的」（「60. 危機的な状況の場合は、一時保護・ショートステイなどを使い、危機を回避する」など）、ケースワーク行動（「58. アセスメント」「19. 家族とともに援助目標を設定」「51. 援助の評価を行い、結果を見て終結」「9. 援助計画を作成」）は児相主体となるべき援助項目の上位を占めている。また医師や子どもの所属機関との「協議」についても児相が主体であるという回答が多かった。一方、保育所の送迎、衣食住の確保、家族との定期的な接触、家庭訪問での援助などの日常的な援助は市町村がすべきだという意見が多く見られた。「その他」の機関としてあがった機関の中で最も多かったものは「民間機関」「NPO」であった。

　また各項目の欠損値を除いた回答者数にてそれぞれの主体を答えた割合（%）を見てみると、フォローアップや保育・家事支援・生活保護などのサービスにつなぐ役割は回答者の80%以上が市町村の役割であると答えていた。また児相・市町村の両方において70%以上の回答者が主体であると答えていた項目は、「学校教諭・幼稚園教諭・保育士と子どもの状況について協議する」（児相80.3%、市町村72.6%）、「家族が必要な時、自分自身で利用できるように事前に地域の資源とつなげておく」（児相71.3%、市町村79.9%）の2項目であった。これらの援助については児相・市町村の両方でケースによって役割分担を行う必要があると思われている。

　「その他」の割合が高かった項目（20%以上）は「保育所等への送迎」（民生委員、ファミサポなど）、「借金の返済計画の援助」（弁護士、法律相談、裁判所など）、「家計の管理」（生保、民間団体など）、「求職のための準備の援助」（ハローワーク等）、「衣服・学用品の確保」（民生・児童委員、学校、社協など）であった（カッコ内は主な具体名）。

第3節　調査結果の分析（その2）

1. 探索的因子分析の結果

　在宅支援担当児童福祉司が1.「家族維持」のために実施している援助（実施度）、2.「家族維持」のために重要だと感じている援助（重要度）、3.「家族維持」を目的とした援助に対して障害だと感じている要因（障害度）、4.「家族維持」のために必要だと感じている要素（必要要素）のそれぞれ四つの質問領域の構成要素を抽出するため探索的因子分析を行った。すべての因子分析において因子の抽出には、重みづけのない最小二乗法[1]を用い、回転にはプロマックス回転を用い整理した。またいずれの分析においても固有値1.00以上を基準にスクリープロットを用いて因子数を決定し、その後、共通性0.3未満、因子負荷量0.35未満の項目を削除して因子抽出を繰り返した。なお、抽出された因子名については児童福祉を専門とする大学院研究室ゼミ内でその妥当性についての検討を行った（表7-10、表7-11、表7-12、表7-13を参照）。

1）在宅支援担当児童福祉司が「家族維持」のために実施している援助（実施度）

　在宅支援担当児童福祉司が「家族維持」のために実施している援助（以下、実施度）は4因子が抽出された。この四つの因子で累積寄与率は45.7％あり、因子負荷量から判断して因子の帰属は比較的明瞭であると判断できる。第1因子には、「住居探し」「家計の管理」「就職支援」「衣類や学用品の提供」「住居設備に対する安全（修繕・安全面の管理など）」「医療費控除のための援助」などの生活に密着した具体的な事柄に対する援助項目が含まれていることから『具体的生活援助』と命名した。第2因子は、「援助者が自分の立場を明らかにして家族の信頼を得る」「忍耐強さ」「家族の長所をいかす」「介入のタイミングを逃さない」「小さな変化を支援」などの具体的行動というよりは援助に対してのワーカーとしての心がけについてであるため、『援助に対するワーカーの態度』と命名した。第3因子は「保健師や学校教諭などに家庭訪問を依頼」「地域の機関からの情報収集」「学

表7-10 在宅支援担当児童福祉司が「家族維持」のために実施している援助の実施度の探索的因子分析

因子名・項目 [全体のCronbach α =0.887]	第1因子	第2因子	第3因子	第4因子	共通性
第1因子『具体的生活援助』[Cronbach α =0.854]					
56. 住居探しを手伝う。	0.717	0.031	0.024	-0.046	0.501
14. 家計の管理を保護者と一緒に行う。	0.712	0.053	-0.046	-0.086	0.460
10. 保護者の求職に関する情報を得る援助をする。	0.694	-0.019	-1.37E-05	-0.053	0.447
35. 保護者の借金の返済計画を一緒に立てる。	0.665	-0.017	0.024	0.006	0.448
66. 保護者の休職のための具体的な準備（履歴書を一緒に書く、面接の練習等を手伝う。	0.653	-0.030	0.025	0.059	0.464
17. 衣服や学用品の提供・確保の援助を行う。	0.635	0.159	-0.011	-0.046	0.431
59. 住居設備に対する援助（修繕・安全面の確認など）を行う。	0.567	-0.052	-0.032	0.160	0.408
61. 医療費の控除の申請を援助する。	0.538	-0.093	0.040	0.235	0.443
第2因子『援助に対するワーカーの態度』[Cronbach α =0.824]					
8. 家族を援助するという自分の立場を明らかにし、家族の信頼を得る。	0.040	0.731	0.024	-0.099	0.506
13. ワーカーは家族に対して忍耐強く対応する。	0.046	0.698	0.023	-0.060	0.482
1. 家族の長所をいかして、援助を展開する。	0.074	0.664	-0.127	0.055	0.408
30. 家族に対する情報をたえず収集し、児童相談所が家族に介入するタイミングを逃さない。	-0.086	0.432	0.150	0.253	0.458
28. 次の大きな変化につながるような家族の小さな変化を支援する。	0.026	0.382	0.059	0.245	0.350
第3因子『関係機関との協議・連携』[Cronbach α =0.776]					
43. 保健師や学校の教諭など地域の援助者に家庭訪問を依頼する。	0.014	-0.104	0.793	0.035	0.559
23. 地域の機関から家族の情報を収集する。	-0.034	0.171	0.690	-0.191	0.555
24. 学校教諭・幼稚園教諭・保育士と子どもの情報について協議する。	-0.020	0.213	0.654	-0.135	0.568
34. すでに保護者とつながっている関係機関に保護者が必要としているサービスを紹介してもらう。	0.055	-0.141	0.605	0.220	0.422
41. 保護者や子どもの状態を医師と協議する。	0.027	0.059	0.407	0.229	0.348
第4因子『家族の持つスキルの開発』[Cronbach α =0.718]					
39. 家族に新しく身につくスキルを試す機会を与える。	0.135	0.013	0.004	0.596	0.459
31. 家族が必要としているスキルを例を用いてわかりやすく説明する。	-0.033	0.376	-0.081	0.546	0.552
65. 家族が自身のリスクに気づく術とそれに対する適切な対応を教える。	-0.053	0.298	-0.011	0.509	0.458
固有値	6.679	3.435	1.429	1.083	
寄与率（％）	26.686	12.602	4.055	2.359	
累積寄与率（％）	26.686	39.288	43.343	45.702	
因子間相関（第1因子）	1.000	0.197	0.190	0.467	
（第2因子）		1.000	0.634	0.482	
（第3因子）			1.000	0.383	
（第4因子）				1.000	

校教諭らと子どもの情報について協議」「関係機関に保護者にサービスを紹介してもらう」「医師との協議」など、関係機関と連携してサービスを提供したり、家族についての協議を行うなどの内容の項目が含まれていたため、『関係機関との協議・連携』と命名した。第4因子は「家族が新しいスキルを試す機会を与える」「家族が必要としているスキルを説明する」「家族にリスクに気づく術と適切な対応を教える」などの家族のスキルについての項目が含まれているため、『家族の持つスキルの開発』と命名した。

2) 在宅支援担当福祉司が「家族維持」のために重要だと感じている援助
（重要度）

在宅支援担当福祉司が「家族維持」のために重要だと感じている援助（以下、重要度）では、4因子が抽出された。この4因子の累積寄与率は46.0％であり、因子負荷量から因子の帰属も明瞭である。第1因子は「求職」「住居探し」「借金の返済」「医療費控除」「衣服や学用品」「学校等への送迎」「生活保護」「親子で楽しめる娯楽活動」「保育ケアの確保」に関する援助が含まれており、生活の中の具体的なことに関わる援助であると解釈し、『生活の中での具体的な援助』と命名した。第2因子については、「地域の機関から家族の情報を収集する」「子どもの情報について協議する」「地域の援助者に家庭訪問を依頼する」「家族へ忍耐強く対応する」「子どもの状態を医師と協議する」「虐待の告知の仕方はケースにより判断する」「保護者と対峙する場面では必要以上に懲罰的にならないような表現を用いる」「危機的な状況には、一時保護・ショートステイを使い回避する」「定期的に家族に接触する」などの家族に関する情報を収集し、その状況を理解することや、それを踏まえた対応を行うなどの内容を含む項目が見られたため、『家族の状況の理解と対応』と命名することとした。第3因子については「家族のリスクに気づく術とそれに対する適切な対応を教える」「必要としているスキルをわかりやすく伝える」「家族とともに目標を設定する」「チームアプローチによりアセスメント結果や意思決定を確認する」「ペアレントトレーニングへ送致する」「新しいスキルを試す

表7-11　在宅支援担当児童福祉司が「家族維持」のために重要だと思う援助の重要度の探索的因子分析

因子名・項目［全体のCronbach α =0.950］	第1因子	第2因子	第3因子	第4因子	共通性
第1因子『生活の中での具体的な援助』［Cronbach α =0.950］					
66. 保護者の求職のための具体的な準備（履歴書を一緒に書く、面接の練習等）を手伝う。	0.844	-0.122	-0.062	-0.068	0.637
56. 住居探しを手伝う。	0.798	-0.118	0.048	0.078	0.648
35. 保護者の借金の返済計画を一緒に立てる。	0.776	-0.073	0.095	-0.089	0.600
14. 家計の管理を保護者と一緒に行う。	0.743	-0.023	0.081	-0.184	0.544
59. 住居設備に対する援助（修繕・安全面の確認など）を行う。	0.735	-0.230	0.088	0.147	0.575
61. 医療費の控除の申請を援助する。	0.722	-0.114	0.035	0.135	0.560
17. 衣服や学用品の提供・確保の援助を行う。	0.700	0.093	-0.022	-0.121	0.490
64. 子どもを学校・幼稚園・保育園に送迎する。	0.680	-0.107	-0.096	0.082	0.398
10. 保護者の求職に関する情報を得る援助をする。	0.677	0.024	0.071	-0.071	0.473
32. 生活保護等の申請を援助する。	0.593	0.170	-0.173	0.139	0.423
27. 保護者と子どもが一緒に楽しめるような娯楽活動を企画するのを手伝う。	0.533	-0.073	0.181	-0.003	0.372
11. 家族に病院・医師を紹介する。	0.521	0.349	-0.047	-0.209	0.430
50. 保育サービス・学童サービスの利用のための手続きを援助する。	0.479	0.328	-0.248	0.311	0.517
33. 保護者が通院・入院している間、子どもの保育ケアを確保する。	0.414	0.229	0.013	0.208	0.447
15. 医療機関で保護者が十分な説明を受けられるよう配慮する。	0.405	0.252	0.096	-0.062	0.367
40. 保護者に他の親と交流する機会を与える。	0.399	-0.044	0.361	0.040	0.427
第2因子『家族の状況の理解と対応』［Cronbach α =0.922］					
23. 地域の機関から家族の情報を収集する。	-0.051	0.810	-0.071	0.025	0.572
24. 学校教諭・幼稚園教諭・保育士と子どもの情報について協議する。	-0.085	0.794	0.054	-0.017	0.623
43. 保健師や学校の教諭など地域の援助者に家庭訪問を依頼する。	0.086	0.635	-0.050	0.084	0.462
13. ワーカーは家族に対して忍耐強く対応する。	-0.058	0.553	0.129	0.034	0.397
41. 保護者や子どもの状態を医師と協議する。	0.053	0.547	0.098	0.057	0.441
12. 関係機関に児童相談所としての視点や立場を説明していく。	-0.080	0.516	0.163	0.003	0.359
47. 虐待の告知の仕方は家族状況や虐待の程度を見て、ケースにより判断する。	-0.072	0.514	-0.052	0.309	0.395
22. 児童相談所内の心理判定につなげ、子どもの状態を知る。	-0.122	0.478	0.241	-0.007	0.365
52. 保護者と対峙する場面では、必要以上に懲罰的にならないような表現を用いる。	0.082	0.471	-0.085	0.375	0.385
60. 危機的な状況の時には、一時保護・ショートステイなどを使い危機を回避する。	-0.097	0.464	0.111	0.156	0.331
29. 定期的に家族に接触する。	-0.034	0.448	0.237	0.063	0.403
54. 子育ての負担を軽減するための家事・育児支援サービスに家族をつなぐ。	0.259	0.390	0.022	0.228	0.477
30. 家族に対する情報をたえず収集し、児童相談所が介入するタイミングを逃さない。	0.013	0.378	0.291	0.151	0.469

因子名・項目 ［全体のCronbach α =0.950］	因子負荷				共通性
	第1因子	第2因子	第3因子	第4因子	
第3因子『臨床ソーシャルワーク』［Cronbach α =0.872］					
65. 家族が自身のリスクに気づく術とそれに対する適切な対応を教える。	-0.096	-0.085	**0.671**	0.394	0.616
31. 家族が必要としているスキルを例を用いて家族にわかりやすく伝える。	-0.003	0.095	**0.620**	0.123	0.540
19. 家族とともに目標を設定する。	0.027	0.125	**0.575**	-0.039	0.439
36. チームアプローチをとることによって、自分のアセスメント結果や意思決定を確認する。	-0.129	0.178	**0.571**	0.073	0.443
42. 保護者をペアレントトレーニング（親業）プログラムへ送致する。	0.168	0.032	**0.541**	-0.050	0.422
39. 家族に新しく身についてスキルを試す機会を与える。	0.290	0.005	**0.516**	-0.033	0.494
9. 家族をどのように資源やサポートに結びつけるかの援助計画を作成していく。	0.057	0.139	**0.515**	0.014	0.422
58. 家庭訪問を行い、子どもの長期分離を防ぐためには家族が何を必要としているかをアセスメントする。	0.044	0.118	**0.468**	0.198	0.453
18. カウンセリングを通して、保護者に虐待した原因について内省させる。	0.101	0.231	**0.432**	-0.112	0.397
1. 家族の長所をいかして、援助を展開する。	0.106	0.033	**0.421**	0.162	0.344
第4因子『援助のタイミング』［Cronbach α =0.663］					
63. 児童相談所との誓約を破った場合に起こる結果についてきちんと保護者に伝える。	-0.110	0.187	0.300	**0.413**	0.434
62. 保護者が困っていることを口にしたタイミングを逃さず、必要なサービスにつなぐ。	0.148	0.208	0.100	**0.405**	0.432
51. 定期的に援助の評価を行い、ある程度の結果が見られれば援助を終結する。	-0.024	0.215	0.121	**0.378**	0.312
固有値	14.128	4.264	1.657	1.389	
寄与率（％）	32.375	8.964	2.672	2.031	
累積寄与率（％）	32.375	41.011	44.011	46.042	
因子間相関（第1因子）	1.000	0.420	0.522	0.320	
（第2因子）		1.000	0.633	0.354	
（第3因子）			1.000	0.331	
（第4因子）				1.000	

機会を与える」「援助計画を作成していく」「家族が何を必要としているかをアセスメントする」「カウンセリングを通して虐待した原因について内省させる」「家族の長所をいかして援助を展開する」などの幅広い内容となったが、多くの項目において、ジェネラルなソーシャルワークにおいて共通して行われる内容であると解釈し、『臨床ソーシャルワーク』と命名することとした。第4因子については「児相と制約を破った場合の結果について保護者に伝える」「保護者が困っていることを口にしたタイミングで必要なサービスにつなぐ」「ある程度の結果が見られれば援助を終結する」というタイミングを見計らうことに焦点をおいた項目が帰属していることから、『援助のタイミング』という因子名とした。

3) 在宅支援担当児童福祉司が「家族維持」を目的とした援助に対する障害だと思う要因（障害度）

　「家族維持」を目的とした援助に対する障害要因（以下、障害度）について2因子が抽出された。2因子でのサンプルの分散の説明力を表す累積寄与率は38.0％であり、因子負荷量から項目のそれぞれの因子に対する帰属についても明瞭であった。第1因子は、「家族のニーズに応えることができるサービス提供体制が地域に組めていない」「保護者が地域の資源を使えない」「ヘルパー制度がない（あっても制限がある）」「司法システムの関与がない」「十分なスーパービジョンが受けられない」などの項目を含んでいるため、援助を提供するためのシステム自体の問題に寄与した障害を表す項目であると解釈し、『援助のためのシステムの不足』と命名した。第2因子については、「担当地区が広い」「児童福祉司一人あたりの担当ケースが多い」という2項目で構成されているため、『人的資源の不足』と命名した。

4) 在宅支援担当児童福祉司が「家族維持」のために必要であると思う要素（必要要素）

　「家族維持」のために必要な要素（以下、必要要素）については、5因子が抽出された。累積寄与率は47.8％であり、それぞれの因子に対する項目の

表7-12 在宅支援担当児童福祉司が「家族維持」のための援助にとって障害だと思う要因の探索的因子分析

因子名・項目 [全体のCronbach α =0.732]	因子負荷		共通性
	第1因子	第2因子	
第1因子『援助のためのシステムの不足』[Cronbach α =0.707]			
5. 家族のニーズに応えることができるサービス提供体制が地域に組めていない。	0.649	-0.048	0.339
3. 費用や交通が理由で、保護者が地域の資源を使えない。	0.622	-0.085	0.391
10. ネグレクトケースに対して家事を行ってくれるヘルパー制度がない（あっても利用に制限がある）。	0.598	-0.001	0.340
18. 司法システムの継続的関与がない。	0.435	0.223	0.357
17. 十分なスーパービジョンが受けられない。	0.357	0.283	0.579
第2因子『人的資源の不足』[Cronbach α =0.587]			
16. 担当地区が広い。	-0.110	0.813	0.313
6. 児童福祉司一人あたりの担当ケース数が多い。	0.046	0.557	0.341
固有値	2.706	1.134	
寄与率（％）	29.786	8.219	
累積寄与率（％）	29.786	38.005	
因子間相関（第1因子）	1.000	0.527	
（第2因子）		1.000	

帰属も明瞭であった。第1因子については、「家庭内の秩序」「保護者の責任の自覚」「家族がお互いに助け合う」「家族としてやっていく自信」「家族の家族維持のプロセスへの参加に対する自覚」「変化の必要性に気づく」「何とかして家族を維持していこうという気持ち」などの家族が家族としてあるべき時に必要な機能に関する項目が多かったため、因子名を『高い家族機能』と命名した。第2因子は、「最低限の衣食住の確保」「最低限の経済的基盤の確保」「最低限の衛生状態」「安心して生活できる住居」「子どもを養育する最低限度の能力」「子どもの精神的な安心感」などの項目を含み、これらは養育に対する最低限度必要な要素であると考えられるため、『最低限度の養育基準』と命名した。第3因子は「虐待者がSOSを出せる」「虐待者に虐待の自覚がある」「家族に家族維持していこうという気持ちがある」「家族が地域の資源をうまく利用できる」などの項目が含まれていた。家族が自らの持つリスクを自覚し、それをマネージメントしていく力を持っていることを意味する項目が多いと解釈し、『家族自身のリスクマネージメント能力』と命名した。第4因子については、「子どもが学校などの所属機関に毎日通っている」「保育サービスが確保されている」「家庭内に子どもの安全を守る人がいる」「保護者の（精神的）治療経過が

表 7-13　在宅支援担当児童福祉司が「家族維持」のために必要と思う要素の探索的因子分析

因子名・項目　[全体のCronbach α =0.887]	因子負荷					共通性
	第1因子	第2因子	第3因子	第4因子	第5因子	
第1因子『高い家族機能』[Cronbach α =0.829]						
9. 家族内での秩序が守られている。	**0.827**	-0.052	-0.082	-0.012	0.039	0.592
12. 保護者が保護者としての責任を自覚している。	**0.649**	0.125	-0.008	0.041	-0.126	0.495
2. 家族がお互いに助け合っている。	**0.625**	-0.015	-0.026	-0.117	0.122	0.355
27. 家族自身が家族としてやっていくことができるという自信を持っている。	**0.581**	0.051	0.159	-0.086	0.051	0.459
14. 家族が自分たちは家族維持のプロセスに参加しているのだと実感する。	**0.566**	-0.268	0.031	0.271	0.070	0.475
8. 保護者自身が今までやってきたことに変化が必要だと気づく。	**0.505**	-0.012	0.115	0.144	-0.146	0.393
22. 何とかして家族を維持していこうという気持ちが家族にある。	**0.479**	0.016	0.252	0.037	-0.125	0.424
第2因子『最低限度の養育基準』[Cronbach α =0.819]						
18. 最低限の衣食住の確保ができている。	-0.252	**0.814**	-0.023	0.237	-0.066	0.667
24. 最低限度の経済的基盤が確保できる。	-0.064	**0.765**	0.143	-0.103	0.081	0.585
16. 最低限の衛生状態が保たれている。	-0.033	**0.584**	-0.115	0.313	-0.040	0.524
10. 安心して生活できる住居がある。	0.298	**0.535**	-0.230	-0.001	0.108	0.499
26. 保護者が子どもを養育する最低限度の能力を持っている。	0.131	**0.520**	0.228	-0.138	-0.028	0.406
25. 子どもが家庭で精神的な安心感をえることができる。	0.300	**0.373**	0.237	-0.068	0.015	0.478
第3因子『家族自身のリスクマネージメント能力』[Cronbach α =0.703]						
23. 虐待者が自分でSOSを出せる。	0.025	-0.007	**0.673**	0.059	0.193	0.580
20. 虐待者に虐待の認識がある。	0.230	0.010	**0.391**	0.245	-0.149	0.465
21. 家族が地域の資源を自分でうまく利用できる。	0.302	-0.045	**0.376**	0.070	0.049	0.396
第4因子『子どもに対する安全確認の枠組み』[Cronbach α =0.752]						
17. 子どもが幼稚園・小学校・中学校の学校や保育所などの所属集団へ毎日通っている。	-0.106	0.109	0.179	**0.607**	0.108	0.527
19. 保護者が就業している間に保育サービスが確保できる。	0.125	0.289	-0.039	**0.418**	0.011	0.475
13. 家庭内に子どもの安全を守る人がいる、または定期的に家庭を訪問してくれる人がいる。	0.186	0.136	-0.001	**0.386**	0.008	0.365
15. 保護者の（精神的）治療経過が良好である。	0.213	0.011	0.077	**0.379**	0.182	0.440
第5因子『子どもの健全な成長』[Cronbach α =0.562]						
3. 子どもの成長（身長・体重）は順調である。	0.047	0.131	-0.063	0.118	**0.621**	0.541
4. 子どもが自分自身の安全を守ることができる。	-0.096	-0.085	0.339	0.068	**0.519**	0.367
固有値	7.689	2.004	1.253	1.094	1.027	
寄与率（%）	32.595	6.998	3.241	2.684	2.250	
累積寄与率（%）	32.595	39.594	42.835	45.518	47.768	
因子間相関（第1因子）	1.000	0.497	0.538	0.579	0.349	
（第2因子）		1.000	0.307	0.497	0.298	
（第3因子）			1.000	0.359	0.120	
（第4因子）				1.000	0.298	
（第5因子）					1.000	

良好である」などの子どもの安全を確認する手段及び方法、もしくはその条件についての項目が含まれているため、『子どもに対する安全確認の枠組み』と命名した。第5因子は「子どもの成長は順調」「子どもが自分自身を守ることができる」という子ども自体の成長と能力に関わる項目で構成されており、『子どもの健全な成長』と命名した。

2. 因子内の平均値の比較

次に、探索的因子分析にて抽出した因子（実施度、重要度、障害度、必要要素）別に、因子内の平均値（素点）を比較することとした。

1）実施度因子別平均値

実施度において抽出された4因子の各因子の因子内項目の平均値を比較した。高いものから順に、①第3因子「関係機関との協議・連携」(4.05)、②第2因子「援助に対するワーカーの態度」(3.69)、③第4因子「家族の持つスキルの開発」(2.83)、④第1因子「具体的生活援助」(1.58)であった〔（　）内の数値は平均値〕。児相における実施度では、第3因子「関係機関との協議・連携」の平均値が最も高く、第1因子「具体的な生活援助」が最も低い結果となった。また、2番目に高い第2因子と3番目の第4因子の差が大変離れており、家族への生活技術構築（スキルビルディング）に対する援助は意識されながらも、実施度は他の二つの因子に帰属する項目に比べ、実施されていないことがわかる。第1因子「具体的な生活援助」については他の因子と比べ、平均値が大変低かった。つまり児童福祉司による具体的生活援助はあまり行われていないことを示唆している。

2）重要度因子別平均値

重要度においては、平均値の順位は高いものから順に、①第2因子「家族の状況の理解と対応」(4.42)、②第4因子「援助のタイミング」(4.11)、③第3因子「臨床ソーシャルワーク」(3.99)、④第1因子「具体的なサービスに対する援助」(2.92)であった。上位三つに因子についてはあまり差がないが、衣食住や就職等の生活に関するサービスを含んだ第1因子「具体

的なサービスに対する援助」については平均値が他と比べて低い。

3）障害度因子別平均値

　障害度に関して抽出された2因子の因子別平均値は、高いものから順に、①障害度第2因子「人的資源の不足」(3.97)、②第1因子「援助のためのシステムの不足」(3.85)であったが、二つの平均値の間にはあまり差はなかった。どちらかといえば、システムというよりは担当ケース数（ケースロード）の多さなど、人的資源の不足を障害だと思っているようである。

4）必要要素因子別平均値

　必要要素について抽出された五つの因子の因子別平均値は、高いものから順に①第2因子「最低限度の養育基準」(4.18)、②第4因子「子どもに対する安全の枠組み」(4.08)、③第5因子「子どもの健全な成長」(3.87)、第3因子「家族自身のリスクマネージメント」(3.87)、④第1因子「高い家族機能」(3.73)となった。五つの因子において平均値にはあまり差がないが、最も高かったのは衣食住等を含む「最低限度の生活基準」の因子であり「家族機能」についてはそれほど求めていない可能性がわかった。

第4節　考察——リサーチクエスチョンⅠを踏まえて

　本節では、児童相談所児童福祉司に対する質問紙調査での結果に基づき、リサーチクエスチョンⅠ「家族維持という視点において、現在の日本の児童虐待ケースに対する在宅支援は何がどこまでできていて、何が足りないのか？　また、日本で行われている家族維持を目的とした援助にはどのような要素が実際は影響を与えているのだろうか？」を明らかにすることを目的に考察する。

1. 児童相談所が行う児童虐待ケースに対する在宅支援において、「家族維持」のための援助がどのくらい実施されているか？

1) どのような家族維持のための援助がどれくらい実施されているか？

　実施度の平均値ランキングの結果、及び因子別の平均値において、児相児童福祉司が行う在宅支援で最も実施されている援助は、関係機関、特に家族が住む地域の関係機関（学校、幼稚園、保育所、保健師、医療）を通しての情報収集、及び家族についての状況の把握などであった。児相による在宅支援の特徴として、児童福祉司自らが直接、家族に接触するのではなく、関係機関を通して情報を得たり、状況を理解しようとしたりしていることがうかがわれる。また、児相としての「援助に関するワーカーの態度」を示す援助もランキングでは上位にあがっており、因子別の平均値でも同様の項目を含む因子の平均値が高かった。家族自身がスキルを開発するような「家族の持つスキルの開発」の因子の実施度平均値は意識されていながらもあまり高くはなかった。養育技術をはじめ、家事・生活技術、コミュニケーションなどのスキルの開発については、米国のFamily Preservationプログラム実践においては、社会的学習理論を基盤としたテクニックを用いた援助が広く使われている。

　今回、実施度で最も顕著に結果が示されたのは、衣食住、就職、医療などの生活の中の具体的な援助についての実施度が平均値のランキングでも因子別の平均値でも他と比べて大変低かったことである。これは先述したとおり、市町村が行うものであるという意識から実施度が低い可能性も考えられるが、そうであれば市町村との機能的な役割分担を明確にしておく必要があると考えられる。

2) 重要だと思われているのに実施されていない援助は何か？

　重要だと思われているのに実施できていない項目に注目するために、重要度平均値から実施度平均値を引いた差のランキングの結果に着目した。上位25％にある17項目の中で家計管理、就職、住居等の具体的な生活援助は10項目であり、これらの項目はすべて重要度におけるランキングの

下位25%の項目であった。このことから、これらの項目は他の項目に比べ重要度は低いが、ほとんど実施もされていないと考えてよい。これら17項目のうち12項目は援助の主体は市町村であると考えられていることから、児相の役割ではなく、市町村の役目だという認識であるため実施度も低いと考えることもできる。また、ペアレントトレーニングへの送致やスキルを試す機会の提供、家族へのリスクへの対応法の教授など、家族自身の生活技術の構築（スキルビルディング）に関する項目も差が大きく、重要だと思っているほどに援助ができていないことがわかった。これらの援助の提供には専門的な知識と技術が必要となっており、ワーカーの研修、児童心理司との協働でのサービス提供も必要となってくるだろう。また、ペアレントトレーニングについては近年都市部においてはトリプルPやコモンセンスペアレンティングなどの認知行動理論を基盤とした海外ものプログラムが導入されつつあるが、全国的に見ればまだまだ十分に普及しているとは言い難い状況である（山本・庄司・有村・新納・板倉・根本ら, 2011）。第3章で述べた本研究の拠って立つ理論であるFCPにもあるように、家族自身が自分自身のニーズに気づきそれを充足する術を持つ（自らでリスクをマネージメントする力も含む）ことが家族維持を目的とした援助の最終目標になるべきである。市町村に比べて、専門性が高いはずの児童相談所でこれらのペアレントトレーニングなどのスキルトレーニングが重要だと思われているほどには実施されていない原因を明らかにすることが必要だと考える。児童福祉司や児童心理士の意識改革を目的とした技能訓練も含めた研修なども必要であると思われる。

2. 在宅支援ケースを担当している児童福祉司は「家族維持」の援助をどのくらい重要だと思っているか？

重要度の平均値ランキングの結果においては、「援助者としての態度や姿勢」を示す項目が上位25%の中で多く見られた。また、因子別の平均値を見ると、他の因子に比べ「家族の状況の理解と対応」の因子が最も高かった。家族の状況を周りの関係機関等を通じて把握しながら、効果的な対応を思案するような援助が重要であると感じられているようである。因

子別平均点については、タイミングを測ることを重視するような援助行動も重要に感じられているようである。反対に、実施度と同様、生活に関する具体的なサービス（衣食住、経済、医療、就職等）に対しては重要度が低いという結果が平均値ランキングにおいても、因子別の平均値の比較においても顕著に見られた。援助として意識はされているものの、児相が主体となって援助はされておらず、かつ、あまり重要であるとは考えられていないことが顕著であった。これらの具体的生活援助は、アメリカのFamily Preservation実践では「Concrete Service」として必要不可欠とされ信頼関係構築のためにも意識的に戦略的に用いられている援助である（畠山, 2007）。意識されてはいても、家族維持という目的で、実施も、重要視もされていないことは、今後の課題として考えるべき点である。

3. 在宅支援ケースを担当している児童福祉司は「家族維持」の援助に対して何を障害だと感じているか？

障害度についての平均値ランキングでは、児童福祉司一人あたりのケース数の多さが高い値で1位であり、児相ならではの強制的介入と支援の切り替えの難しさや、ワーカーの専門的技能の不足が上位の2位・3位としてあがっていた。因子別平均値においても、人的資源の不足に関する因子のほうがやや高い値を示している。児童虐待という特殊なケースに付随する難しさや、公務員という立場でのサービス提供などについては、他の項目に比べ、あまり障害であるとは意識されていないようであった。

実際に同質問紙で尋ねた回答者の担当ケース数も平均96.1ケースであり、中でも児童虐待担当ケース数は平均33.2ケース、児童虐待在宅ケースに関しては平均22.5ケースとなっている[2]。回答者の8割（82.2％）が地区担当という形で地区によって担当ケースを割り振られており、様々な種類のケース（虐待ケース以外の非行、養護、障がい等）を混在して担当しており、その忙殺ぶりは今回の調査結果からも明らかである。継続したモニタリングが必要な「家族維持」を目的とした在宅支援に対して、この担当ケース数の負担が障害となる点は容易に想像できる。

児童福祉司の持つ強制的介入と支援との切り替えの難しさについては、

第3章にて述べたとおり、措置権を持つ児童相談所ゆえの悩みであり、最近の市町村への児童虐待在宅ケースを含めた相談業務権限の移譲の流れの理由の一つでもある。

児童福祉司の専門性については、才村（2005a）、才村ほか（2011）や高橋ら（2007）が指摘したように、児童福祉司を一般行政職で採用する都道府県も未だ多くある上に、人事異動のサイクルが3年から5年と短いこともあり、なかなか経験がもたらす児童虐待対応の専門性が培われにくい現実がある。任用資格の改訂や子どもの虹情報研修センター設立における研修の充実など、専門性を担保しようとする動きはあるものの、任用資格についてはソーシャルワーク以外の専門領域への拡大を図ろうとする動きもある。家族維持を目的とした在宅支援にはソーシャルワークの専門性が必要であること、その上で児童福祉司という職種に特化した専門性がどのようなものかを明確にした上で、才村ら（2011）が指摘したとおり、福祉職の採用の徹底、人事異動システムの改善、採用した専門職に対する人材育成計画、長期にわたる経験を持つスーパバイザーの養成と配置などのマクロ環境での整備、現場研修の徹底が必要であると思う。

4. 在宅支援ケースを担当している児童福祉司は「家族維持」のためには何が必要だと感じているか？

必要要素の平均ランキングにおいて、上位25％に入った項目は衣食住、安全、愛着関係、子どもの安心感などの養育に関する最低限度必要な項目とリスクをコントロールするための要因が混在する結果となった。この養育に必要な項目については、アメリカ合衆国で親権喪失の際の基準となる「Minimum Parenting Standard（親としての最低基準）」（Division of Training and Development, Department of Children and Family Services Illinois, 2000）の要素と一致する。探索的因子分析の結果においても、これらの項目が「家族維持」のために必要な要素の構成要素として抽出されており、児童福祉司の中で必要なものとして意識づけられていることがわかる。しかし衣食住等の物質的なニーズについては、充足するための援助の実施度と重要度がともに低いことが矛盾した結果となっている。

必要要素項目の平均値ランキングの下位25％に、家族自身の「家族維持」への動機づけや自信、コンピテンスなどの項目が多く見られ、また因子別平均値においても家族機能に関する項目が最も低い平均値となっていた。つまり、児童福祉司が「家族維持」に必要なものとして、「養育」の場としての最低限度の基準は家族に対して期待するが、「家族」という集合体としての機能や「自分たちは家族である」というアイデンティティとそれを保持しようという動機づけを家族が持つことについてはあまり期待していないようである。実際、家族自身が家族を維持していく状況を、最終的な援助目標とするならば、これらの要素は必要な要素としてもう少し重視されてもよいのではないだろうか。養育環境としての家族、子どもに対してのリスクに焦点が向いてしまって長期的な視野が持たれていない、または虐待ケースの家族に対しては家族が持つ機能や動機づけにまでワーカーの意識が向いていないようである。エンパワメント・ストレングス視点が支持される中、援助者は家族自身の力をもう少し信じてもよいのではないだろうか？

5. 日本の児童虐待ケースに対する在宅支援において、どのような援助がどのような援助の主体により提供されているか？

　児童福祉司が、児相が主体となって行っている、または行うべきであると思う援助は、子どもに対するリスクに関わる援助、心理判定やカウンセリングに関する心理的な援助、アセスメント、援助計画作成、他の関係機関との協議などのケースワーク・ソーシャルワークの援助が含まれていた。児童福祉司は児相が持つ措置権等の職権を用いた介入とケースワークや臨床的な内容も含めたソーシャルワークの専門的な援助行動については自分たちが行うべき行動として自覚しているようであった。だからこそ、自らの専門性に関してその限界を感じてしまいがちなのだろうし、また、支援と介入のジレンマに陥ってしまうのかもしれない。反対に、もともと市町村に窓口がある保育サービスや生活保護、家事・育児支援サービス、医療費控除などのサービスへつなぐ役割や他の地域の資源へつなぐ役割、援助終結後のフォローアップなどの役割については7割以上の回答者が市町村

の役割であると回答していた。生活に即した具体的な援助については市町村が行うべきだと児童福祉司は理解していることが明示された。つまり、リスクや心理またはソーシャルワークの高い専門性が求められるような援助については児相が行い、市町村のサービスを使い具体的な生活に関する援助を提供するのは市町村が行う、という役割分担が児童福祉司の中に明確にあるということである。実際に市町村が児童福祉司の期待どおりにこれらの援助を行っているかについては市町村での質問紙調査の結果において検討したい。

6. 全体としての考察

　児童福祉司は、児相の役割としてリスクを中心とした介入、カウンセリングや心理判定などの心理的な援助、ケースワーク、ソーシャルワークをあげていた。また、自らが直接、家族と接触し援助を提供するのではなく、市町村の関係機関を通して情報を収集し、家族の状況を把握しており、市町村に対しては、家族が生活していく上での様々な援助を、市町村が持つ制度・サービスを用いて行うことを期待していた。つまり児童福祉司自身は、児相と市町村との役割分担を明確に意識化しているように感じられた。もちろん、2004年以降、児童相談所運営指針においても、在宅ケースに対する児相の役割は「専門的知識や技術の提供と市町村への後方支援」と明確化されているが、介入と支援の役割の両立や担当ケース数の多さからも、職権を用いた介入役もしくは心理やソーシャルワークの専門的援助の役割以上のことはできないのが現状である。また、毎年虐待相談件数が増えるごとに、児相が在宅支援から離れていく傾向が強まっている。今回の質問紙調査結果からも「家族維持」を目的とした援助の展開に関しては、児相は「家族維持」実践の主たる担い手というよりは、外側から支える役割として、必要なタイミングに職権を使った介入による連携を市町村と行うことに徹底していく傾向が見られる。ゆえに「家族維持」を目的とした援助の実践にとっては、児相が市町村が必要時にどれだけうまく関われるかが重要なポイントとなると思われる。

注
1) 質問紙が順序尺度であること、正規分布性を仮定していないことから重みづけのない最小二乗法で因子抽出を行っている。
2) 高橋・澁谷・才村・有村・妹尾・伊藤ら（2007）の児童福祉司に対する調査でも、福祉司一人あたりの平均相談ケース数135.64ケースであり、虐待ケースの平均ケース数は22.9ケースと同様の結果が出ている。

第 8 章

質問紙調査 2
「市町村における児童虐待ケース 在宅支援の実態及び意見調査」

第 1 節　調査の対象、調査方法、分析方法

1. 調査対象と方法

　全国市区町村 1,969 ヶ所（2007 年 11 月時点。政令指定都市行政区、東京 23 区含む）に各児童福祉主管部（課）宛で、郵送にて質問紙 2 部 1 組を送付した。質問紙は 2 部構成であり、第 1 部は、「児童虐待在宅ケースに対する援助（支援）の状況について（の質問紙）」とし、1. 家族維持を目的とした援助項目 61 項目についての実施度、2. 各援助項目に対する援助の主体、3. 市区町村及び第 1 部の回答者の属性について尋ねる内容とした。第 1 部の回答者として、児童虐待在宅ケースに対する支援の全体の動きを最も把握している人に回答してもらうため、「市区町村で児童虐待在宅ケースに関するマネージメント及びとりまとめをされている方」とした。第 2 部は「児童虐待ケースにおける在宅支援に対する意見について（の質問紙）」とし、1. 家族維持を目的とした援助項目 61 項目（第 1 部と同項目）についての重要度、2. 家族維持を目的とした援助に対する障害度、3. 家族維持のための必要要素、4. 長期の親子分離に対する意見、5. 措置前の家族維持の尽力度、6. 第 2 部の回答者の属性を尋ねる内容とした。第 2 部の回答者は、その意見が市区町村での実践に最も反映される人に回答してもらうため、「市区町村で児童虐待在宅ケースに関する業務の中心となっている方」とした。いずれの質問紙も複数名での回答及び第 1 部と第 2 部の回答者が重複しても可とした。

　実施時期は 2007 年 11 月～ 2008 年 2 月である。倫理的配慮として、回答

者個人や市区町村が特定される形での公表や個人データが外部に漏れないこと、調査について質問がある場合には対応できるように問い合わせ先を質問紙表紙に明示した（質問紙の内容及び構成については巻末資料及び第6章第3節を参照）。

2. 分析方法

質問紙調査1と同様に、分析として記述統計、探索的因子分析、t検定、分散分析、共分散構造分析及びその結果の共分散構造モデルに対する多母集団同時分析を行った。分析には、Microsoft Excel 2003、PASW（SPSS）Statistics 18.0、AMOS17.0 を用いた。

本章では、前章の質問紙調査1の内容と同様に、リサーチクエスチョンⅠに対する分析として記述統計、探索的因子分析までの分析結果及びその考察についてとりあげる。リサーチクエスチョンⅡに対する分析の結果は、次章でまとめて取り扱うこととする。

第2節　調査結果の分析（その1）

1. 回収率

回収された質問紙は1,140ヶ所あり、2部そろって返送されていないもの、欠損している質問が各質問群につき1/3以上あるケースを除くと有効回答数は1,114ケースとなった。有効回収率は56.6%、有効回答率は97.7%となった。調査を行った平成19年度に新規・継続を問わず、虐待ケースの取り扱いがある市区町村965ヶ所を分析の対象とした。

2. 基本的属性について

1）分析対象となった市区町村について

分析の対象となった市区町村の基本的属性については表8-1のとおりである。

表 8-1　市町村質問紙調査　分析対象の市区町村の基本的属性

項　目	カテゴリー	%	度　数
市区町村の分類	市	55.65	537
	町	33.16	320
	村	3.11	30
	政令指定都市行政区	6.94	67
	東京 23 区	1.14	11
	合計	100.00	965
市区町村の人口規模	10 万人未満	75.16	702
	10 万人から 20 万人	14.24	133
	20 万人から 30 万人	4.93	46
	30 万人以上	5.67	53
	合計	100.00	934
新規ケース数	平均	17.69 (SD = 33.52)	
	なし	8.56	76
	10 ケース未満	51.13	454
	10 ケース以上 30 ケース未満	24.89	221
	30 ケース以上 100 ケース未満	7.43	66
	100 ケース以上	8.00	71
	合計	100.00	888
継続ケース数	平均	26.28 (SD = 50.79)	
	なし	5.04	44
	10 ケース未満	49.26	430
	10 ケース以上 30 ケース未満	24.51	214
	30 ケース以上 50 ケース未満	6.87	60
	50 ケース以上	14.32	125
	合計	100.00	873
家庭児童相談室の有無	あり	39.64	379
	なし	60.36	577
	合計	100.00	956
管轄児相が市区町村内にあるか	ある	81.33	780
	ない	18.67	179
	合計	100.00	959

2) 回答者の属性 (資料1. 付図1-1〜付表1-11)

第1部・第2部の回答者の属性について別紙資料1*にまとめた。付図1-1から付表1-5が第1部の回答者の属性、付図1-7から付表1-11までが第2部の回答者の属性を示している。また、付図1-6は第1部・第2部の共通回答者数を示している。なお、第1部、第2部とも複数名の協議の上の回答であり、その人数には制限はないが、回答者の属性については回答に最も影響を与えたと思われる3人までについて書くように指示した。

第1部・第2部の回答に参加したのは、約97%の市区町村において3人以下であった。第1部と第2部のどちらの回答にも加わった人数は1人が最も多く(62.0%)、ついで2人(20.4%)という順であり、第1部・第2部で重複した回答者がいなかった市区町村は7.7%のみだった。第1部の回答者(児童虐待在宅ケースのケースマネージメント及び取りまとめをしている方)は、勤務形態においては、非常勤・常勤、専任・兼任ともほぼ半々だが、若干、非常勤・兼任が多い結果となった。第2部の回答者(児童虐待在宅ケースに関する業務の中心となっている方)は、第1部の回答者に比べ常勤が多い(75.1%)結果となった。第1部・第2部の両方において、回答者のほぼ半数が管理職(第1部:59.5%、第2部:51.3%)であり、ついで相談員等の直接援助職(第1部:24.9%、第2部:26.5%)、保健師(第1部:6.9%、第2部:5.8%)の順となっている。回答者の資格については、第1部回答者は「資格なし」が最も多く(28.4%)、ついで「教諭」(17.5%)、「社会福祉主事などの任用資格」(16.1%)の順となっており、第2部回答者も同様に「資格なし」(26.0%)、「教諭」(19.2%)、「社会福祉主事などの任用資格」(15.2%)の順であった。

3. 記述統計
1) 家族維持を目的とした援助の実施度の平均点ランキング (表8-2参照)

実施度の平均値ランキングについては表8-2のようになった。上位には、ランキング2位の「56. 一時保護を使った危機的状況の回避」以外は、関

---

* 別紙資料は明石書店ホームページの本書の紹介ページに掲載している。ダウンロードして参照いただきたい。

表 8-2　市町村　実施度の平均値ランキング

児相ランキング	順位	項目番号	質問項目	平均値	SD	度数
3	1	6	援助者としての責任を証明するために自分が行った援助を文書に記録しておく。	4.37	0.93	959
2	2	56	危機的な状況の時には、児童相談所と連携し、一時保護等を使い、速やかに危機を回避する。	4.27	1.08	958
4	3	21	学校教諭・幼稚園教諭・保育士と子どもの状況について協議する。	4.26	0.89	961
1	4	20	地域の機関から家族の情報を収集する。	4.13	0.95	958
8	5	11	援助者は家族に対して忍耐強く対応する。	4.10	0.92	960
9	6	48	保護者と対峙する場面では、必要以上に懲罰的にならないような表現を用いる。	4.09	0.97	949
11	7	7	家族を援助するという自分の立場を明らかにし、家族の信頼を得る。	3.97	0.99	944
35	8	22	地域の民生児童委員に協力を要請する。	3.91	1.06	962
18	9	23	家族がすべきことまで、援助者がしてしまわないように気をつける。	3.77	1.04	931
13	10	45	保育サービス、学童サービスの利用のための手続きを援助する。	3.73	1.17	955
42	10	26	定期的に家族に接触する。	3.73	1.03	964
15	12	14	それぞれの家族に対して援助者が何がどこまでできて、何ができないかを自覚する。	3.71	1.01	937
26	13	44	家族の「子どもとともに生活する権利」と、子どもの「安全に幸せに暮らす権利」の両方を大事にする。	3.70	1.00	943
12	14	4	保護者が子どもに対して肯定的な視点を持つことができるように働きかける。	3.64	0.99	949
24	15	1	家族の長所をいかして、援助を展開する。	3.56	1.01	942
18	16	58	保護者が困っていることを口にしたタイミングを逃さず、必要なサービスにつなぐ。	3.54	1.07	955
27	17	32	援助者自身が家族の変化に対して希望を持つ。	3.50	1.00	944
29	17	31	チームアプローチをとることによって、アセスメント結果や意思決定を確認する。	3.50	1.15	937
14	19	18	家族が必要な時、自分自身で利用できるように、地域の資源とつなげておく。	3.49	1.14	956
22	20	19	家庭を訪問し、家族の生活の場で援助活動を行う。	3.48	1.18	953
20	21	30	すでに保護者とつながっている関係機関に保護者が必要としているサービスを紹介してもらう。	3.37	1.17	942
34	22	54	家庭訪問を行い、在宅で暮らしていくためには、家族が何を必要としているかをアセスメントする。	3.33	1.16	957
36	23	40	問題の原因の分析を行うのではなく、今ある問題の解決に集中する。	3.30	0.96	942
40	23	43	子どもに対するリスクアセスメントを継続して行う。	3.30	1.12	951
44	25	10	家族に医療機関（病院、医師等）を紹介する。	3.28	1.23	952
10	25	53	市町村の関係機関内で共有できる家族支援に対する価値観を持っている。	3.28	1.06	937
28	25	38	地域の他の関係機関の援助者に家庭訪問を依頼する。	3.28	1.25	956
45	28	25	次の大きな変化につながるような家族の小さな変化を支援する。	3.27	1.06	940
32	28	8	家族をどのように資源やサポートに結びつけるかの全体的な援助計画を作成していく。	3.27	1.23	957
31	30	49	関係機関に対して、家族との接し方についての詳細な助言を行う。	3.26	1.15	955

児相ランキング	順位	項目番号	質問項目	平均値	SD	度数
32	30	50	子育ての負担を軽減するための家事・育児支援サービスに家族をつなぐ。	3.26	1.31	957
50	32	3	援助終結後も、家族が再び同じ状態に戻っていないかフォローアップする。	3.22	1.10	952
6	33	42	(ケースの状況を見て)虐待の告知を行う。	3.20	1.25	956
49	34	28	生活保護等の申請を援助する。	3.12	1.28	949
38	35	47	家族にある程度の改善が見られれば援助を終結する。	3.11	1.13	954
25	35	51	子どもの気持ちを代弁して保護者に伝える。	3.11	1.19	952
15	35	27	家族が必要としているスキル(生活・養育技術等)を、例を用いて家族にわかりやすく説明する。	3.11	1.20	954
39	38	41	援助者が家族に必要な具体的なサービスを提供することで、実際に「援助できること」を家族に証明する。	3.10	1.16	936
41	39	16	面接等を通して、保護者に虐待した原因について内省させる。	3.06	1.18	955
47	39	29	保護者が通院・入院している間、子どもの保育ケアを確保する。	3.06	1.32	944
48	41	33	家に食料が十分確保されているかどうか、入手手段はあるのかを確認をする。	3.01	1.24	949
25	42	46	定期的に援助効果の評価を行う。	2.98	1.17	961
30	43	17	家族とともに目標を設定する。	2.95	1.17	956
23	44	36	保護者や子どもの状態を医師と協議する。	2.93	1.27	954
37	45	39	頼りにできるような親戚等を探し出し、協力してもらう。	2.87	1.23	956
43	46	60	家族が自身のリスクに気づく術と、それに対する適切な対応を教える。	2.81	1.14	949
51	47	13	医療機関で保護者が充分な説明を受けられるよう配慮する。	2.73	1.22	944
55	48	9	保護者に対して求職に関する情報を得る援助をする。	2.69	1.25	953
52	49	2	見本となる大人の姿を援助者が子どもに見せる。	2.58	1.19	938
55	50	35	保護者に他の親と交流する機会を与える。	2.57	1.23	954
61	51	57	医療費の控除の申請を援助する。	2.48	1.37	942
57	52	15	衣服や学用品の提供・確保の援助を行う。	2.47	1.27	942
64	53	12	家計の管理を保護者ができるように援助する。	2.40	1.17	940
66	54	59	子どもを学校・幼稚園・保育園に送迎するサービスの利用を援助する。	2.38	1.37	935
62	55	55	住居設備(修繕・安全面の確認など)に対する助言・援助を行う。	2.16	1.17	930
59	56	52	住居探しを手伝う。	2.15	1.18	934
54	57	5	保護者や子どもの通院に同伴する。	2.14	1.21	939
53	58	34	家族に新しくついたスキル(生活・養育技術等)を試す機会を与える。	2.13	1.09	939
59	59	24	保護者と子どもが一緒に楽しめるような娯楽活動を企画するのを手伝う。	1.97	1.19	934
65	60	61	保護者の求職のための具体的な準備(履歴書を一緒に書く、面接の練習等)を手伝う。	1.80	1.07	934
58	61	37	保護者にペアレントトレーニング(親業)プログラムを紹介する。	1.79	1.08	941

※ ■部分は上位25%、 ■部分は下位25%

係機関との協議・連携・情報収集に関わること、及び家族への対応や関係性に関するもの (「11. 忍耐強く対応」「48. 必要以上に懲罰的にならない」「7. 援助者としての立場を明らかにして信頼関係を得る」「26. 定期的な家族への接触」「23. 援助者は家族がすべきことまでしない」) や家族への視点 (「1. 家族の長所をいかす」「44. 家族維持と子どもの安全のバランス」) に関する項目が見られた。

　下位25%については、16項目中13項目が住居、就職、医療費、家計などの生活に対する具体的な援助を示す項目が占めていた。児相での調査で下位25%に入っていた項目と同項目は16項目中15項目であった (「60. 家族が自身のリスクに気づく術と、それに対する適切な対応を教える」以外)。つまりこれらの項目 (具体的な生活援助) は児相でも市町村でもあまり実施されていないということになる。児相上位25%に入っていないが、市町村では上位25%に入っている項目は、「22. 地域の民生児童委員に協力を要請する」(35位)、「23. 家族がすべきことまで援助者がしてしまわないように気をつける」(18位)、「45. 保育サービス、学童サービスの利用のための手続きを援助する」(42位)、「44. 家族の『子どもとともに生活する権利』と、子どもの『安全に幸せに暮らす権利』の両方を大事にする」(26位)、「1. 家族の長所をいかして、援助を展開する」(24位)、「58. 保護者が困っていることを口にしたタイミングを逃さず、必要なサービスにつなぐ」(18位) であった (カッコ内は児相での順位)。これらの項目は市町村特有の援助項目と考えてよいであろう。

2) 家族維持を目的とした援助の重要度の平均点ランキング (表8-3参照)

　市町村の重要度の平均値ランキングで上位25%にあがっているものは、リスクに関するもの (「56. 一時保護を使った危機的状況の回避」「43. 子どもに対する継続的なリスクアセスメント」)、家族との関係作りや援助者としての態度に関するもの (「7. 援助者の立場を明らかにし、家族の信頼を得る」「11. 忍耐強く対応」「14. 援助者ができること、できないことの自覚」等)、関係機関との連携に関するもの (「21. 学校や幼稚園・保育所との協議」「20. 関係機関からの情報収集」) であった。下位25%には、実施度と同様、衣食住、就職、医療、保育ケア、他の親との交流などの生活の中で具体的な援助に関しての項目が集

まっていた。

　児相の重要度ランキングと比べてみると、市町村上位25％の17項目中、児相の上位25％にも入っていた項目は12項目であった。入っていなかった5項目は、「3. 援助終結後も、家族が再び同じ状態に戻っていないかフォローアップする」（児相：29位、市町村9位）、「23. 家族がすべきことまで、援助者がしてしまわないように気をつける」（児相32位、市町村11位）、「31. チームアプローチをとることによって、アセスメント結果や意思決定を確認する」（児相27位、市町村13位）、「43. 子どもに対するリスクアセスメントを継続して行う」（児相33位、市町村15位）、「8. 家族をどのように資源やサポートに結びつけるかの全体的な援助計画を作成していく」（児相：23位、市町村16位）であった。児相に比べて、市町村での在宅支援では、継続的に家族に関わり、終結後も地域に住み続ける家族は末永く市民として関わっていくため、フォローアップも重要と考えられているようである。また近い距離で比較的密に家族と接するため、援助者としての境界線を明確にすることや、要保護児童対策地域協議会などを使った多機関との連携における意思決定や援助展開など、市町村の援助体制に起因した重要な援助項目が、児相と比べ市町村では上位にランクインしていた。

　下位25％に関しても、項目14項目中、児相の下位25％にある項目は11項目あった。重複していなかった項目は「28. 生活保護等の申請を援助する」（児相：49位、市町村：51位）、「37. 保護者にペアレントトレーニング（親業）プログラムを紹介する」（児相：45位、市町村51位）、「47. 家族にある程度の改善が見られれば援助を終結する」（児相：35位、市町村：53位）であった。市町村においても衣食住、医療、就職などの生活に対する具体的な援助項目が下位25％に入っていることは、市町村もそれらの項目をあまり重要には感じていないということが示されている。援助の終結に関しては、先述したフォローアップの実施と同様、家族がその自治体の住民である限り、市町村はなんらかのサービスを提供する主体であり続けるため、「終結」はあまり意識されていないし、重要視されていないようである。

表 8-3　市町村　重要度平均値ランキング

児相ランキング	順位	項目番号	質問項目	平均値	SD	度数
1	1	56	危機的な状況の時には、児童相談所と連携し、一時保護等を使い、速やかに危機を回避する。	4.86	0.41	963
3	2	21	学校教諭・幼稚園教諭・保育士と子どもの状況について協議する。	4.63	0.60	963
7	3	7	家族を援助するという自分の立場を明らかにし、家族の信頼を得る。	4.52	0.75	963
7	4	6	援助者としての責任を証明するために自分が行った援助を文書に記録しておく。	4.50	0.80	959
4	5	11	援助者は家族に対して忍耐強く対応する。	4.49	0.68	961
15	6	14	それぞれの家族に対して援助者が何がどこまでできて、何ができないかを自覚する。	4.44	0.74	961
6	7	4	保護者が子どもに対して肯定的な視点を持つことができるように働きかける。	4.37	0.74	959
2	7	20	地域の機関から家族の情報を収集する。	4.37	0.76	962
16	9	1	家族の長所をいかして、援助を展開する。	4.35	0.79	961
29	9	3	援助終結後も、家族が再び同じ状態に戻っていないかフォローアップする。	4.35	0.80	959
32	11	23	家族がすべきことまで、援助者がしてしまわないように気をつける。	4.32	0.81	963
13	11	48	保護者と対峙する場面では、必要以上に懲罰的にならないような表現を用いる。	4.32	0.74	962
27	11	31	チームアプローチをとることによって、アセスメント結果や意思決定を確認する。	4.32	0.84	956
10	14	18	家族が必要な時、自分自身で利用できるように、地域の資源とつなげておく。	4.27	0.83	963
33	15	43	子どもに対するリスクアセスメントを継続して行う。	4.25	0.80	958
23	16	8	家族をどのように資源やサポートに結びつけるかの全体的な援助計画を作成していく。	4.24	0.85	963
17	17	26	定期的に家族に接触する。	4.23	0.80	964
44	18	22	地域の民生児童委員に協力を要請する。	4.21	0.82	964
23	18	54	家庭訪問を行い、在宅で暮らしていくためには、家族が何を必要としているかをアセスメントする。	4.21	0.85	959
37	20	53	市町村の関係機関内で共有できる家族支援に対する価値観を持っている。	4.16	0.87	960
20	20	58	保護者が困っていることを口にしたタイミングを逃さず、必要なサービスにつなぐ。	4.16	0.86	961
34	22	44	家族の「子どもとともに生活する権利」と、子どもの「安全に幸せに暮らす権利」の両方を大事にする。	4.10	0.93	959
43	23	32	援助者自身が家族の変化に対して希望を持つ。	4.06	0.87	960
35	23	46	定期的に援助効果の評価を行う。	4.06	0.91	962
41	25	29	保護者が通院・入院している間、子どもの保育ケアを確保する。	4.02	0.97	958
18	26	17	家族とともに目標を設定する。	4.01	0.89	959
12	27	42	（ケースの状況を見て）虐待の告知を行う。	3.98	1.00	962
39	28	25	次の大きな変化につながるような家族の小さな変化を支援する。	3.96	0.89	961
28	29	30	すでに保護者とつながっている関係機関に保護者が必要としているサービスを紹介してもらう。	3.93	0.91	961
26	30	50	子育ての負担を軽減するための家事・育児支援サービスに家族をつなぐ。	3.88	0.90	961

児相ランキング	順位	項目番号	質問項目	平均値	SD	度数
31	31	27	家族が必要としているスキル（生活・養育技術等）を、例を用いて家族にわかりやすく説明する。	3.85	0.96	960
37	32	49	関係機関に対して、家族との接し方についての詳細な助言を行う。	3.83	0.90	962
22	33	51	子どもの気持ちを代弁して保護者に伝える。	3.81	0.92	961
30	34	19	家庭を訪問し、家族の生活の場で援助活動を行う。	3.79	0.98	961
35	34	60	家族が自身のリスクに気づく術と、それに対する適切な対応を教える。	3.79	0.96	960
42	36	45	保育サービス、学童サービスの利用のための手続きを援助する。	3.78	0.93	961
25	37	16	面接等を通して、保護者に虐待した原因について内省させる。	3.76	1.04	955
21	37	36	保護者や子どもの状態を医師と協議する。	3.76	0.95	960
14	39	38	地域の他の関係機関の援助者に家庭訪問を依頼する。	3.71	0.96	960
40	40	39	頼りにできるような親戚等を探し出し、協力してもらう。	3.69	1.05	962
47	41	33	家に食料が十分確保されているかどうか、入手手段はあるのかを確認をする。	3.67	1.00	959
46	41	41	援助者が家族に必要な具体的なサービスを提供することで、実際に「援助できること」を家族に証明する。	3.67	1.00	957
55	43	2	見本となる大人の姿を援助者が子どもに見せる。	3.59	1.09	958
50	44	10	家族に医療機関（病院、医師等）を紹介する。	3.52	0.96	960
52	44	40	問題の原因の分析を行うのではなく、今ある問題の解決に集中する。	3.52	0.90	961
50	46	13	医療機関で保護者が充分な説明を受けられるよう配慮する。	3.46	0.99	954
54	47	35	保護者に他の親と交流する機会を与える。	3.43	0.97	960
56	48	9	保護者に対して求職に関する情報を得る援助をする。	3.31	0.93	961
65	49	12	家計の管理を保護者ができるように援助する。	3.29	0.97	957
52	49	34	家族に新しくついたスキル（生活・養育技術等）を試す機会を与える。	3.29	0.95	958
49	51	28	生活保護等の申請を援助する。	3.26	1.01	957
45	51	37	保護者にペアレントトレーニング（親業）プログラムを紹介する。	3.26	1.00	959
35	53	47	家族にある程度の改善が見られれば援助を終結する。	3.19	0.98	961
66	54	59	子どもを学校・幼稚園・保育園に送迎するサービスの利用を援助する。	3.15	1.09	960
59	55	57	医療費の控除の申請を援助する。	3.01	1.09	957
61	56	15	衣服や学用品の提供・確保の援助を行う。	2.95	1.04	959
63	57	55	住居設備（修繕・安全面の確認など）に対する助言・援助を行う。	2.94	0.99	959
57	58	52	住居探しを手伝う。	2.74	0.97	960
64	59	61	保護者の求職のための具体的な準備（履歴書を一緒に書く、面接の練習等）を手伝う。	2.68	1.03	960
61	60	24	保護者と子どもが一緒に楽しめるような娯楽活動を企画するのを手伝う。	2.63	1.02	960
57	61	5	保護者や子どもの通院に同伴する。	2.53	0.98	960

※ ■部分は上位25%、■部分は下位25%

表 8-4　市町村　障害度平均値ランキング

児相ランキング	順位	項目番号	質問項目	平均値	SD	度数
-	1	15	人員が不足している。	4.12	0.96	913
2	2	18	援助者の児童虐待ケースに対する専門的な技能が不足している。	4.01	0.89	928
5	3	12	虐待事件が起こると、マスコミがすべての責任を公的機関におしつける。	3.86	1.02	850
7	4	19	保護者との信頼関係を結ぶことが難しい。	3.84	0.99	932
11	5	13	人事異動等で援助者が頻繁に変わってしまう。	3.79	0.97	878
12	6	16	スーパービジョンが受けられない。	3.76	0.97	821
10	7	3	費用や交通が理由で、保護者が地域の資源を利用できない。	3.71	1.04	864
8	8	10	ネグレクトケースに対して家事を行ってくれるヘルパー制度がない（あっても利用に制限がある）。	3.70	1.09	833
4	9	5	家族のニーズに応えることができるサービス提供体制が地域に組めていない。	3.66	1.00	870
13	10	1	保護者に都合のよい時間帯や週末にサービスを利用できない。	3.48	0.97	865
6	11	17	司法システムの関与がない。	3.46	0.99	780
1	12	6	取り扱うケース数が多い。	3.40	1.10	819
18	13	8	サービスの充実によって保護者の依存心を助長してしまう。	3.29	1.05	876
-	14	4	勤務形態（非常勤・嘱託等）が職務内容にそぐわない。	3.28	1.20	723
14	15	14	援助を受けることが親失格とみなされスティグマ化している。	3.27	0.99	813
16	16	11	虐待をすべて心の問題にとらえてしまう風潮がある。	3.20	0.96	788
19	17	2	ケースがなかなか終結できない。	3.17	1.14	891
-	18	7	市町村自身で措置権が発動できない。	3.02	1.26	836
20	19	9	公務員という立場の制約により、サービス提供が自由に行えない。	2.63	1.05	815

※ ▨▨▨ 部分は上位 25％、　▨▨▨ 部分は下位 25％

3）家族維持を目的とした援助を行う際の障害の平均点ランキング
（表 8-4 参照）

　障害度においては上位 25％には様々な分野にわたる項目が見られた。1位、2位の両項目は 3 位以下の項目との平均値差が大きく、人と専門技能の不足について市町村が大変苦悩していることが浮き彫りとなった結果となった。下位 25％の項目では、現在の市町村での立場に関係した項目がたくさん見られた。児相のランキングと比較してみると、児相のほうが障害度を強く感じているものは（つまり児相の順位のほうが高い項目）、差が大きいものから、「6. 取り扱うケースが多い」（順位差11）、「5. 家族のニーズに応えることができるサービス提供体制が地域に組めていない」（順位差5）、「17. 司法システムの関与がない」（順位差5）であった。市町村では児相に比べて、一人の援助者が扱うケース数自体はあまり障害と感じていないよ

うだが、人員については不足していることが強く障害と感じているようだ。これは担当ケースを持つというより、チームで対応することが多い体制であるためだといえる。

　反対に市町村のほうが、障害度を強く感じている項目は（順位が市町村のほうが上）、「13. 人事異動等で援助者が頻繁に変わってしまう」（順位差6）、「16. スーパービジョンが受けられない」（順位差6）、「8. サービスの充実によって保護者の依存心を助長してしまう」（順位差5）であった。人事システムについては、児相では、福祉専門職の採用や異動がなく経験を積めるシステムへの改革が徐々に行われるなど、市町村に比べれば改善されてきていると思われる。市町村のレベルでは、嘱託職員のほうが常勤職員よりも長くいる場合が多く、管理職なども他部署から移動してくる場合が多い。スーパービジョン導入についても、ベテランが育たない環境ではなかなか難しい。「サービスの充実によって依存心を助長してしまう」という項目については、長く家族と関わる市町村だけにサービスを継続して提供することの弊害も見えてしまうのかもしれない。

4）家族維持のために必要な要素の平均点ランキング（表8-5参照）

　必要な要素のランキングで上位25％である7位までに入った項目は子どもを育てるための最低基準の養育条件に関する項目（衣食住、子どもの精神的安心、親の最低限度の養育能力等）と子どもに対するリスクコントロールに関する項目（保護者が自分の行動をコントロールできる、子どもの安全を守る人の存在）などであった。下位25％については家族自身が持つ力（家族が一緒にやっていくという自信、家族内の秩序、変化のプロセスへの参加、資源を使う能力、インフォーマルサポートの所持）や子ども自身の成長（子どもの自分自身を守る力、子どもの身体的に順調な成長）に関する項目が見られた。

　児相のランキングとの比較では、市町村の上位25％にある7項目の中で児相の上位25％にも重複した項目は6項目で、重複していない1項目は「26. 保護者が子どもを養育する最低限度の能力を持っている」（児相：10位、市町村：7位）であった。全体的に児相と市町村の順位差が大きいものについては、児相の順位のほうが市町村より高いものから「9. 家族内で

表8-5　市町村　必要要素平均値ランキング

児相ランキング	順位	項目番号	質問項目	平均値	SD	度数
1	1	18	最低限の衣食住の確保ができている。	4.55	0.67	958
7	2	25	子どもが家庭で精神的な安心感を得ることができる。	4.49	0.69	958
6	3	1	子どもと保護者の間に愛着関係がある。	4.45	0.72	957
2	4	13	家庭内に子どもの安全を守る人がいる、または定期的に家庭を訪問してくれる人がいる。	4.41	0.71	958
3	4	5	保護者が自分の行動をコントロールする力がある。	4.41	0.71	957
4	6	10	安心して生活できる住居がある。	4.39	0.76	959
10	7	26	保護者が子どもを養育する最低限度の能力を持っている。	4.38	0.76	959
8	8	24	最低限度の経済的基盤が確保できる。	4.35	0.77	956
13	9	19	保護者が就業している間の保育サービスが確保できる。	4.31	0.76	958
16	10	12	保護者が保護者としての責任を自覚している。	4.29	0.77	958
19	11	2	家族がお互いに助け合っている。	4.25	0.76	957
18	12	15	保護者の（精神的）治療経過が良好である。	4.23	0.75	957
11	13	20	虐待者に虐待の認識がある。	4.21	0.88	956
12	14	23	虐待者が自分でＳＯＳを出せる。	4.19	0.85	958
15	15	16	最低限の衛生状態が保たれている。	4.16	0.83	957
9	16	8	保護者自身が今までやってきたことに変化が必要だと気づく。	4.15	0.82	956
20	16	22	何とかして家族を維持していこうという気持ちが家族にある。	4.15	0.78	957
17	18	17	子どもが幼稚園・小学校・中学校等の学校や保育所などの所属集団へ毎日通っている。	4.14	0.83	959
4	19	6	関係機関内で「在宅で援助していく」との共通認識がある。	4.13	0.89	956
22	20	11	保護者が援助者に対して心を開き、援助者のいうことを聞き入れる。	4.09	0.82	957
26	21	4	子どもが自分自身の安全を守ることができる。	3.99	0.98	955
20	22	3	子どもの成長（身長・体重）は順調である。	3.95	0.94	956
12	23	27	家族自身が家族として一緒にやっていくことができるという自信を持っている。	3.94	0.86	956
8	24	9	家族内での秩序が守られている。	3.92	0.85	952
27	25	14	家族が自分たちは家族維持のプロセスに参加しているのだと実感する。	3.68	0.94	949
26	26	21	家族が地域の資源を自分でうまく利用できる。	3.67	0.87	959
24	27	7	家族はインフォーマルなサポートシステムを持っている。	3.64	0.87	939

※ ■部分は上位25%、■部分は下位25%

の秩序が守られている」（児相：8位、市町村：24位）、「6. 関係機関内で『在宅で援助していく』との共通理解がある」（児相：4位、市町村：19位）、「27. 家族自身が家族として一緒にやっていくことができるという自信を持っている」（児相：12位、市町村：23位）、「8. 保護者自身が今までやってきたことに変化が必要だと気づく」（児相：9位、市町村16位）であった。反対に市町村での順位のほうが児相より高い項目は、差の大きいものから、「2. 家族がお互いに助け合っている」（児相：19位、市町村：11位）、「12. 保護者が

保護者としての責任を自覚している」（児相：16位、市町村10位）、「15. 保護者の（精神的）治療経過が良好である」（児相：18位、市町村12位）、「25. 子どもが家庭で精神的な安心感を得ることができる」（児相：7位、市町村2位）、「4. 子どもが自分自身の安全を守ることができる」（児相：26位、市町村21位）であった。家族内の関係や家族の情緒的な要素については、児相よりも市町村のほうが家族維持に必要であると感じていることがわかった。

5）実施度平均値と重要度平均値の差ランキング（表8-6参照）

　市町村においても児相での調査結果と同様に、すべての項目で重要度平均値のほうが実施度平均値よりも高い値に分布が偏っているため、その差のランキングが上位25％値以上にある項目、つまり「重要だとは思っているのに、実施できていない」程度が比較的大きな項目に着目することとした。上位25％に入っていた項目は16項目あった。その中で、重要度が上位25％であった項目は16項目中3項目（「3. 援助終結後も、家族が再び同じ状態に戻っていないかフォローアップする」[重要度9位]、「8. 家族をどのように資源やサポートに結びつけるかの全体的な援助計画を作成していく」[重要度16位]、「43. 子どもに対するリスクアセスメントを行う」[重要度15位]）であった。上位25％のその他の項目の中で、「43. リスクアセスメント」「54. 家庭訪問によるニーズアセスメント」「8. 援助計画の作成」「3. フォローアップ」などの項目はケースワークのプロセスそのままを示す項目であり、その重要性が比較的高く認められながらも、実施度との間には差が見られた。また1位は、児相と同様に「37. 保護者にペアレントトレーニング（親業）プログラムを紹介する」であり、他の上位25％の項目は、スキル開発に関する項目（「34. 家族に新しく身についたスキル（生活・養育技術等）を試す機会を与える」[2位]、「60. 家族が自身のリスクに気づく術と、それに対する適切な対応を教える」[7位]）、関係機関との連携に関する項目（「53. 市町村の関係機関内で共有できる家族支援に対する価値観を持っている」[12位]、「36. 保護者や子どもの状態を医師と協議する」[16位]）、具体的な生活援助に関わる項目（「29. 保護者が通院・入院している間、子どもの保育ケアを確保する」[9位]、「12. 家計の管理を保護者ができるように援助する」[11位]、「61. 保護者の求職のための具体的な準備（履歴

表8-6　市町村　重要度と実施度の差平均値ランキング

順位	項目番号	質問項目	実施度	重要度	差
1	37	保護者にペアレントトレーニング（親業）プログラムを紹介する。	1.79	3.26	-1.47
2	34	家族に新しく身についたスキル（生活・養育技術等）を試す機会を与える。	2.13	3.29	-1.16
3	3	援助終結後も、家族が再び同じ状態に戻っていないかフォローアップする。	3.22	4.35	-1.13
4	46	定期的に援助効果の評価を行う。	2.98	4.06	-1.09
5	17	家族とともに目標を設定する。	2.95	4.01	-1.06
6	2	見本となる大人の姿を援助者が子どもに見せる。	2.58	3.59	-1.01
7	60	家族が自身のリスクに気づく術と、それに対する適切な対応を教える。	2.81	3.79	-0.99
8	8	家族をどのように資源やサポートに結びつけるかの全体的な援助計画を作成していく。	3.27	4.24	-0.97
9	29	保護者が通院・入院している間、子どもの保育ケアを確保する。	3.06	4.02	-0.96
10	43	子どもに対するリスクアセスメントを継続して行う。	3.30	4.25	-0.95
11	12	家計の管理を保護者ができるように援助する。	2.40	3.29	-0.89
11	53	市町村の関係機関内で共有できる家族支援に対する価値観を持っている。	3.28	4.16	-0.89
13	61	保護者の求職のための具体的な準備（履歴書を一緒に書く、面接の練習等）を手伝う。	1.80	2.68	-0.88
14	54	家庭訪問を行い、在宅で暮らしていくためには、家族が何を必要としているかをアセスメントする。	3.33	4.21	-0.87
15	35	保護者に他の親と交流する機会を与える。	2.57	3.43	-0.86
16	36	保護者や子どもの状態を医師と協議する。	2.93	3.76	-0.83
17	31	チームアプローチをとることによって、アセスメント結果や意思決定を確認する。	3.50	4.32	-0.82
18	39	頼りにできるような親戚等を探し出し、協力してもらう。	2.87	3.69	-0.81
19	1	家族の長所をいかして、援助を展開する。	3.56	4.35	-0.78
19	55	住居設備（修繕・安全面の確認など）に対する助言・援助を行う。	2.16	2.94	-0.78
21	42	（ケースの状況を見て）虐待の告知を行う。	3.20	3.98	-0.77
21	18	家族が必要な時、自分自身で利用できるように、地域の資源とつなげておく。	3.49	4.27	-0.77
21	59	子どもを学校・幼稚園・保育園に送迎するサービスの利用を援助する。	2.38	3.15	-0.77
24	27	家族が必要としているスキル（生活・養育技術等）を、例を用いて家族にわかりやすく説明する。	3.11	3.85	-0.74
25	13	医療機関で保護者が充分な説明を受けられるよう配慮する。	2.73	3.46	-0.73
25	4	保護者が子どもに対して肯定的な視点を持つことができるように働きかける。	3.64	4.37	-0.73
25	14	それぞれの家族に対して援助者が何がどこまでできて、何ができないかを自覚する。	3.71	4.44	-0.73
28	16	面接等を通して、保護者に虐待した原因について内省させる。	3.06	3.76	-0.70
28	51	子どもの気持ちを代弁して保護者に伝える。	3.11	3.81	-0.70
30	25	次の大きな変化につながるような家族の小さな変化を支援する。	3.27	3.96	-0.69

順位	項目番号	質問項目	実施度	重要度	差
31	33	家に食料が十分確保されているかどうか、入手手段はあるのかを確認をする。	3.01	3.67	-0.66
32	24	保護者と子どもが一緒に楽しめるような娯楽活動を企画するのを手伝う。	1.97	2.63	-0.65
33	50	子育ての負担を軽減するための家事・育児支援サービスに家族をつなぐ。	3.26	3.88	-0.63
33	9	保護者に対して求職に関する情報を得る援助をする。	2.69	3.31	-0.63
35	58	保護者が困っていることを口にしたタイミングを逃さず、必要なサービスにつなぐ。	3.54	4.16	-0.61
36	56	危機的な状況の時には、児童相談所と連携し、一時保護等を使い、速やかに危機を回避する。	4.27	4.86	-0.60
37	52	住居探しを手伝う。	2.15	2.74	-0.59
38	49	関係機関に対して、家族との接し方についての詳細な助言を行う。	3.26	3.83	-0.57
38	41	援助者が家族に必要な具体的なサービスを提供することで、実際に「援助できること」を家族に証明する。	3.10	3.67	-0.57
40	30	すでに保護者とつながっている関係機関に保護者が必要としているサービスを紹介してもらう。	3.37	3.93	-0.56
41	32	援助者自身が家族の変化に対して希望を持つ。	3.50	4.06	-0.55
41	23	家族がすべきことまで、援助者がしてしまわないように気をつける。	3.77	4.32	-0.55
41	7	家族を援助するという自分の立場を明らかにし、家族の信頼を得る。	3.97	4.52	-0.55
44	57	医療費の控除の申請を援助する。	2.48	3.01	-0.53
45	26	定期的に家族に接触する。	3.73	4.23	-0.50
46	15	衣服や学用品の提供・確保の援助を行う。	2.47	2.95	-0.48
47	38	地域の他の関係機関の援助者に家庭訪問を依頼する。	3.28	3.71	-0.43
48	44	家族の「子どもとともに生活する権利」と、子どもの「安全に幸せに暮らす権利」の両方を大事にする。	3.70	4.10	-0.39
48	5	保護者や子どもの通院に同伴する。	2.14	2.53	-0.39
48	11	援助者は家族に対して忍耐強く対応する。	4.10	4.49	-0.39
51	21	学校教諭・幼稚園教諭・保育士と子どもの状況について協議する。	4.26	4.63	-0.38
52	19	家庭を訪問し、家族の生活の場で援助活動を行う。	3.48	3.79	-0.31
52	22	地域の民生児童委員に協力を要請する。	3.91	4.21	-0.31
54	20	地域の機関から家族の情報を収集する。	4.13	4.37	-0.24
55	10	家族に医療機関（病院、医師等）を紹介する。	3.28	3.52	-0.23
56	48	保護者と対峙する場面では、必要以上に懲罰的にならないような表現を用いる。	4.09	4.32	-0.22
56	40	問題の原因の分析を行うのではなく、今ある問題の解決に集中する。	3.30	3.52	-0.22
58	28	生活保護等の申請を援助する。	3.12	3.26	-0.14
59	6	援助者としての責任を証明するために自分が行った援助を文書に記録しておく。	4.37	4.50	-0.13
60	47	家族にある程度の改善が見られれば援助を終結する。	3.11	3.19	-0.08
61	45	保育サービス、学童サービスの利用のための手続きを援助する。	3.73	3.78	-0.04

※ ■部分は上位25%、■部分は下位25%

表 8-7 実施度と重要度の差が児相・市町村に共通して上位 25％である項目
（児相調査での項目及び差の数値にて表記）

42	保護者をペアレントトレーニングプログラムへ送致する。	-1.88
3	援助終結後も、家族が再び同じ状態に戻っていないかフォローアップする。	-1.39
40	保護者に他の親と交流する機会を与える。	-1.23
9	家族をどのように資源やサポートに結びつけるかの援助計画を作成していく。	-1.20
66	保護者の求職のための具体的な準備（履歴書を一緒に書く、面接の練習等）を手伝う。	-1.07
14	家計の管理を保護者と一緒に行う。	-1.01
39	家族に新しく身についたスキルを試す機会を与える。	-1.00
65	家族が自身のリスクに気づく術と、それに対する適切な対応を教える。	-0.98
33	保護者が通院・入院している間、子どもの保育ケアを確保する。	-0.93

書を一緒に書く、面接の練習等）を手伝う」［12 位］）であった。

　この実施度と重要度の差において、児相と市町村の上位 25％内に共通して入っているものは、9 項目あった（表 8-7 参照）。

　これらの項目は児相・市町村ともに重要だと思われている割には、実施がされていない項目である。「援助計画の作成」「終結後のフォローアップ」などのケースワークのプロセスに関するもの、スキル開発に関するもの（「スキルを試す機会がある」「家族自身がリスクに気づく術と、それに対する適切な対応を教える」）が見られる。これらの項目は児相・市町村に共通して、在宅支援において弱くさらなる実施が必要な項目と考えることができる。児相・市町村ともに、重要度も実施度も低かった具体的生活援助の中でも、「求職のための準備への援助」「家計の管理」「通院・入院している間の保育ケア」「ペアレントトレーニングプログラムへの送致（紹介）」は、重要度の割に実施できていない項目としてあげられている。

　児相の上位 25％には入っておらず、市町村においてのみ上位 25％内の項目は全部で 7 項目あった（表 8-8 参照）。これらの項目においては、市町村において、さらに実施を行う必要があると考えられる。特に援助効果の評価については、要保護児童対策地域協議会にてケースの進行管理が 3 ヶ月に 1 回行われるように指導されているはずだが、実際に援助の効果となると、なかなか援助と効果との因果関係を証明することは難しいようである。

表 8-8　市町村のみにおいて実施度－重要度の差の平均が上位 25％内の項目
（数値は差を示す）

46	定期的に援助効果の評価を行う。	-1.09
17	家族とともに目標を設定する。	-1.06
2	見本となる大人の姿を援助者が子どもに見せる。	-1.01
43	子どもに対するリスクアセスメントを継続して行う。	-0.95
53	市町村の関係機関内で共有できる家族支援に対する価値観を持っている。	-0.89
54	家庭訪問を行い、在宅で暮らしていくためには、家族が何を必要としているかをアセスメントする。	-0.87
36	保護者や子どもの状態を医師と協議する。	-0.83

6）援助の主体について（資料 2・付表 2-1 〜付表 2-36 参照）

　市町村における援助主体に関しては、各援助項目（主体が明らかな 13 項目を除いた 48 項目）に対して児相を含めた援助の主体リスト 6 領域（保健・医療・精神保健分野、障害分野、子育て支援・児童相談分野、教育分野、法律・人権分野、その他の分野・サービス）にわたる 36 主体より、主にどの機関（だれ）を中心に実施されているのか、最も中心に行っているところを三つまで選んでもらった。また、実施されていない場合は、どの機関（だれ）が行うべきか、援助自体を実施しなくてもよいと思っている場合は、「実施する必要はない」を選んでもらった。

　市町村における関係機関において、それぞれの機関がどのような援助を行っているか（または実際は行っていないが行うべきだと思われているか）を把握するため、援助の主体ごとに集計を行い、それぞれの機関に対する全回答数中の各援助項目の回答数の割合を出した。各主体とも実施度 4, 5（実際に該当機関がよく実施している援助）と実施度 1（実際は行われていないが行うべきだ、該当機関が実施することを期待されている援助・役割）の回答において、それぞれ 50％までの援助項目を別紙資料 2*にまとめた（付表 2-1 〜 2-36）。ここでは各分野で主な機関のみ結果を紹介する（援助項目については「　」内にその主な内容を略式にて表記）。

---

*　別紙資料は明石書店ホームページの本書の紹介ページに掲載している。ダウンロードして参照いただきたい。

【保健・医療・精神保健分野】

ア．保健センター（付表 2-1）

　実際に保健センターが行っている援助項目としては、文書の記録及び家庭訪問による家族に対する定期的な接触であった。また、医療機関への紹介も保健センターを通して行われることが多い。

　今は実施されていないが、将来、保健センターが実施することを期待されている援助項目として、「ペアレントトレーニングの紹介」がある。「医師との協議や通院の同伴」など、医療機関との橋渡し的役割も期待されている。

イ．保健所（付表 2-2）

　保健所は保健センターよりも医療との連携が実際に行われている割合が高かった。期待されている項目としては、保健センターと同様、「ペアレントトレーニングプログラムの紹介」がある。

ウ．医療機関（精神科含む）（付表 2-3）

　実際、実施度が 4，5 と高い項目において、危機回避のための一時保護の手段として医療機関が使われていることが示されていた。期待される役割及び実施されている項目ともに、「保護者が十分な説明を受けられるように配慮する」である。

エ．精神保健センター（付表 2-4）

　実際に実施されている援助、期待される役割ともに「医療機関の紹介及び保護者への説明」が高い割合で見られる。

【障害分野】

カ．障害児地域療育等支援事業（付表 2-6）

　実際に実施されている援助については、「忍耐強い対応」や「医療機関への紹介」「家庭訪問による援助活動」などがあげられていた。障がい児療育に関しては、子どもの成長に合わせて、家族に対して援助を行っていく忍耐強さが必要とされているのかもしれない。

　実施されていないが将来期待される役割としては、「ペアレントトレーニングプログラムへの紹介」があげられている。

キ．知的障害者更生相談所・身体障害者更生相談所（付表 2-7）

　実際に実施されている援助については、「（障がいがある）親自身が自身のリスクに気づく術とそれに対する適切な対応を教える」が 36.36％の割合を占めていた。また、「求職のための情報提供」や、「家族を他機関につなげる援助」も行われている。

　実施されていないが将来期待される援助としては、「求職のための具体的な準備」があげられていた。求職に関する情報は提供しても、例えば履歴書の書き方や面接の練習などの細かい準備まで行われていることは実際は少ないのかもしれない。

ク．発達障害者支援センター（付表 2-8）

　比較的新しい機関である発達障害者支援センターでは、「（発達障がいがある）子どもに対するリスクとその対応」「通院への同伴、医療機関での説明に対する配慮」や「親が子どもに対する肯定的な視点を持つことへの援助」が実際行われている援助としてあげられていた。

　期待される援助としては「医師との協議や説明への配慮」などで、医療とのつなぎになってほしいと期待されている。また「生活技術の習得」や「娯楽活動」「求職のための準備」等もあげられている。

【子育て支援・児童相談分野】

サ．子育て支援センター（付表 2-11）

　「他の親と交流する機会の提供」が最も実施されており、「家事・育児サービスにつなげる窓口の役割」も果たしている。期待される援助としては、「親子で楽しめる娯楽活動の提供」がある。

シ．保育所（付表 2-12）

　実際に実施している援助としては、「保護者が子どもに対して肯定的な視点を持つことに対する援助」が最も割合が高い。また、期待される役割としては親に対する働きかけの次に、援助者自らが「子どもに対して見本となる大人の姿を見せる」という役割がある。

ス．育児支援家庭訪問事業（養育支援訪問事業）（付表 2-13）

　基本的な役割としては、訪問により家庭で援助活動を行うことではある

が、育児支援・家事支援を通して「生活スキルを家族に伝える役割」や「家庭訪問により家族が何を必要としているかをアセスメントする」という役割も持っている。また現在は実施されていないが期待される役割としては、「子どものロールモデルとなる働き」や、「通院への同伴」なども期待されている（通院時の同伴については、実際には規則上、縛りがあることも多い）。

セ．児童館・子育てひろば事業（付表 2-14）

児童館や子育てひろば事業は、「親同士の交流の場としての役割」を実際に果たしているが、加えて、親子の娯楽活動の提供も行われているし、期待もされている。

ソ．ファミリーサポートセンター（付表 2-15）

「子どもの送迎」や「通院同伴」が可能である数少ないサービスの一つであり、「親が通院・入院中の保育サービス」を提供することもできる。有料ではあるが、サービス提供制限のはざまを埋めることができる融通の利くサービスとして利用されているようである。

タ．児童養護施設等の児童福祉施設（付表 2-16）

児童養護施設等の児童福祉施設では、「家族自身にリスクへの対応を教える」という役割を果たしている。また、ショートステイにより、「保護者の入院中・通院中の保育ケアを提供する」ことが期待されている。

チ．児童家庭支援センター（付表 2-17）

児童家庭支援センターについては、児童養護施設に併設していることが多いため、「リスクへの緊急対応の役割」を実際果たしているようである。また割合は低いが「情報収集や関係機関との協議」「地域資源とのリンケージ」などのケースワーク機能も果たしていることがわかった。期待される役割としては、「ペアレントトレーニングの紹介」「求職の援助」や「娯楽活動の企画」等の援助も期待されている。

ツ．家庭児童相談室（付表 2-18）

多くの援助に対する役割を担っている機関であり、「文書による記録」「危機回避」「忍耐強い対応」「学校等との協議」「保護者に対する働きかけ」（リスクへの対応）、「子どもに対する肯定的視点等」などの危機介入からケースワーク的役割までの幅広い援助を行っている。

テ．児童相談所（付表2-19）

　実際に行っている援助として、「援助の記録」「学校等との協議」「虐待の告知」「定期的な家族への接触」など幅広い実施を行っている。また「危機介入」や「継続的なリスクアセスメント」なども行っている。実際には実施されてはいないが、「ペアレントトレーニングの紹介」や「保護者に対する虐待の原因の内省」などの介入的な関わりが期待されている。

ト．主任児童委員・民生委員（付表2-20）

　実際に行っている援助として、「家族に関する情報の収集」「他の機関への家庭訪問依頼」「家族への接触」があり、家族の身近な資源としての役割を果たしている。また、「生活保護申請の援助」や「フォローアップ」「食料が確保されているかどうかの確認」なども行っている。期待される援助としては、「求職に対する援助」「住居探し」などがあがっている。家族に対する身近な存在であり、制度上の縛りも少ないために、うまくいけば生活に入り込んだ具体的な援助が実施可能であるし期待されているようである。

ナ．市町村（児童相談窓口）（付表2-21）

　市区町村の機関の中では幅広く援助を行っている。家庭児童相談室が児童相談の窓口となっている市町村も多い。「児童相談所との連携」や「学校等の子どもの所属機関との協議、援助に関する記録」「保育・学童サービス利用の手続きの援助」などが実施されていた。実際には行われていないが、将来、期待される援助としてあげられていたのは、「医療控除申請の援助」「送迎サービス利用の援助」「求職に対する援助」や「住居探し」への援助であった。

【教育分野】

ヌ．学校、幼稚園（教育委員会）（付表2-23）

　実際行われている援助は「学校内での協議」「保護者に子どもに対する肯定的な視点を持つように働きかける」「地域の機関からの情報収集」などであった。将来、期待される援助は、「衣服や学用品の提供・確保」や「子どもに対して見本となる大人の姿を見せる」「学校等への子どもの送迎

サービス利用などの援助」である。
ネ．教育相談室、教育センター、教育研究所（付表 2-24）
　実際に行われている援助は、学校への橋渡しや親への関わりである。また、期待される役割として「ペアレントトレーニングプログラムへの送致」「衣服や学用品の提供」などがある。

【法律・人権分野】
ハ．法律事務所・弁護士（付表 2-26）
　実際に実施されている援助、期待されている援助とも、「家計の管理への援助」「保護者に虐待した原因について内省させる」役割である。
ヒ．警察（付表 2-27）
　実施されている援助は「児相と連携して、一時保護などで危機回避を行ったり、虐待の告知を行ったりする」である。期待されている援助は、警察という立場を利用して、「保護者に対して虐待告知や虐待の原因への内省などの関わり」である。
フ．保護司（付表 2-28）
　保護司については、親が保護の対象となっている場合を想定しての回答が見られた。実施されている援助は「地域の機関からの情報の収集」や「他の機関への家庭訪問の依頼」などである。期待される援助としては、「虐待に対する内省を促す」及び「住居や就職探しへの援助」である。

【その他の分野・サービス】
ホ．母子自立相談員（付表 2-30）
　母子自立相談員については、児童相談窓口に配置されていることも多く、在宅支援にとっては大切な資源であるが、ひとり親家庭の親子のみが援助の対象とされているため、対象が限定されてしまうようであった。実施されている援助は、「求職に関する情報提供」「生活保護の申請援助」「住居探し」「家事・育児支援サービスへの送致」「具体的な求職のための準備の援助等」など幅広い。また、期待されている援助は「求職に関する援助」や「家計管理に対する援助」である。

ミ．市町村（生活保護担当）（付表 2-32）

　市町村生活保護担当については、「生活保護の申請援助」が最も実施され、期待されていた。

ム．ヘルパーサービス（付表 2-33）

　「家庭訪問により家族が実際生活している場において援助」を実施している。期待している援助は、「通院の同伴」や「学校等に子どもを送迎する」であるが制限があることも多いようである。

メ．社会福祉協議会（付表 2-34）

　社会福祉協議会は場所によって提供できるサービスが異なるようである。実施されているのは「家計の管理」や「家事・育児支援サービスへの送致」「学用品・衣服の提供や援助」などである。期待されている援助は「衣服や学用品の提供」や「親子での娯楽活動の企画」等である。

モ．NPO

　NPOによって活動内容も異なり、ひとくくりにはできないため、回答が幅広い。実施されている援助は「子どもの学校等への送迎」「親子向けの娯楽活動の企画など」である。期待されている援助は「衣服や学用品の確保」や「送迎・同伴サービス」である。

第 3 節　調査結果の分析（その 2）

1. 探索的因子分析の結果

　児童福祉司に対して行った質問紙調査1と同様に、市区町村が1.「家族維持」のために実施している援助（実施度）、2.「家族維持」のために重要だと感じている援助（重要度）、3.「家族維持」を目的とした援助に対して障害だと感じている要因（障害度）、4.「家族維持」のために必要だと感じている要素（必要要素）のそれぞれ四つの質問領域の構成要素を抽出するために探索的因子分析を行った。すべての因子分析において因子の抽出には、最尤法を用い、回転にはプロマックス回転を用いて整理を行った。サンプル数が 965 と大きいため、ある程度正規分布を仮定することが可能だと考えたからである。またいずれの分析においても固有値 1.00 以上を基準

表 8-9 市町村援助者が「家族維持」のために実施している援助の実施度の探索的因子分析

因子名・項目 [全体のCronbach α =0.951]	因子負荷						共通性
	第1因子	第2因子	第3因子	第4因子	第5因子	第6因子	
第1因子「援助者としての態度」[Cronbach α =0.907]							
実施度11:援助者は家族に対して忍耐強く対応する。	0.893		-0.2				0.64
実施度7:家族を援助するという自分の立場を明らかにし、家族の信頼を得る。	0.83		-0.115	-0.11		0.156	0.565
実施度32:援助者自身が家族の変化に対して希望を持つ。	0.758	0.139				-0.249	0.541
実施度14:それぞれの家族に対して援助者が何がどこまでできて、何ができないのかを自覚する。	0.685						0.459
実施度23:家族がすべきことまで、援助者がしてしまわないように気をつける。	0.66					-0.175	0.399
実施度6:援助者としての責任を証明するために自分が行った援助を文書に記録しておく。	0.593		-0.13		0.138		0.326
実施度4:保護者が子どもに対して肯定的な視点を持つことができるように働きかける。	0.58			0.113		0.181	0.479
実施度25:次の大きな変化につながるような家族の小さな変化を支援する。	0.567		0.202				0.524
実施度1:家族の長所をいかして、援助を展開する。	0.557					0.147	0.446
実施度48:保護者と対峙する場面では、必要以上に懲罰的にならないような表現を用いる。	0.549			0.117	0.117	-0.146	0.428
実施度44:家族の「子どもとともに生活する権利」と、子どもの「安全に幸せに暮らす権利」の両方を大事にする。	0.456		0.203			-0.123	0.385
実施度26:定期的に家族に接触する。	0.444		0.147		0.104		0.43
実施度58:保護者が困っていることを口にしたタイミングを逃さず、必要なサービスにつなぐ。	0.383		0.27				0.543
第2因子「具体的な生活援助」[Cronbach α =0.842]							
実施度52:住居探しを手伝う。		0.76					0.45
実施度55:住居設備(修繕・安全面の確認など)に対する助言・援助を行う。		0.612	0.217				0.458
実施度12:家計の管理を保護者ができるように援助する。	0.152	0.562	-0.101			0.212	0.494
実施度57:医療費の控除の申請を援助する。		0.562					
実施度15:衣服や学用品の提供・確保の援助を行う。		0.551	-0.137			0.132	0.317
実施度9:保護者に対して求職に関する情報を得る援助をする。	0.137	0.534	-0.12			0.112	0.422
実施度61:保護者の求職のための具体的な準備(履歴書を一緒に書く、面接の練習等)を手伝う。		0.528		0.168			0.354
実施度33:家に食料が十分確保されているかどうか、入手手段はあるのかを確認をする。	0.201	0.432	0.167				0.457
実施度28:生活保護等の申請を援助する。	-0.121	0.351		0.249	0.182	0.111	0.413
第3因子「家族に対するアセスメント」[Cronbach α =0.850]							
実施度46:定期的に援助効果の評価を行う。		-0.128	0.73				0.528

因子名・項目 [全体のCronbach α =0.951]	因子負荷						共通性
	第1因子	第2因子	第3因子	第4因子	第5因子	第6因子	
実施度54：家庭訪問を行い、在宅で暮らしていくためには、家族が何を必要としているかをアセスメントする。	0.117	0.107	**0.653**				0.611
実施度43：子どもに対するリスクアセスメントを継続して行う。		-0.169	**0.613**			0.133	0.522
実施度60：家族が自身のリスクに気づく術と、それに対する適切な対応を教える。	0.21	0.129	**0.554**		-0.144		0.537
実施度31：チームアプローチをとることによって、アセスメント結果や意思決定を確認する。	0.248	-0.116	**0.472**				0.545
実施度53：市町村の関係機関内で共有できる家族支援に対する価値観を持っている。	0.275		**0.431**	-0.118	0.108		0.388
第4因子「子育てに対するサービス」[Cronbach α =0.834]							
実施度50：子育ての負担を軽減するための家事・育児支援サービスに家族をつなぐ。	0.108			**0.728**			0.597
実施度29：保護者が通院・入院している間、子どもの保育ケアを確保する。		0.11		**0.697**			0.549
実施度59：子どもを学校・幼稚園・保育園に送迎するサービスの利用を援助する。	-0.17	0.129		**0.651**			0.412
実施度45：保育サービス、学童サービスの利用のための手続きを援助する。				**0.489**	0.153		0.459
実施度30：すでに保護者とつながっている関係機関に保護者が必要としているサービスを紹介してもらう。	0.205			**0.453**			0.493
実施度41：援助者が家族に必要な具体的なサービスを提供することで、実際に「援助できること」を家族に証明する。	0.322		0.165	**0.364**	-0.128		0.501
第5因子「関係機関とのつながり」[Cronbach α =0.747]							
実施度21：学校教諭・幼稚園教諭・保育士と子どもの状況について協議する。	0.173	-0.128			**0.626**		0.565
実施度20：地域の機関から家族の情報を収集する。	0.297				**0.62**		0.563
実施度22：地域の民生児童委員に協力を要請する。		0.111			**0.608**		0.386
実施度38：地域の他の関係機関の援助者に家庭訪問を依頼する。		0.192		0.159	**0.364**		0.394
第6因子「医療に関するサービス」[Cronbach α =0.732]							
実施度13：医療機関で保護者が充分な説明を受けられるよう配慮する。		0.232	0.187	-0.115		**0.555**	0.537
実施度10：家族に医療機関（病院・医師等）を紹介する。		0.221				**0.521**	0.503
実施度5：保護者や子どもの通院に同伴する。	-0.144	0.174				**0.511**	0.354
固有値	14.64	2.91	1.45	1.36	1.08	1.03	
寄与率（％）	34.451	5.743	2.281	2.108	1.318	1.298	
累積寄与率（％）	34.451	40.194	42.475	44.583	45.901	47.199	
因子間相関（第1因子）	1.00	0.51	0.73	0.64	0.63	0.50	
（第2因子）		1.00	0.57	0.64	0.34	0.51	
（第3因子）			1.00	0.67	0.51	0.36	
（第4因子）				1.00	0.56	0.46	
（第5因子）					1.00	0.35	
（第6因子）						1.00	

表 8-10　市町村援助者が「家族維持」のために重要だと思う援助の重要度の探索的因子分析

因子名・項目　[全体のCronbach α =0.950]	因子負荷				共通性
	第1因子	第2因子	第3因子	第4因子	
第1因子　「ソーシャルワークの基本的態度」　[Cronbach α = 0.932]					
重要度31：チームアプローチをとることによって、アセスメント結果や意思決定を確認する。	0.814	-0.113			0.578
重要度54：家庭訪問を行い、在宅で暮らしていくためには、家族が何を必要としているかをアセスメントする。	0.792		-0.108		0.581
重要度43：子どもに対するリスクアセスメントを継続して行う。	0.789				0.534
重要度53：市町村の関係機関内で共有できる家族支援に対する価値観を持っている。	0.709				0.462
重要度46：定期的に援助効果の評価を行う。	0.698				0.523
重要度8：家族をどのように資源やサポートに結びつけるかの全体的な援助計画を作成していく。	0.656			0.153	0.477
重要度4：保護者が子どもに対して肯定的な視点を持つことができるように働きかける。	0.647			0.108	0.429
重要度1：家族の長所をいかして、援助を展開する。	0.647				0.379
重要度60：家族が自身のリスクに気づく術と、それに対する適切な対応を教える。	0.632	0.224			0.529
重要度32：援助者自身が家族の変化に対して希望を持つ。	0.616	0.109		-0.138	0.406
重要度14：それぞれの家族に対して援助者が何がどこまでできて、何ができないのかを自覚する。	0.613	-0.148	0.104		0.426
重要度25：次の大きな変化につながるような家族の小さな変化を支援する。	0.601				0.473
重要度17：家族とともに目標を設定する。	0.584			0.101	0.398
重要度48：保護者と対峙する場面では、必要以上に懲罰的にならないような表現を用いる。	0.58		0.111	-0.121	0.313
重要度18：家族が必要な時、自分自身で利用できるように、地域の資源とつなげておく。	0.57		0.146		0.449
重要度44：家族の「子どもとともに生活する権利」と、子どもの「安全に幸せに暮らす権利」の両方を大事にする。	0.553			-0.177	0.304
重要度7：家族を援助するという自分の立場を明らかにし、家族の信頼を得る。	0.545				0.31
重要度58：保護者が困っていることを口にしたタイミングを逃さず、必要なサービスにつなぐ。	0.532	0.181			0.458
重要度11：援助者は家族に対して忍耐強く対応する。	0.489		0.175		0.341
第2因子　「生活のための具体的な援助」[Cronbach α =0.905]					
重要度61：保護者の求職のための具体的な準備（履歴書を一緒に書く、面接の練習等）を手伝う。		0.874			0.639

因子名・項目［全体のCronbach α =0.950］	因子負荷				共通性
	第1因子	第2因子	第3因子	第4因子	
重要度52：住居探しを手伝う。		0.862		-0.108	0.607
重要度57：医療費の控除の申請を援助する。		0.744	0.126		0.547
重要度55：住居設備（修繕・安全面の確認など）に対する助言・援助を行う。	0.114	0.702			0.571
重要度15：衣服や学用品の提供・確保の援助を行う。		0.652			0.46
重要度59：子どもを学校・幼稚園・保育園に送迎するサービスの利用を援助する。		0.605			0.425
重要度24：保護者と子どもが一緒に楽しめるような娯楽活動を企画するのを手伝う。		0.603			0.424
重要度28：生活保護等の申請を援助する。		0.514	0.137		0.357
重要度9：保護者に対して求職に関する情報を得る援助をする。		0.496		0.194	0.431
重要度45：保育サービス、学童サービスの利用のための手続きを援助する。		0.453	0.234		0.409
重要度5：保護者や子どもの通院に同伴する。		0.412	-0.13	0.347	0.367
重要度12：家計の管理を保護者ができるように援助する。	0.14	0.405		0.284	0.471
第3因子 「関係機関との協力体制」［Cronbach α =0.706］					
重要度21：学校教諭・幼稚園教諭・保育士と子どもの状況について協議する。	0.187		0.608		0.537
重要度20：地域の機関から家族の情報を収集する。	0.161		0.607	0.115	0.542
重要度22：地域の民生児童委員に協力を要請する。		0.134	0.569		0.332
第4因子 「医療機関との連携」［Cronbach α =0.774］					
重要度10：家族に医療機関（病院・医師等）を紹介する。	-0.105	0.184	0.118	0.639	0.553
重要度13：医療機関で保護者が充分な説明を受けられるよう配慮する。		0.275		0.575	0.591
重要度36：保護者や子どもの状態を医師と協議する。	0.132	0.184	0.12	0.408	0.477
固有値	13.503	3.192	1.396	1.151	
寄与率（％）	35.042	7.244	2.285	1.672	
累積寄与率（％）	35.042	42.287	44.572	46.244	
因子間相関（第1因子）	1	0.575	0.554	0.6	
（第2因子）		1	0.351	0.574	
（第3因子）			1	0.339	
（第4因子）				1	

表 8-11 市町村援助者が「家族維持」のための援助にとって障害だと思う要因の探索的因子分析

因子名・項目 [全体のCronbach α =0.792]	因子負荷				共通性
	第1因子	第2因子	第3因子	第4因子	
第1因子「援助のための環境の不整備」[Cronbach α =0.678]					
障害度16：スーパービジョンが受けられない。	0.858		-0.125		0.634
障害度17：司法システムの関与がない。	0.641				0.461
障害度15：人員が不足している。	0.573				0.354
第2因子「サービス提供の不備」[Cronbach α =0.629]					
障害度3：費用や交通が理由で、保護者が地域の資源を利用できない。		0.748			0.485
障害度1：保護者に都合のよい時間帯や週末にサービスを提供できない。		0.6			0.332
障害度5：家族のニーズに応えることができるサービス提供体制が地域に組めていない。	0.175	0.405		0.145	0.393
第3因子「援助提供に関するジレンマ」[Cronbach α =0.585]					
障害度9：公務員という立場の制約により、サービス提供が自由に行えない。			0.782	-0.114	0.572
障害度8：サービスの充実によって保護者の依存心を助長してしまう。		-0.127	0.557	0.166	0.306
障害度14：援助を受けることが、親失格とみなされ、スティグマ化している。	0.222	0.116	0.371		0.363
第4因子「援助技能の不足」[Cronbach α =0.591]					
障害度19：保護者との信頼関係を結ぶことが難しい。	-0.129			0.788	0.587
障害度18：援助者の児童虐待ケースに対する専門的な技能が不足している。	0.202			0.559	0.587
固有値	3.635	1.253	1.122	1.020	
寄与率（％）	28.031	6.819	5.037	4.718	
累積寄与率（％）	28.031	34.851	39.887	44.606	
因子間相関（第1因子）	1.000	0.558	0.424	0.536	
（第2因子）		1.000	0.511	0.452	
（第3因子）			1.000	0.373	
（第4因子）				1.000	

表8-12 市町村援助者が「家族維持」のために必要だと思う要素の探索的因子分析

因子名・項目 [全体のCronbach a =0.921]	因子負荷 第1因子	第2因子	第3因子	第4因子	共通性
第1因子 「家族維持のための関係性」[Cronbach a =0.851]					
必要度2：家族がお互いに助け合っている。	0.76				0.496
必要度1：子どもと保護者の間に愛着関係がある。	0.728	0.11		-0.181	0.382
必要度12：保護者が保護者としての責任を自覚している。	0.615	0.115	-0.154	0.187	0.548
必要度9：家族内での秩序が守られている。	0.59		0.232		0.555
必要度8：保護者自身が今までやってきたことに変化が必要だと気づく。	0.532		0.296		0.466
必要度11：保護者が援助者に対して心を開き、援助者のいうことを受け入れる。	0.463			0.168	0.434
必要度14：家族が自分たちは家族維持のプロセスに参加しているのだと実感する。	0.427	-0.131	0.292	0.184	0.521
第2因子 「養育のために必要な基本的条件」[Cronbach a =0.837]					
必要度18：最低限の衣食住の確保ができている。		0.882		-0.125	0.661
必要度16：最低限の衛生状態が保たれている。		0.654			0.519
必要度24：最低限度の経済的基盤が確保できる。	-0.121	0.631	0.113	0.189	0.567
必要度10：安心して生活できる住居がある。	0.18	0.529	0.305	-0.218	0.495
必要度26：保護者が子どもを養育する最低限度の能力を持っている。	0.189	0.504	-0.19	0.222	0.476
必要度19：保護者が就業している間の保育サービスが確保できる。		0.392	0.231	0.17	0.391
第3因子 「安全を守る環境」[Cronbach a =0.683]					
必要度6：関係機関内で「在宅で援助していく」との共通認識がある。			0.652		0.363
必要度7：家族はインフォーマルなサポートシステムを持っている。		-0.105	0.622		0.449
必要度13：家庭内に子どもの安全を守る人がいる、または定期的に家庭を訪問してくれる人がいる。		0.123	0.426		0.34
必要度4：子どもが自分自身の安全を守ることができる。	-0.154		0.418	0.343	0.377
第4因子 「困難を乗り越える力」[Cronbach a =0.805]					
必要度21：家族が地域の資源を自分で上手く利用できる。			0.176	0.645	0.553
必要度23：虐待者が自分でSOSを出せる。	-0.145	0.148		0.632	
必要度20：虐待者に虐待の認識がある。	0.236		-0.131	0.583	0.448
必要度27：家族自身が家族として一緒にやっていくことができるという自信を持っている。	0.363			0.423	0.506
必要度22：何とかして家族を維持していこうという気持ちが家族にある。	0.284			0.421	0.474
固有値	8.408	1.735	1.377	1.046	
寄与率（％）	35.847	5.786	3.675	2.32	
累積寄与率（％）	35.847	41.633	45.307	47.628	
因子間相関（第1因子）	1.000	0.501	0.579	0.712	
（第2因子）		1.000	0.472	0.571	
（第3因子）			1.000	0.610	
（第4因子）				1.000	

にスクリープロットを用いた因子数を決定し、その後、共通性 0.3 未満、因子負荷量 0.35 未満の項目を削除し、因子抽出を繰り返した。なお、抽出された因子名については、児童福祉及び社会福祉を専門とする研究者複数名によりその妥当性についての検討を行った（表 8-9、表 8-10、表 8-11、表 8-12 を参照）。

1）市区町村が「家族維持」のために実施している援助（実施度）（表 8-9）

　市区町村が「家族維持」のために実施している援助（以下、実施度）は、6 因子が抽出された。これらの 6 因子の累積寄与率は 47.2％であり、因子負荷量から判断して因子の帰属は比較的明瞭である。第 1 因子には、因子負荷量の高い項目から「家族に対する忍耐強い対応」「家族を援助するという自分の立場を明らかにし、信頼を得る」「援助者自身が家族の変化に希望を持つ」などの、具体的な行動というよりは援助者の態度や価値観を示すような項目が含まれていることから、『援助者としての態度』と命名した。第 2 因子は、「住居探しへの援助」「住居設備に対する助言・援助」「家計の管理に対する援助」などの生活上の具体的な援助を表す項目が含まれていたため『具体的な生活援助』と名付けることにした。第 3 因子は「定期的な援助効果の評価」「家庭訪問によるニーズアセスメント」「継続したリスクアセスメント」などのアセスメントに関連する項目が含まれていたので『家族に対するアセスメント』と命名した。第 4 因子は、「家事・育児支援サービスにつなぐ」「通院・入院時の保育ケア」「子どもに対する送迎サービス」などの子育てに対するサービスを表す項目が含まれていたため、『子育てに対するサービス』と命名した。第 5 因子には、「学校教諭等子どもの所属機関との協議」「地域の機関からの情報収集」「民生児童委員への協力要請」などの関係機関への関わりや協働を示す項目が含まれていたため、『関係機関とのつながり』と命名した。第 6 因子については、「医療機関での説明への配慮」「医療機関の紹介」「通院に対する同伴」などの医療に関わる援助が含まれていたため、『医療に関するサービス』と命名した。

2) 市町村が「家族維持」のために重要だと感じている援助（重要度）
 （表8-10）

　市町村が「家族維持」のために重要だと感じている援助（以下重要度）では4因子が抽出された。これらの4因子の累積寄与率は46.2％であり、因子負荷量から因子の帰属は明瞭である。第1因子は、「チームアプローチでの意思決定」「家庭訪問によるアセスメント」「継続的なリスクアセスメント」などの幅広いソーシャルワークの基本的な援助項目が含まれていたので、『ソーシャルワークの基本的態度』と命名した。第2因子は、「求職の準備」「住居探し」「医療費控除の申請」などの生活に密接し、かつ具体的な内容の援助項目が含まれていたため『生活のための具体的な援助』と命名した。第3因子は、「学校等の子どもの所属機関との子どもの状況に対する協議」「地域機関からの情報収集」「民生児童委員への協力要請」など地域の関係機関との連携・協力に関する援助項目が含まれていたため、『関係機関との協力体制』と命名した。第4因子は、「医療機関の紹介」「医療機関からの説明に対する配慮」「医師との協議」など医療機関との連携による援助項目が含まれていたため、『医療機関との連携』と命名した。

3) 市区町村が「家族維持」を目的とした援助に対して障害だと感じている要因（障害度）（表8-11）

　市町村が家族維持のために障害だと感じている要因（以下障害度）では、4因子が抽出された。4因子の累積寄与率は44.6％であり、因子負荷量から因子の帰属は明瞭である。第1因子は、「スーパービジョンが受けられない」「司法システムの関与がない」「人員が不足」などの援助を提供するための環境自体が整っていないために起こる障害要因が含まれていたため、『援助のための環境の不整備』と命名した。第2因子は「費用や交通が理由で、保護者が地域の資源を利用できない」「保護者の都合のよい時間にサービスを提供できない」「ニーズに対応した資源が地域にない」などのサービス提供に関する障害要因が含まれていたため、『サービス提供の不備』と命名した。第3因子は、「公務員という立場の制約」「サービス提供による保護者の依存心の助長」「援助を受けることによるスティグマ」が

含まれており、援助提供に関する葛藤が障害となる可能性の項目が含まれていたため、『援助提供に関するジレンマ』と命名した。第4因子は「保護者と信頼関係を結ぶことの難しさ」「専門的技能の不足」が含まれており、援助者の援助技術の不足が原因での障害と考えられることから『援助技能の不足』と命名した。

4) 市区町村が「家族維持」のために必要だと感じている要素（必要要素）
　　（表8-12）

　市区町村が「家族維持」のために必要だと感じている要素（以下必要要素）の探索的因子分析では、4因子が抽出された。4因子による累積寄与率は47.6％であり、因子負荷量から因子の帰属は明瞭である。第1因子は「家族がお互いに助け合っている」「子どもと親との間の愛着関係」「保護者としての責任」「家族内での秩序」などの家族内での関係性や援助者と家族の関係性に関する項目が含まれていたため、『家族維持のための関係性』と命名した。第2因子は、「最低限の衣食住」「最低限の衛生状態」「最低限度の経済的基盤」「住居」などの養育のために最低限度必要な条件に関する項目が含まれていたため、『養育のために必要な基本的条件』と命名した。第3因子は「関係機関内での家族維持に対する共通意識」「家族がインフォーマルサポートシステムを持っている」「家族内の安全を守る人の存在」「子どもが自分自身を守れる力」などの家庭内外での子どもの安全を守る環境についての項目が含まれていたため、『安全を守る環境』と命名した。第4因子は、「地域の資源の利用」「虐待者がSOSを発信できる」「虐待の認識がある」「家族自身の家族維持に対する自信」などの家族自身が虐待という困難に立ち向かい乗り越えていくための要素についての項目が見られたため、『困難を乗り越える力』と命名した。

2. 因子内の平均値の比較

　次に、児童福祉司対象の質問紙調査と同様に探索的因子分析にて抽出した因子（実施度、重要度、障害度、必要要素）別に、因子内の平均値（素点）を比較することとした。

1) 実施度因子別平均値

　市町村における実施度でも、関係機関とのつながりを示す内容の因子である第5因子「関係機関とのつながり」が最も平均点が高かった（3.90）。ついで、0.11の僅差で高かったのが援助者の援助や家族に対する考えや理念を表した第1因子「援助者としての態度」（3.79）であった。続いて第3因子「家族に対するアセスメント」（3.20）と第4因子「子育てに対するサービス」（3.14）の順となる。その後は差が大きくなり、第6因子「医療に関するサービス」（2.71）、第2因子「具体的な生活援助」（2.46）の順となる。市町村においても、「具体的な生活援助」の因子は最も低い平均点の因子となった。

2) 重要度因子別平均値

　重要度に関しても、実施度と同様、学校や保育所などの関係機関から情報を収集し、協議を行う項目を含んだ因子である第3因子「関係機関との協力体制」（4.41）の平均値が最も高く、ついで基本的なソーシャルワークの態度を示す内容を含んだ第1因子「ソーシャルワークの基本的態度」（4.21）が高かった。実施度の平均値と同様に第4因子「医療機関との連携」（3.58）、第2因子「生活のための具体的な援助」（3.02）は他の因子に比べて実施度と重要度ともに極端に低い結果となった。

3) 障害度因子別平均値

　障害度について、市町村で最も家族維持のための援助の障害と考えられているのは、保護者との信頼関係を結ぶことや援助者自身の専門技能に関する内容を含む第4因子「援助技能の不足」（3.92）であった。次にスーパービジョンが受けられないことや司法システムの不関与、人員の不足などの内容を含む第1因子「援助のための環境の不整備」（3.81）が高い平均値を示す因子としてあがっている。少し差があって、3番目には家族にとってのサービス提供の不便さやアクセシビリティの内容を含む第2因子「サービス提供の不備」（3.64）の因子が続いた。公務員の立場によるサービス提供の制限やサービスを受けることによる保護者の依存心やスティグ

マの助長を示す第3因子「援助提供に関するジレンマ」(3.07)については、平均値が他の因子と比べてかなり低く、あまり障害だとは感じていないことが明らかになった。

4）必要要素因子別平均値

児相での結果と同様、最も家族維持のために必要だと考えられる要素は、衣食住、経済等の生活の基本的な必要要素を含む第2因子「養育のために必要な基本的条件」(4.36)だった。次に平均値が高かった因子は、家族自身が自分たちを一つのまとまりとするために必要な家族内の関係性、そして援助者との関係性が含まれた第1因子「家族維持のための関係性」(4.12)であった。関係機関内での認識の一致、安全を守る人間の存在等を含んだ第3因子「安全を守る環境」(4.04)と家族自身が危機的状況や問題を乗り越えていくための動機づけや自信、能力を含んだ第4因子「困難を乗り越える力」(4.03)の二つの因子の平均値の差は0.01とほぼ同値である。市町村の特徴として、安全に関わる要素よりも家族内もしくは援助者と家族の関係性のほうが、家族維持にとっては僅差ではあるが、より必要であると感じていることがわかった。また、児相同様に家族自身の力や能力に関しては他の要素に比べ、あまり重視されていないことがわかった。

第4節　考察──リサーチクエスチョンⅠを踏まえて

本節では、市町村対象に行った質問紙調査2の結果を考察すると同時に前章で述べた児相対象の質問紙1の調査結果も踏まえて、日本の虐待ケースに対する在宅支援全体において、リサーチクエスチョンⅠ「『家族維持』という視点において、現在の日本の児童虐待ケースに対する在宅支援は何がどこまでできていて、何が足りないのか？　また、日本で行われている「家族維持」を目的とした援助にはどのような要素が実際は影響を与えているのだろうか？」を明らかにすることを目的に考察したい。

1. 市町村における児童虐待ケースに対する在宅支援において、「家族維持」のための援助がどのくらい実施されているか？

1）どのような家族維持のための援助がどれくらい実施されているか？

　実施度の項目別ランキング結果で、上位25％には、児相での結果と同様に、「関係機関との協議・連携・情報収集」を示す項目が多く占めた。児相の上位25％と比べた場合、手続き上市町村に帰属するサービス（保育・学童サービス、民生委員への協力要請）、安全と家族維持のバランスや家族の長所をいかした援助展開などのエンパワメントの視点、またタイミングをいかして必要なサービスにつなぐことなどが、児相の上位25％にはないが、市町村の上位25％に見られた項目であった。家族の近くで日常的に援助活動を行う市町村の特性をいかした援助が展開されている様子がよくわかる。

　下位25％においては、市町村・児相ともにほぼ同じ項目が占めており、重複する15項目については、市町村・児相ともに、あまり実施されていないと考えることができる。これらの15項目のほとんどが住宅・就職・医療、家計の管理などの具体的な生活援助に関する項目であった。また、本質問紙調査におけるすべての援助項目はFGI調査及び文献研究より抽出した「家族維持を目的とした援助」に必要な援助項目ばかりであるはずだが、日本の在宅支援の特徴として「具体的な生活援助」については家族維持を目的とした援助として提供されていないことがわかる。

　探索的因子分析では「子育てに関するサービス」「医療に関するサービス」など衣食住、経済などの具体的な生活援助の他に具体的援助内容を含む因子が独立して抽出された。児相における実施度の因子構造と比較をしてみると、「関係機関との連携」「援助者の姿勢」「具体的な生活援助」などに関する項目は共通してあり、実施度の因子別平均値の比較においても、「関係機関との連携」「援助者の姿勢」を表す因子の平均値は高かった。児相と同様、市町村においても関係機関との連携を通して、援助が行われていることが明らかになった。

　具体的な援助に関する因子については、保育サービスなどを含んだ「子

育てに対するサービス」は比較的実施度が高かった。医療機関との連携や家族が医療サービスを受ける際の援助などの「医療に関するサービス」のほうが、衣食住、経済的な援助を含む「具体的な生活援助」の因子よりも実施度は若干高いが、他の4因子からは点数差があり低かった。「具体的な生活援助」の低さについては前述したとおりである。

2) 重要だと思われているのに実施されていない援助は何か？

　重要だと思われているのに実施できていない項目に注目するため、各項目の重要度平均値から実施度平均値を引いた差のランキングの結果に注目した。重要度が上位25％にある上に、差のランキングも上位25％であるもの、つまり他の項目に比べ重要だと思われている割に実施度との差が大きい項目は、終結後のフォローアップ、家族と資源をつなげる全体的な援助計画の作成、子どもに対するリスクアセスメント、ニーズアセスメント（重要度は上位25％ではないが0.02僅差）に関する項目だった。

　重要度は上位25％には入っていないが、差のランキングで上位25％に入っているのは、家族のスキル開発に関する項目、関係機関との連携に関する項目、具体的な生活援助に関する項目（例：「保護者の入院通院中の保育ケア」「家計管理への援助」「求職への援助」）であった。

　児相と市町村で共通して重要度と実施度の差のランキングが上位25％に入っていた項目は9項目ある（表8-6）。これらの項目は児相においても市町村においても重要だと感じられているほどには実施がされていない項目と考えられる。スキル開発に関する項目（例：「ペアレントトレーニングへの送致」「新しいスキルを試す機会を提供」「リスクに気づく術と対応を教える」）、フォローアップと援助計画の作成、具体的生活援助（例：「家計管理への援助」「求職の準備に対する援助」「他の親との交流」「親の通院中・入院中の保育ケア」）であった。援助計画の作成やフォローアップについては、ケースワークの重要な過程であるだけに、実施度を上げる必要がある。またスキル開発に関する項目も、家族自身の力を高める上で必要であるが、児相・市町村ともに実施度もあまり高くない。

　重要度と実施度の差が児相の上位25％には入っておらず、市町村の上

位25％のみに見られる項目は全部で7項目あった。中でも定期的な援助効果の評価は客観的指標がなく難しいようである。また、「家族とともに目標を設定する」「家庭訪問を行い、在宅で暮らしていくためには、家族が何を必要としているかアセスメントする」「見本となる大人の姿を援助者が子どもに見せる」などは、家族に直接接する機会が多い市町村が得意とすべき項目だと考えられるが、実際には、重要度と実施度の差が大きい項目としてあげられている。重要だと思っているのに、それほど実施ができていない原因を探り、それを解決する必要がある。

2. 市町村における在宅支援ケースに対する援助者は「家族維持」の各援助をどのくらい重要だと思っているか？

重要度の上位25％は、リスクに関する項目、家族との関係作りや援助者としての態度に関する項目、関係機関との連携に関する項目が占めていた。下位25％には実施度と同様、衣食住、就職、医療、保育ケア、他の親との交流などの具体的な援助に関しての項目が集まっていた。児相の上位25％では見られず、市町村のみで重要度上位25％に見られた項目は、フォローアップ、チームアプローチ、継続したリスクアセスメント、援助計画作成に関わる項目であり、多機関で継続的な関わりを行う市町村の援助形態を反映したものであった。同じく、下位25％に関して、市町村独自で重要度が低い項目はペアレントトレーニングへの送致、援助の終結に関する項目であった。市町村の場合、家族はいったん要保護ケースから外れたとしても住民としてサービスを受け続ける立場となるので終結はない、という考え方が主流のようである。ペアレントトレーニングについては、児相が行うものという意識があるのかもしれない。最近では市町村で（摂津市, 2005; 白山, 2007; 茅ヶ崎市, 2010）トリプルPやコモンセンスペアレンティングなどの行動療法を基盤とした養育スキル開発を目的とした海外からのパッケージプログラムも実施されているが、まだまだ先駆的な市町村に限定されている。

重要度の探索的因子分析により抽出された因子は四つであり、実施度よりもその因子構造は簡素であるといえる。最も興味深かったのは、「医療

機関との連携」に関する因子が抽出されたことであった。市町村にとって、関係機関の中でも医療機関は特別に感じられているようである。また、「ソーシャルワークの基本的態度」と名付けた第1因子には、かなり幅広く対人援助に関わる項目が含まれていた。しかし何が重要かとなると、実施している援助ほどに詳細には分別されていないようである。重要度の因子別平均値が高い因子は、「関係機関との協力体制」「ソーシャルワークの基本的態度」であり、実施度の因子別平均値と類似した結果となった。また、重要度においても、衣食住経済等への援助を含む「生活のための具体的な援助」は他の因子別の平均値に比べて大変低い数値となっており、市町村においてもこれらの援助については重要であるとは考えられていないことが明らかになった。これについては前述したとおり、児相・市町村ともに生活に即した援助が十分提供できていないし、その重要性に気づいていないことが如実に表れた結果となった。

3. 市町村における在宅支援ケースに対する援助者は「家族維持」の援助に対して何を障害だと感じているか？

市町村が家族維持を目的とした援助を行う際に障害となる要素については、項目別の平均値ランキングにおいても因子別の平均値においても、専門的な援助に関する技能の不足を強く障害だと感じていることがわかった。先に述べたように、市町村における専門職の配置は、また十分でない。実際、本調査の回答者においても、第1部・第2部ともに26〜28%の回答者が何の資格も有していなかった。またスーパービジョンのシステムについても十分でなく、人事異動についても常勤事務職であれば平均3年での異動が一般的である。またケース数は多いと感じていなくても、他の児童福祉業務との兼務の場合が多く、人員不足を慢性的に感じていることが結果によりわかった。在宅支援の中心的役割に市町村を据えるのであれば、それなりに人員の増員（専従職員の確保）と専門技能獲得のための画策が必要である。そのためには児相からの後方支援も必要であり、一部で行われている児童福祉司の出向によるスーパービジョン制度などの画期的な方法をより積極的に取り入れる必要があるだろう。また公務員の人事システム

についても、経験と知識を培えるような体制の必要性が強く求められる。民間委託やアウトソーシングという方法も可能性のある解決策として考えるべきであろう。また、市町村での在宅支援で求められる「専門性」は何かをとらえた上で、在宅支援の目的をしっかりと定着させ、それに必要な「専門性」を身に着けるための研修制度の整備も必要である。

4. 市町村における在宅支援ケースに対する援助者は「家族維持」のためには何が必要だと感じているか？

　市町村が「家族維持」のために必要だと感じている要素としては、児相と同様、衣食住、子どもの精神的安心感、保護者の最低限度の養育能力などの「最低限度の養育条件」と「リスクコントロール」に関する項目がランキングで上位に見られた。「最低限度の養育条件」には物質的条件や養育スキルなどの項目が含まれるが、それに対する援助であるべき生活の具体的援助やスキル開発に関する援助は、児相と同様に、実施度・重要度ともに低く、物理的な条件や養育スキルを必要要素として求める結果とは矛盾した結果となっている。市町村の結果が児相と異なったのは、家族の中の保護者の役割や秩序、助け合いの関係、また援助者と家族との関係性などの「家族の関係性」を家族維持のために必要な要素として高く評価している点である。家族に近い存在の市町村が「関係性」を重視している点は大変興味深い。援助者と家族の関係については、長期間、足を運び寄り添うことによって保護者との関係性を育んでいく、家庭相談員をはじめとした市町村援助者の「足で信頼を稼ぐ」スタンス（畠山, 2010）が表象された結果となった。

　一方、家族自身が持つ力については、児相同様、あまり必要性を感じていないようである。しかし家族を地域で維持していくためには、特に市町村は、そこで生活が続く家族のこれからのよりよい生活を目指した援助（ウェルビーイングやQOLに視点をおいた援助）も行っていくべきであり、家族自身の力を促進させることを援助の目的とするべきである。自助能力やレジリエンシーなど、家族自身が自分たちでよりよい生活を育んでいけるように、家族が困難を乗り越えられるための力に援助者が視点を向け、その

促進のための援助を行う必要があると考える。

5. 市町村における在宅支援においてどのような援助が実際にはどのような主体により提供されているか？

　援助の主体については、市町村の場合、複数の関係機関が連携しながら協働して援助を行う体系となっているために、市町村の在宅支援の実態を把握するためには、それぞれの関係機関がどのような援助を行っているかを分析することは意義があると考え、それぞれの主体別に項目を分析した。

　家族維持の目的で、市町村での在宅支援において幅広い援助を行っているのは、保健センター、家庭児童相談室、市町村（児童相談窓口）、児童相談所の4機関であるが、援助に関する文書の記録についてもこれらの4機関が行っているという回答が多かった。情報を関係機関から集約し、全体を記録するという意味では、家児相、市町村（児童相談窓口）が要保護児童対策地域協議会の事務局として、とりまとめて記録する役割を担うことも多いと考えられる。児童相談所については、児相特有の役割として虐待の告知、一時保護等を用いた危機介入やリスクアセスメント、虐待の原因に対する内省など、虐待という問題に切り込む際の職権を使った介入を期待しているようであった。保健センターは、母子保健との絡みもあり、所属機関を持たない乳幼児ケースや出産前後に支援が必要な特定妊婦に対する援助にとって大変重要な機関であるといえる。また、定期的な家族に対する接触や家庭訪問が職種上、自然に行える立場であり、保護者の子どもに対する視点への働きかけや生活養育技術などの家族が持つスキルに対する働きかけも、家庭という生活の場において展開できるという強みを持つ。また医療機関への紹介も専門的観点から行うことができる。実際には、紹介だけにとどまらない医療機関との連携による働き（通院への同伴、医療機関での保護者への説明への配慮等）も期待されている。

　その他の関係機関については、もともとの虐待のリスクが起因する分野によって援助の主体が変わる。例えば、子どもにある知的・身体障がいにリスクが起因する場合は、障害児地域療育等支援事業により、家庭訪問や医療機関の紹介などのサービスを受けることができるし、発達障がいがあ

る場合は、発達障害者支援センターから発達障がいがある子どもの理解と対応、通院への同伴、医療機関での説明などの配慮などのサービスを受けることができる。ひとり親世帯である場合には、母子・父子自立支援員による求職に対する援助、住居探し、家事・育児支援サービスへの送致などのサービスを受けることができる。しかしながら、これらの機関・事業などのサービス受給対象に該当しない場合は、具体的な生活援助においては提供が難しくなる。現時点でのサービス制度の縦割りが、特に具体的生活援助の実施度が低い原因となっているのかもしれない。保護者の通院・入院時の保育ケア、子どもの送迎サービスなどにおいては、ファミリーサポートセンターがサービス提供の主体となっているものの、有料サービスであることがサービス受給の制限となってしまっている現実もある。民生児童委員が地域において柔軟な活動ができる援助者として、これらの具体的生活援助を請け負っている場合もある。

　市町村は、多様なサービスを資源として持つ多くの関係機関が存在するが、サービス行政の縦割りが存在することは否めない事実である。その縦割りのはざまを埋めるために、それぞれの援助者が時には自分の本来の職務を超えて、自発的に援助を提供していることも少なくない。例えば、学校や保育所が必要な子どものために衣服や学用品の確保や提供を行ったり、送迎を行ったりするケースもある。一方で、特に家計の管理、求職、住居探しに関する援助などは、障がい・母子・生活保護受給対象に該当しない限り、サービスが受給しづらい。これらのサービス提供の限界について、子どもを持つ家族が制限されることなく必要時に必要なサービスを利用できるようなサービス提供体制を整えることが、包括的な家族維持を目的とした援助の実施につながるのではないかと考える。また、直接提供しなくても援助に送致することやサービス受給申請のための援助や代弁を行うこともソーシャルワークとしては大切であるが、それもできていないようだった。

6. 全体としての考察

　児相よりも中心的な役割となる援助者が見えづらい援助体制を持つ市町

村であるが、実際に中心的な役割を行っている機関（地域協議会におけるケースごとの主担当機関、もしくは事務局）は、保健センター、家庭児童相談室、市町村児童相談窓口（児童福祉主管課）であるようである。援助の実施に関しては日常的に直接的な関わりを持つことができる市町村ならではの、家族との関係性を大切にした援助が行われていた。また、複数の関係機関との連携による援助展開がされている点も市町村の特性であるといえるだろう。

　具体的生活援助に関しては、子育てに関するサービスと医療に関するサービスに関しては実施度においては、衣食住経済などの他の具体的生活援助とは別に独立した構成要素として因子が抽出された。子育てに関するサービスは他の具体的生活援助に比べ実施度は高かった。保育や子育て支援サービスなどの、子育てに関するサービスメニューをたくさん持っていることは市町村にとって大きな強みであるといえる。医療に関するサービスについては、障がい児・者分野及び保健分野が市町村に移譲されているため、市町村がサービス提供主体となっていることも、独立した因子が抽出された理由であろう。しかし、衣食住や経済、就職に関する他の具体的なサービス援助に関しては児相と同様、重要度も実施度も低い。市町村が重要だとは思っておらず、実施もあまりしていないのであれば、いったい誰が家族のニーズに対応しているのだろうか？　具体的生活援助の提供に関しては、市町村の縦割りのサービス提供体制も影響している。子どもを持つ家庭というだけでは、具体的生活援助の対象にはならないことが多い。一時的な危機的状況に対応できる、幅広い子育て家庭に対する具体的サービス提供システムの構築が必要である。また、機関同士の権限やサービスの条件のはざまとなってしまい必要なのに提供できないサービスもある。保育所の送迎、通院への同伴、親の通院・入院時の保育サービス等はこれにあたる。これらのサービスについてもそのはざまを埋めるような、個人の善意や努力のみで終わらせない柔軟なサービス提供体制作りが市町村では必要となってくるであろう。また、虐待と貧困との関係性が顕著となりつつある今、具体的援助の重要性についてさらに、市町村援助者には認識してもらいたい。

また、家族にとって身近な存在であるため、より家族に寄り添った援助を展開することが可能であるはずだが、「家族とともに目標を設定する」や「ニーズアセスメント」に関しては重要性に気づいていながらも、実施度との間に差がある援助としてあがっていた。必要要素に関しても、家族の関係性（家族内の関係性、援助者との関係性）を重要とおきながらも、家族自身の変化への動機づけ、コンピテンスに関しては、児相同様にあまり必要ではないと感じていた。身近でありながらも、「家族維持」「虐待の再発予防」等の目的をはっきりと家族と共有できていないまま、家族自身の当事者参加がないまま、援助を展開している市町村の苦しい状況が図り知れるような結果となったと思う。

　これらの結果を児相の結果と併せ、日本の児童虐待在宅支援に対する家族維持を目的とした援助について全体的な考察を行いたい。

第9章

日本における在宅支援の現状把握

　本章は在宅支援担当児童福祉司に対する質問紙調査1、及び全国市町村の在宅支援実践者に対する質問紙調査2の調査結果を用いて、リサーチクエスチョン1「『家族維持』という視点において、現在の日本の児童虐待ケースに対する在宅支援は何がどこまでできていて、何が足りないのか?
　また、日本で行われている『家族維持』を目的とした援助にはどのような要素が実際は影響を与えているのだろうか?」に応える形で全体的な考察を行い、次の6点にまとめた。

1. 具体的な生活援助に対する考え方

　本調査の結果により、市町村においても児相においても、衣食住、経済的基盤を主とした具体的生活援助はあまり重要だと思われていないし、実施もされていないことが明らかになった。児童相談所は市町村の役割であるとし、市町村は縦割り行政の中でそれぞれの対象となる機関（障害分野、ひとり親家庭分野、生活保護、ハローワーク等）にその援助を任せている。しかし、家族維持のために必要な要素においては、児相、市町村ともに養育に必要な最低限度の生活基準を強く求めている。家族が家族として維持されていくために必要なニーズを満たすのが援助の役目であるはずなのに、それに対する援助の重要性については、あまり重要だとは感じられていないし、実施もされていない。最低限度の養育基準の必要性を高く評価しておきながら、その部分の援助ができていない、またはその重要性を感じていないのは大きな矛盾であると指摘せざるを得ない。

　その理由としては、これらの具体生活援助の提供が、縦割り行政の中に組み込まれており、子どもがいる家庭というだけでは、サービスの対象にならない場合が多々あることが考えられる。児童相談所は具体的なサービ

スのメニューを持ってはいないし、市町村の福祉施策も縦割りであり、家庭児童相談室や児童福祉主管課がこれらのサービス提供をすべてできるわけではない。しかし、実際にサービス提供ができる機関につなぐ役割やそのニーズを代弁する役割を果たすことができるはずである。筆者が市町村援助者に行ったインタビュー調査（畠山, 2010）でも、実際には、家庭相談員や民生児童委員や学校教諭などが保育所への送迎や、衣服や学用品の寄付の提供など、はざまを埋めるために個人の善意で、本来の職務を越えて、援助を行っている場合があることが明らかとなっている。

　Family Preservationプログラムの原型であるHomebuildersプログラムでは、多くの生活上の具体的な援助が直接ワーカーにより家族に提供されている（Kinney et al., 1991）。最も提供した時間数が多い具体的サービスは「家族に交通手段を提供する（多くの場合は目的地までの車での送迎）」であり、次に多い順に、「求職のための援助」「娯楽活動の提供」「交通手段獲得のための援助」「家事（掃除）をクライエントとともに行う」であった（p.107）。これらの基本的ニーズが担当するワーカー（Homebuildersプログラムの場合は、カウンセラーと呼ぶ）から直接、提供されることにより、「実際にワーカーが自分のために何かをしてくれる」ということを実感し、ワーカーの提案に耳を傾け、自分のことも話し始めるようになるのである（Kinney et al., 1991）。

　直接的な援助ができる、家族により身近であるという理由で在宅支援が市町村の役割へと完全に委譲されたのであれば、市町村の援助の中心となる機関（地域協議会の事務局となる児童福祉主管課または家庭児童相談室）がこれらの具体的サービスを直接提供できるような、またはサービス提供窓口につなげる・具体的サービス利用を可能にするため代弁できるようなシステムが必要である。

　Homebuildersサービスのように、援助者が直接援助することに関わるのであれば、柔軟に対応できるだけの職域の拡張と時間的余裕が必要であろうし、他のサービス提供機関につなぐのであれば、広く子育て家庭が利用できるような、対象を限定しないサービス供給が必要だと考える。援助者個人の配慮や判断で、ハローワークに同伴したり、一緒に掃除を手伝っ

たりするのではなく、「家族維持」という目的を持って、実践モデルとして、養育に必要な生活上の援助が組み込まれているべきである。

衣食住、安全などの生活上の基本的ニーズは、人間にとっての最も必要なニーズであり、それが満たされていなければ、人間としてより高次の可能性や創造性に向かっていくことはできない（Maslow, 1954）。実際に、具体的支援、特に「経済的支援提供」と「家族と援助者の信頼関係」の間には正の相関が見られることが実証的研究により明らかにされている（Wells & Fuller, 2000）。また、具体的支援の提供が措置の予防に対して効果があることも実証されている（Wells & Fuller, 2000）。

まずは、人間としての基本的欲求をきちんと保障できる在宅支援が必要であり、そのために対象を限定しない門戸の広いサービス提供システムと具体的生活援助を戦略的に用いた援助活動が日本の児童虐待ケースに対する在宅支援に必要であると考えられる。

2. 家族自身の能力に対する評価とそれに対する援助

児童虐待（ネグレクト）が認められた、または疑いがあった家族が「家族維持」していくためには、家族が自らのリスクをコントロールできるためのスキルが必要である。また、いわゆるネグレクト家庭では、ハード面の支援だけではなく、実際の養育スキル及び生活上のスキルの向上を目的とした支援が提供されなくては、いつまでたっても状態が改善しない。在宅支援ケースの多くがネグレクトケースである事実を前に、これらのスキル向上に対する援助は児相・市町村ともに重要であると認識はされているものの、重要だと思われているほどには実施できていない。特に、市町村においては、その実施度は低い。

生活スキルに関しても実際、定期的に家庭訪問を行い、生活の環境である家庭で家事や養育を一緒に行うことができる職種は、ヘルパーや保健師に限られてしまう。市町村の中には、ネグレクト家庭の小学校高学年以上の子どもを対象にしたグループワークを行い、調理や掃除等の生活技術を子どもが学べる場を提供しているところもあるが、全国的に見ると少数であり、ボランティアや家庭相談員が週末に開催しているため、なかなか定

期的に行うことは難しい現状がある（畠山, 2010）。また養育支援訪問事業の下での家事支援に関しても、市町村によってうまく資源として活用できている市町村と活用しきれていない市町村とがある（畠山, 2010）。

最終的には家族自身がフォーマル・インフォーマルな資源を利用しながら、自らのリスクも理解し、リスクに対する対応を身に付けた上で、子どもにとって家庭が安全な環境となることを目的として援助すべきはずなのだが、実際には家族のそのような自助能力やリスク対応能力、資源活用力などについては、児相・市町村とも「家族維持」のために必要な要素としては高く評価していない。また、家族自身の変化に対する動機づけや、自主性、自信などもあまり必要だと感じていない。動機づけや自主性、自信への期待の低さに関しては、在宅支援自体に家族の当事者参加がほとんどされていない現状があるからかもしれない。市町村の援助者にとって当事者参加は必要性やその利点も感じてはいるが、地域協議会でのケース検討会議メンバーに様々な立場の支援者がいるという点で「支援者自身が悪者になるのをおそれ」たり、「支援者間で信頼がなく」「支援者自身が家族のことを信頼できていない」という真の理由があるようである（畠山, 2010）。ある市町村援助者は「要保護対策地域協議会自体が、要保護ケースの個人情報を親の承諾なく関係機関内で共有することを法的に可能とするために設置されており、家族の当事者参加を根本から想定していない」という意見を述べていた（畠山, 2011）。

家族自体が変わるためには、家族自身が行っている（いた）行為は虐待であると認識し、実際に自分たちは家族としてやっていこうという動機と自信を持ちながら、変化のプロセスに参加していくことが必要である。家族自身のコンピテンスを信じ、家族自身の意思決定を尊重することこそ、本論文の第2章第2節で述べた「Family Centered Practice（FCP）」のコンピテンス視点そのものである。また、人間が生涯、発達し続けていくという発達的視点もFCPの概念的枠組みの一つであった（Pecora et al., 1990）。これらの二つの重要な視点は、日本での家族維持実践においても必ず組み込むべき視点である。

在宅ケースにおける家族維持は、家族再統合とは違い、「子どもの家庭

復帰」という保護者にとって目標となるわかりやすい動機づけはない。ゆえに、家族自身が「変わりたい」という動機づけがないと難しいだろうし、その変化の方向性は家族自らが決めるべきであろう。始めは難しくても、最終的に、家族が子どもの安全と家族全体のウェルビーイングのために、家族自らで変化を起こすことができるように導いていくこと自体が、家族維持のための援助であると考える。そのためには、今一度、中心となる援助者は、家族自身が援助のプロセスに参加し、自らで変化を作り上げていくことの重要性を理解すべきである。

3. 複数の援助者の中で誰が援助の中心なのかわからない在宅支援

関係機関との連携による援助が日本の在宅支援の基盤となっている。児童相談所が担当するケースでも情報収集や、実際の家族に対する日々の対応などは関係機関を通して行っている場合が多い。また、市町村においても要保護児童対策地域協議会を通して、家庭児童相談室や市町村児童相談窓口、保健センターなどが中心となり、援助に関する文書の記録や家族との定期的な接触等を行っているが、実際の家族の全体的な様子などは、家族との接触が多い機関や子どもの所属機関から情報を収集することで把握することが多い。ケースマネージメントシステムが高齢者領域や障がい領域に比べ、発達していないこと、当事者である家族の自覚がないままにケースとして支援に乗せられていることから、援助の中心人物が見えないまま、援助目標や援助計画の全体が見えないまま、援助が展開されていることが多いのも日本の児童虐待ケースに対する在宅支援の特徴であるといえる。家族の全体像がつかめぬままリスク以外のアセスメントも行えず、援助計画作成や援助効果の評価もその重要度の高さに関わらず、実施できていない状況も今回の調査により明らかになった。市町村での在宅支援は、一般の子育て支援との明確な区別のないまま、終結のないまま継続していく。始めと終わりが見えない中で、中心となる援助者の見えないままの援助展開ではなく、家族の参加とニーズアセスメントの徹底、ケースマネージメントシステムの確立が市町村での在宅支援に必要であると考える。

4. 児相・市町村の援助者とも援助者としての姿勢については実践している

　児相、市町村とも「家族の長所をいかして援助する」「家族がすべきことまで援助者がしない」「忍耐強く対応する」などの援助者としての基本的姿勢については実施度が高かった。児相も市町村も家族に対する援助に際して、援助者が持つべき基本的態度については、きちんと理解し、実施していることがわかる。それらを具体化させるための援助手続きとそれを補綴（ほてい）する環境の整備が必要である。そのためにはしっかりした理念、援助者としての「正当な努力」に基づいた上での「家族維持」の実践モデルの構築が日本の児童福祉施策には必要である。

5. 家族維持の障害となる人的資源と専門性の不足

　現在、在宅支援を行う上で、家族維持を目的とした援助の障害となっているのは、人的資源と専門性の不足である。児相では平成22年度で平成11年度の2倍に児童福祉司が増員され児童相談所の数も207ヶ所（平成24年4月時）に増え、以降も18歳人口の減少にかかわらず増員はされており、同時に児童虐待相談対応件数も増え続けているが、人的資源不足は改善しない状態が続いている（厚生労働省, 2012b; 2013a）。市町村においても要保護児童対策地域協議会の調整機関担当職員数は5,223人（前年度より285名増）、そのうち、一定の専門資格を有する者は2,812名（224名増）となっている。児童相談窓口全体でも前年度比で368名（2011年度）増員はされているものの、児相ケースと同じく全体の相談件数が増加し（77,550件増）、中でも虐待ケースは全体のうち69,221件を占めており、年々増加しているため十分な人員配置とは言い難い（厚生労働省, 2012a; 厚生労働省児童家庭局総務課, 2010）。また地方財政の緊迫化において、残業時間の削減を命じられる自治体も多く、担当課職員は大変疲弊している現状がある。

　特に市町村では専門性の不足を家族維持に対する障害として感じていた。要保護児童対策地域協議会の調整機関に従事する者の半数程度（55.9％）が一定の専門資格を持っているにすぎず、児童福祉司と同様の資格であれば20.3％しか持っていない。スーパービジョンの制度も整っているとはいえ

ず、児童相談ケースに対して外部からの助言を受けている市町村は25.6％にすぎず、児相からの助言や情報提供以上の後方支援が活発に行われているとは言い難い状況である（厚生労働省，2011a）。

　援助者側にもう少し時間に余裕があれば、一つひとつの家族にもっと丁寧に接することもできるし、児童福祉司や相談員自らが定期的に家庭を訪問し、家族とともに生活技術や社会的スキルの開発などのスキルトレーニングを行うことも可能だろう。また、専門的な技術とその自信があれば、外部のプログラムに頼らずとも、ペアレントトレーニング等の養育スキルに関するトレーニングも、直接、個別に実施することができる。

　また、「専門性確保」と一言でいっても現行の公務員制度の人事システムの中での「専門性確保」については様々な困難があることは、才村ら（2011）の調査で明らかになっている。人事異動のスパンが全国的に3〜5年ごとであり、経験が蓄積できない状況になっていること、福祉ポストに対する昇進システムが整備されていないこと、人事当局の理解が得られないこと、バーンアウトの問題などである。この才村らの調査は全国児童相談所主管課及び児童相談所を対象としたものであるが、地方自治体の人事システムの中での専門性確保を困難にする要因として多くの市町村でも同じことがいえるだろう。

　虐待ケース対応、さらには家族維持を目的とした援助の展開に関しては、現任での訓練、経験の蓄積、経験豊富なスーパーバイザーからの密なスーパービジョンが必要である。現行の地方自治体の人事システムの中で補えない部分については、民間委託やアウトソーシングも考慮に入れてもよいだろう。しかしながら、実際に民間委託やアウトソーシングに対して質のよいサービスの提供を期待する際には、提供者の選抜と定期的なサービス評価、監査のシステムが必要となってくる（小林，2004）。

　評価のためには基準が必要であり、実際にアメリカでは委託事業者の監査の際に、委託ケースに対する「パーマネンシー」「子どもの安全」「ウェルビーイング」が評価の指標として使われている。結局はやはりサービス提供の目的や理念が明確でないとこれらの評価を行うことはできない。

　今一度、在宅支援という現場での家族維持の価値とそこに求められる専

門性、そしてその専門性を担保する条件（採用形態なのか？　教育的バックグラウンドなのか？　資格なのか？）を明らかにしつつ、地方自治体内部での人事システムの整備、及びその専門性の蓄積と内在化を目的とした研修制度の徹底と民間委託などの外部からの専門性確保の両方の方向性において、その具体化に向けての議論を行う必要があるだろう。

6. リスク主体の援助展開

　最後に、やはり日本の児童虐待対応施策が虐待という事象をとりまくリスク中心に展開しており、在宅支援も例に漏れず、リスク主導で動いてしまっている。特に児童相談所が行う在宅支援については、リスクに関する援助の実施度が高く、自らの役割もそう認識している。市町村においても、児相にひっぱられて、家族のリスクしか見えなくなってしまい、地域に住んでいる家族を支えていくという視点が弱くなってしまう部分がある。今一度、特に市町村においては、家族維持を目的として、家族全体のウェルビーイングやQOLを主体としながら、家族に何が必要かを考え、情報を収集し、アセスメントをしていく必要がある。リスクを取り除くことやリスクを見張ることに終始してしまうのではなく、リスクがあってもうまくやり過ごせるような強さや耐性を家族が持てるように、それらをうまく引き出し培うような援助こそが家族維持に不可欠な援助だと考える。

　以上の6点についてリサーチクエスチョンⅠに呼応する形で、質問紙で得た結果をもとにまとめた。次に「正当な努力」に関するリサーチクエスチョンⅡについての仮説の検証と分析を次章にて行うこととする。

第10章
日本における援助者が行うべき「Reasonable Efforts」についての仮説検証

第1節 「正当な努力 (Reasonable Efforts)」に対する仮説

　本章においては、先に設定した日本における援助者が行うべき「Reasonable Efforts」(RE) についてのリサーチクエスチョンⅡに対する仮説を検証することを目的とする。REの概念の操作的定義として、第5章で述べたとおり「親子分離に対する意見（価値）」「措置前の家族維持に対する尽力の主観的評価」「実際の家族維持を目的とした援助の量（実施度の合計）」の三つの変数を観測変数として用い、変数間の関係を検証することでその「正当性」が証明できると仮定し、仮説1から仮説6を設定した。

　REに関するリサーチクエスチョンⅡは「日本における児童虐待在宅ケースに関わる援助者は援助者として行うべき家族維持に対する正当な努力の概念を持っているのか？　REは在宅支援の現場の中でどのように体現されているのか？」である。

　　仮説1. 援助者はすべてのケースに対して、措置前に家族維持のための援助をできる限り行ったと感じている。
　　仮説2. 援助者は「親子分離は最終手段でありなるべく避けるべきである」と考えている。
　　仮説3. 措置前に家族維持の尽力をしたと感じる援助者ほど、在宅支援ケースに対しても、家族維持を目的とした援助を多く実施している。
　　仮説4. 親子分離に対する意見は、措置前に行った家族維持の尽力度

と関係している。つまり、親子分離は最後の手段と考えるグループのほうが尽力度は高く、親子分離は対応の一方法と考えるグループのほうが尽力度は低い。

仮説5. 親子分離に対する意見は現在行っている在宅支援に対する家族維持の実践に影響を与えている。つまり、親子分離は最後の手段と考えるグループのほうが、親子分離を対応の一方法と考えるグループよりも家族維持のための援助実施量の平均値が高い。

仮説6. 親子分離に対する意見は回答者の属性に関係している。

第2節　Reasonable Effortsに対する仮説の検証

> 仮説1. 援助者はすべてのケースに対して、措置前に家族維持のための援助をできる限り行ったと感じている。

本仮説については、「調査実施年度の長期措置ケースに対して子どもの措置を避けるための援助をどの程度行ったか」という質問に対して「1. まったく行わなかった」から「5. できる限り行った」の5件法のライカートスケールによる回答の結果を用いて検討する。

児相

最も回答が多かったのは、「4」の回答であり有効回答のうち33.9％、次に回答が多かったのは「3」の回答であり30.9％であった。平均値は3.76、標準偏差は1.004という結果となった。全体として、「3〜4」の回答に偏る形の分布であった。

市町村

最も回答が多かったのは、「5. できる限り行った」であり有効回答数の35.6％を占めた。次に回答が多かったのは「4」の回答であり、31.9％で

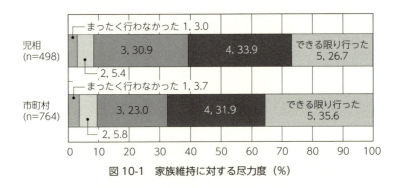

図 10-1　家族維持に対する尽力度（%）

あった。平均値は 3.90、標準偏差は 1.067 という回答となった。全体としては「4 〜 5」の回答に偏る形の分布であった。

考察

　児相と市町村の「入所ケースに対する措置前の家族維持の尽力度」を比較してみると、市町村のほうが児相に比べて、最高値である「5. できる限り行った」を選んだ回答者が多く（8.9 ポイント差）、対して中庸である「3」の回答を選んだ回答者は児相のほうが市町村に比べ 7.9 ポイント多いという結果になった。全体的には 4 及び 5 の回答を選んだ回答者の割合は児相 60.6％、市町村 67.5％と、児相・市町村とも高い評価をしている回答者が多いものの、市町村の回答のほうが、最高値の「5」に偏るような傾向が見られた。この結果は、児相・市町村ともに、「措置前になるべく子どもを在宅にとどめ措置を防ごう」という試みをしていると高く自己評価するものの、児相においては最高値である「5」を選んでいる回答者は市町村よりも少ないことを示している。一方、市町村が反対に「3」よりも高い数値を選ぶ傾向が児相より強いのは、在宅支援を中心となって行っており、「できるだけのことをやった」といえるケースが実際に多いからかもしれない。しかしながら、本質問に回答しなかった無回答者数が児相では 30 人だったのに対し、市町村では 201 人と多いため、回答者にはバイアスがあることも留意しておかなくてはならない。以上のことを踏まえながらも、本仮説に対しては、概して、児相・市町村ともに比較的高い割合で

援助者は措置前に家族維持の尽力をしたと主観的に評価しているといえる。

> 仮説 2．援助者は「親子分離は最終手段でありなるべく避けるべきである」と考えている。

本仮説については回答者自身の「長期の親子分離に対する意見」を「1. 親子分離は最後の手段であり、なるべく避けるべきである」（以下、親子分離慎重派）と「2. 親子分離は対応の一方法として積極的に行うべきである」（以下、親子分離積極派）の2択より回答してもらった結果を検討した。

児相

児相においては全体の回答者の95.6％である505名が回答し、うち30.69％（155名）が「親子分離は対応の一方法として積極的に行うべきである」と回答し、69.31％（350名）が「親子分離は最後の手段であり、なるべく避けるべきである」と回答した。全体の約7割近くの回答者が親子分離を最後の手段と考えなるべく避けると考えており、家族維持に対する価値を保持していると考えてよい結果となった。

市町村

市町村においても児相と同じ文言で同じ質問を行った。全体の92.1％である889名が回答し、うち32.51％（289名）が「親子分離は対応の一方法として積極的に行うべきである」と回答し、67.49％（600名）が「親子分離は最後の手段であり、なるべく避けるべきである」と回答した。児相に比べ、親子分離積極派が約2％多く見られるものの、全体の約7割の回答者は「親子分離は最後の手段であり、なるべく避けるべきである」と回答しており、児相と同様に7割近くの援助者が家族維持に対する価値観を保持している傾向が確認された。

考察

ここで用いた親子分離に対する意見を問う質問は、高橋・中谷・加藤・

澁谷・伊藤・友川ら（2002）の全国児童福祉司に対する質問紙調査において使われたものとほぼ同じ質問形式を用いた。この高橋らの調査での結果では、全体の回答者の95.9%（832人）中、「親子分離は最後の手段でありなるべく避けるべきである」と回答した者が45.4%（378人）、「親子分離は対応の一方法として積極的に行うべきである」と回答した者が50.5%（420人）とわずかながら親子分離積極派が慎重派を上回る結果となっており、児童福祉司を対象とした本調査で得られた結果とは異なるものとなっている。違いとしては、本調査では対象を「児童虐待在宅支援ケース担当（いない場合は児童虐待在宅支援ケースに関わっている児童福祉司の方々）」と指定したことと、高橋らの調査から4年を経ていることくらいで、回答者の属性等にはあまり違いがない（唯一、社会福祉士資格の取得者が本調査では約3%多い）ため、在宅支援に関わっている児童福祉司は、家族維持に対する価値観が高まる傾向にあるか、もしくはこの4年間で児童福祉司の意識が変わりつつある可能性が考えられる。

本調査においては、児相・市町村とも回答者の約7割が「親子分離はなるべく避けるべきである」という意見を示しており、仮説2.はほぼ支持されたと考えてよいだろう。

> 仮説3. 措置前に家族維持の尽力をしたと感じる援助者ほど、同時に在宅支援ケースに対しても家族維持を目的とした援助を多く実施している。

仮説3はいい換えると、「措置前の家族維持に対する尽力度と在宅支援ケースに対する家族維持を目的とした援助の実施度合計には正の相関がある」ということである。また本分析では同時に実施度における探索的因子分析において抽出された実施度の下位概念であるそれぞれの因子内平均点（因子内に残った項目の要素の得点の合計を平均したもの）との相関も分析した。結果は下表のとおりである。

1. 児相　結果（表10-1参照）

表10-1　家族維持尽力度と実施度合計・各実施度因子の実施度との関係（児相）

	実施度合計	実施度 第1因子	実施度 第2因子	実施度 第3因子	実施度 第4因子
因子名	—	具体的 生活援助	援助に対する ワーカーの 態度	関係機関との 協議・連携	家族の持つ スキルの開発
相関係数	0.410**	0.084	0.404**	0.265**	0.217**

1) ピアソンの積率相関係数を使用。
2) **：$p < 0.01$、*：$p < 0.05$

2. 児相　考察

　家族維持を目的とした援助の全体的な実施量と入所ケースに対して措置前にどれだけ家族維持の尽力を行ったかの評価の間には中程度の相関が見られた。つまり、家族維持の実施を在宅ケースに対してより多く行っている援助者は、入所ケースに対しても、措置前に、家族維持の尽力をより多くしたと評価しているといえたがそれほど強い関係ではなかった。

　実施度で探索的因子分析を行い、抽出した各4因子との尽力度の相関を見てみると、最も相関が高かった因子は「援助に対するワーカーの態度」であり、他の因子については、相関が見られるもののそれほど高くなく、衣食住や生活に対する「具体的生活援助」については、有意な相関が見られなかった。

　結果として、実施度と尽力度の関係については、全体的に相関関係が見られるものの、特に具体的生活援助に対しては、有意な相関が確認できなかった。

3. 市町村 結果（表10-2参照）

表10-2 家族維持尽力度と実施度合計・各位実施度因子の実施度との関係（市町村）

因子名	実施度合計	実施度第1因子	実施度第2因子	実施度第3因子	実施度第4因子	実施度第5因子	実施度第6因子
	—	援助者としての態度	具体的な生活援助	家族に対するアセスメント	子育てに対するサービス	関係機関とのつながり	医療に関するサービス
相関係数	0.356**	0.338**	0.240**	0.317**	0.299**	0.239**	0.180

1) ピアソンの積率相関係数を使用。
2) **：$p < 0.01$, *：$p < 0.05$

4. 市町村 考察

　市町村においても、措置前のケースに対する家族維持のための尽力度と家族維持を目的とした援助の全体的な実施度については低度から中度の正の相関が見られた。また実施度の各因子に対しても低度から中度ながらすべての因子に対して正の相関が見られた。児童相談所と同様、「援助者としての態度」との相関が中では最も強い相関を示しているが、次に「家族に対するアセスメント」に対して強い相関が見られた。「医療に関するサービス」には有意な相関は確認できなかったが他の3因子に対しては低度から中度ではあるものの有意な正の相関が見られた。市町村でも、措置前に家族を維持しようという取り組みは、援助者の態度や家族の見方（包括的アセスメント）などに、最も高い相関があることが明らかになった。

　以上の結果より、家族維持に対する尽力度と実施度総量の間には統計的に有意な相関が見られたが、その程度は援助者の努力の「正当性」を証明できるほど強いものではなかった。また、因子別の相関においては、児相・市町村ともに「援助者の態度」が最も相関が高く、他の実施度因子は児相においてはあまり強い関係があるとはいえなかった。市町村においても、家族の状況をとらえることが中心の「家族に対するアセスメント」が、2番目に強い相関が見られたが、それほど高いものではなかった。

> 仮説4．親子分離に対する意見は、措置前に行った家族維持の尽力度と関係している。つまり、親子分離は最後の手段と考えるグ

> ループのほうが措置前の尽力度は高く、親子分離は対応の一
> 方法と考えるグループのほうが措置前の尽力度は低い。

　この仮説を検証する方法として親子分離に対する2グループ間の尽力度の平均点の差の検定（t検定）を行った。

表10-3　親子分離に対する意見による尽力度平均値の差の検定（t検定）

	グループ	N	平均値	標準偏差	t値	有意確率（両側）
親子分離に対する意見（児相）	最後の手段	341	3.81	0.963	1.460	0.145 n.s.
	対応の一方法	151	3.66	1.096		
親子分離に対する意見（市町村）	最後の手段	493	3.94	1.078	1.462	0.106 n.s.
	対応の一方法	245	3.80	1.061		

***：$p < 0.001$、**：$p < 0.01$、*：$p < 0.05$、n.s.：$p \geq 0.05$

結果

　結果として、児相においても市町村においても親子分離に対する意見の違いの二つのグループ間において、措置前の家族維持の尽力度の平均値に有意差は見られなかった。

考察

　親子分離に対する意見の違いによって措置前の家族維持の尽力度に統計的な差は見られなかった。つまり親子分離に対する価値観による措置前の家族維持の尽力度への直接的な影響は統計的には認められなかった。つまり、ここでは価値観と尽力度の間の「正当な」関係は統計上証明することができなかった。児相・市町村ともに、尽力度は高い評価に偏っているため、親子分離に対する価値観に関係なく、高い評価を選んでいる可能性がある。

> 仮説5.　親子分離に対する意見は現在行っている在宅支援に対する家
> 　　　　族維持の実践に影響を与えている。つまり、親子分離は最後
> 　　　　の手段と考えるグループのほうが、親子分離を対応の一方法

> と考えるグループよりも家族維持のための援助実施量の平均値が高い。

親子分離に対する意見の2グループにより、実施度合計の平均値の違いを見るため、対応のないt検定を行った。t検定の前提となる正規分布性については、児相、市町村とも実施度合計は正規分布していることが確認されている。

表10-4 親子分離に対する意見による実施度合計平均値の差の検定（t検定）

	グループ	N	平均値	標準偏差	t値	有意確率（両側）
親子分離に対する意見（児相）	最後の手段	276	210.83	33.49	-0.177	0.227 n.s.
	対応の一方法	118	211.49	35.31		
親子分離に対する意見（市町村）	最後の手段	441	195.43	39.14	1.182	0.238 n.s.
	対応の一方法	197	191.47	39.23		

***：$p < 0.001$、**：$p < 0.01$、*：$p < 0.05$、n.s.：$p \geq 0.05$

結果

結果として、児相においても市町村においても親子分離に対する意見の違いの二つのグループ間において、実施度の合計の平均値に統計的な差は見られなかった。

考察

児相、市町村ともに、親子分離に対する意見によって、家族維持を目的にしている援助をどれだけ行ったかには統計的な差が見られなかった。親子分離についての意見は実際の援助の実施度にはあまり直接に影響がないのかもしれない。その原因については次の三つの理由が考えられる。

1. 日本の児童虐待ケース対応は、児童相談所におけるチーム体制もしくは市町村における要保護児童対策地域協議会などで組織的に行われており、個人の考えや価値観が援助自体の実施に反映しづらい。

2. 実際に行っている援助が、親子分離をなるべく避けるための家族維持を目的としたものだという自覚がなく行われている可能性がある。つまり日本の在宅支援は親子分離の防止という意識なく行われている可能性がある。
3. 児相での調査、市町村での調査ともに、回答者の約70％が親子分離は最後の手段でありなるべく避けるべきであると回答している。しかしながら、日本の児童虐待対応の施策自体が、親子分離を避けるための援助ができるような環境にはなっていないのではないか？　なるべく子どもを在宅にとどめるための援助を行おうとしても、一般的な子育て支援サービスや縦割りになったサービス以外は、虐待ケースというだけでは提供できるサービスがほとんどない。また、在宅支援に関しては司法によるモニタリング体制が十分でないため、家族を巻き込んだ積極的なサービス展開が特に市町村では行いづらい現実は前章でもふれたとおりである。

> 仮説6．親子分離に対する意見は回答者の属性に関係している。

　親子分離に対する意見の違いは回答者及び回答した児相や市町村の属性と関係があるかどうかを児相・市町村の以下の属性について、χ^2検定及びt検定を行い明らかにする。

1. 児相
1) 児相に対する調査よりχ^2検定に用いた属性
　①回答者の年齢（20代、30代、40代、50代、60代）
　②性別（男性・女性）
　③社会福祉士資格の有無
　④大学での専門領域（社会福祉学、心理学、教育学、社会学、保育学、児童学、大学・短大には行っていない、法学・法律・政治、経済・経営・商学・会計学、文学・史学・哲学・宗教学）、理系、看護・保健、その他
　⑤児相に在宅支援体制の有無（在宅ケース担当課の有無）

2）児相に対する調査よりt検定に用いた属性
　⑥児相勤務経験月数
　⑦回答者の担当ケース数（全ケース数、虐待ケース数、虐待在宅ケース数）
　⑧児相が扱うケース数（全ケース数、虐待ケース数、虐待在宅ケース数）

結果

以上の属性の中で、親子分離に対する意見との間で有意な関係が見られたのは、児童相談所勤務月数のみであった。

表10-5　親子分離に対する意見による児相勤務月数平均値の差の検定（t検定）

	グループ	N	平均値	標準偏差	t値	有意確率（両側）
親子分離に対する意見（児相）	最後の手段	348	49.80	50.119	-3.822	0.000 ***
	対応の一方法	154	76.44	79.807		

*** : $p < 0.001$、** : $p < 0.01$、* : $p < 0.05$、n.s. : $p \geq 0.05$

親子分離を対応の一方法と考えているグループのほうが、親子分離を最後の手段と考えているグループよりも、児童相談所で児童福祉司として勤務した平均月数が多いという結果となった。

2. 市町村

1）市町村に対する調査よりχ^2検定に用いた属性
　①家庭児童相談室の有無
　②市町村内の管轄児相の有無

2）市町村に対する調査よりt検定に用いた属性
　③人口
　④新規・継続ケース数
　⑤回答者の有資格者数
　⑥回答者の平均現職年数

市町村では、どの属性においても、親子分離に対する意見との有意な関係は見られなかった。

3. 考察

　児相・市町村とも様々な属性と親子分離に対する意見との関係をχ^2検定及びt検定を用いて検証したが、関係が見られたのは児童相談所に対する調査の回答者である児童福祉司の児相勤務月数だけであった。「親子分離は対応の一方法として積極的に行うべき」と答えた回答者のグループの児相勤務月数の平均値は76.44ヶ月であり、「親子分離は最後の手段であり避けるべきである」と答えた回答者のグループの平均値（49.80ヶ月）よりも有意にかなり高かった。つまり、親子分離積極派のほうが、児相勤務経験が長いということになる。児相勤務経験が長ければ長いほど、対応困難なケースをたくさん経験するため、自然と親子分離を擁護する意見を形成してしまうのかもしれない。これらの児童福祉司は調査時の2006年の時点で平均して6年以上児童相談所に勤務していることになるため、2000年の児童虐待防止法以前から勤務していた児童福祉司の割合が高いといえる。児童虐待防止法成立以降、児童虐待に対する制度が少しずつ整備されつつあるが、日本の児童虐待施策の歴史はまだまだ浅く、特に児童虐待防止法以前から児童相談所に勤めている児童福祉司にとっては、虐待ケースの対応に多くの苦渋を強いられてきたことは否めない。長く経験を積んだ児童福祉司ほど、家族維持の価値観に反するような意見を持っているということは、大変残念な結果ではあるが、これは児童虐待対応の制度の未熟さを示しているのであり、経験を積んだ児童福祉司が家族を維持するために積極的な態度で援助・支援に臨めるような制度作りを行う必要があると考える。

第3節　まとめ：「正当な努力（Reasonable Efforts）」に対する仮説の検証結果

　本節では、リサーチクエスチョンⅡ「日本における児童虐待在宅ケースに関わる援助者は援助者として行うべき家族維持に対する正当な努力の概念を持っているのか？　REは在宅支援の現場の中でどのように体現されているのか？」を明らかにするために、仮説を六つ設定し、本章での分析

結果を用いて検証した。本節において、その検証結果をもとにリサーチクエスチョンⅡを明らかにしたい。

日本における児童虐待在宅ケースに関わる援助者は援助者として行うべき家族維持に対する正当な努力の概念を持っているのか？「正当な努力」は在宅支援の現場の中でどのように体現されているのか？

本研究では、「正当な努力」を三つの変数に操作的に定義した：1. 措置前の家族維持の尽力度、2. 家族維持を目的とした援助の実施総量、3. 親子分離に対する意見（価値）。援助者が正当な努力の概念を持っているかどうかを判断するため、REを定義した3変数の関係を仮説の検証結果を用いて検討することにより、その援助の「正当性」について検証する。

1)「措置前の家族維持の尽力度」と「家族維持を目的とした援助の実施総量」

児相・市町村ともに援助者は措置前に家族維持の尽力をしたと高い割合で評価しているといえる。若干、市町村のほうが全体的には高い主観的な評価を下していた（仮説1）。

しかし、児相・市町村とも、援助者本人が評価する措置前の「家族維持に対する尽力度」と実際行っている家族維持の実践との間には中程度の相関関係しか認められなかった（仮説3）。つまり自己評価としては、措置前の尽力度に対して高い評価をしているのだが、在宅支援に対しては、尽力度評価ほどには家族維持を目的とした援助の実施量が伴っていないということになる。実施度の因子別の相関を見ると、児相・市町村ともに尽力度と最も相関が高かった因子は援助者の態度に関するもので、児相0.404、市町村0.338であった。これは具体的な援助行動というよりも、家族維持のための援助を行う上で、援助者が常に心得ておかなくてはいけない内容の行動が含まれたものだった。以上のことから、児相・市町村ともに入所ケースに対する措置前の家族維持の尽力度が高ければ、在宅支援にて家族維持を目的とした援助をより多く実施しているといえるが、その正当性を

証明するほどの有意で強い関係は見られなかった。むしろ、尽力度の自己評価が高い割には、中程度の相関係数しか見られなかった。つまり、措置前の尽力度は全体的に高い評価をしているが、結局は主観的な評価にすぎず、評価自体の信頼性は高いものとはいいづらい。また、児相よりも市町村のほうが、尽力度については高い評価をしているが、実施度総量との相関は低い。

2)「措置前の家族維持の尽力度」と「親子分離に対する意見」

　親子分離に対する意見が措置前の尽力度と関係しているかどうかについて、親子分離に対する2グループ間の尽力度の平均点の差の検定（t検定）を行い検証した（仮説4）。児相・市町村とも平均値には大きな差は見られず（児相：0.15差・市町村：0.14差）、統計的に有意な違いは見られなかった。つまり「親子分離の意見」の違いによる「措置前の家族維持の尽力度」の違いは統計的には証明できなかった。

3)「親子分離に対する意見」と「家族維持を目的とした援助の実施総量」

　児相・市町村とも約7割が「親子分離は最後の手段である」と回答しており、「正当な努力」の「正当性」の基盤となる価値を7割の援助者が支持している（仮説2）といえるが、実際の家族維持を目的とした援助の実施に関連しているかというと、t検定による検証（仮説5）では、親子分離に対する意見による援助の実施総量の平均値の違いは統計上見られなかった。つまり、親子分離に対して慎重であるからといって、実際に、家族維持を目的とした援助をたくさん実施しているかどうかは統計的に有意に証明することはできなかった。家族維持の根本となる価値（親子分離に対する意見）についても、その価値があるからこそ、家族維持を目的とした援助をより多く行うとはいえなかった。

　以上の結果により、日本の児童虐待ケースに対する在宅支援において、「正当な努力」を定義した3変数の間では、一応、尽力度と援助実施総量の間には、中程度の相関が認められるものの、強い正当性を示すような関係を見つけることができなかった。しかし、援助者自身は、「措置前の家

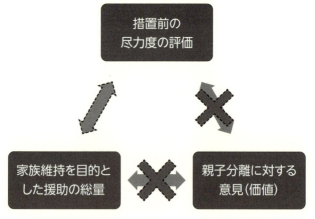

図 10-2 日本の在宅支援における「努力」の正当性

族維持の尽力度」の高さで見られるように、自己評価としては入所ケースに対しては措置前に努力をしたという点で比較的高い評価をしている。また、親子分離に対する意見についても、家族維持の基盤である「親子分離は最後の手段」という意見を持つ援助者が児相・市町村とも約7割いる。これらの結果から、大部分の援助者は「正当な努力」の概念を意識としては持っているといえる。ただ、その概念を示す変数同士の関係性において強い「正当性」を示す結果が今回の調査では得られなかった（図 10-2 参照）。

　日本の児童虐待ケースに対する在宅支援において、「家族維持」のための「正当な努力」を体現するためには、親子分離に対する意見や尽力度の主観的評価にもっと「家族維持」のための援助の実践が伴う必要があるだろう。ゆえに、在宅ケースが措置を必要とする場合には、援助者の「中身を伴わない」主観的評価のみの尽力度ではなく、援助者としてのアカウンタビリティ（どれだけ「正当な努力」をした後の結果なのか）を証明する責任を求め、客観的に評価するシステムこそが必要だと考える。アメリカの裁判所による「正当な努力」の評価システムは、確かに「正当性」の判断の基準が明確でなく、ケースバイケースの判断となっているが、その評価システムがあるからこそ、援助者の自己満足の主観的評価に陥らず、客観的に「正当性」を証明するために実践を伴う努力を行うのではないだろうか。

「正当な努力」を援助者の「心意気」だけで終わらせず、実践によってその正当性を証明していくべきであり、それが「子どもや家族のために最善を尽くした」といえる実践なのではないだろうか。

　以上、「正当な努力」に関わるリサーチクエスチョンを、仮説検証の結果より明らかにした。未だ本研究で得られた分析結果だけでは不十分な部分もあるが、リサーチクエスチョンⅠの結果とも合わせて、次章での提言につなげていきたい。

第Ⅲ部
家族を中心とした支援を展開するために

第11章

総括と今後の課題
― 「家族維持」のための
「正当な努力」の実現を目指して ―

　本章は結びの章として、本研究での二つの全国規模の質問紙調査から得られた結果とその考察により、日本の在宅支援の中で「子どもの最善の利益」に基づいた共有理念の下で「家族維持」のための「正当な努力」を実現するためには、具体的にどのような変革が望まれるのかの提言を行いたい。

第1節　提言

1. 児相と市町村との役割分担の明確化

　本研究の分析において、児相はあくまでもタイミングを測るために関係機関を通じて家族の状況を把握していることが明らかとなった。また、市町村とともにリスクをモニタリングし、職権をもって必要時に一時保護や家庭外措置を行う存在であるという意識が援助の実施にも顕著に表れている結果となった。しかし、未だ現場では、役割分担については、ケースごとの「協議の上の対応」とされていることも多く（大阪府健康福祉事務所部児童家庭室, 2008）、また自治体の中には、市町村の通告元がまずは家族に「警告」してからでしか児相は動かないなどの「内部ルール」があるところもある。もともと、児相と市町村の役割分担を行い、児童家庭相談や在宅支援を市町村に移譲することにしたのは、「強権的介入」と「相談・支援」の役割分担を図るためであったはずである。児相には、「措置権を持った介入者」として毅然とした立場の役割をとってもらい、市町村はあくまでも「家族維持」を目的とした支援を行う支援者の役割をとるべきだと考え

る。明確な役割分担をとることで、市町村が家族維持に専念できる。児相はアメリカの調査官（investigator）のような役割で、調査や職権介入に関する部分を担う役割をとることはできないのだろうか。児相が関わるケースか否かの見極めは市町村の仕事であるが、いったん関わると差し迫った危険性に関する介入は児相が責任を持って行うべきであり、「憎まれ役」に徹してほしい。もちろん、未だ体制が極めて脆弱な市町村に至っては、児相はさらに積極的に後方支援を行う必要性もあるので、児相と市町村も密な連携を図っておく必要がある。

　役割分担が徹底されれば、市町村は、ケースにある程度高いリスクが認められながらも、家族に「家族維持」の動機がまったく感じられない場合は、自らの役割は「家族維持のための支援」であり、その場合は児相にバトンタッチしなくてはならないことを「システム」として家族に説明することができるだろう。非自発的なクライエントに対しては、関わりの目的と援助者の役割を明確に説明することは有効な支援アプローチである（Trotter, 2007）。援助者の役割が明確化されると、家族も援助者との関係性の中でどのような役割を期待されているのかを理解することができるし、協働もしやすくなる（Trotter, 2007）。

2. 市町村における家族維持実践のためのシステムの確立
1）中心人物となる家族維持を目的としたファミリーソーシャルワーカーの必要性と資源の整備

　本研究の結論として、家族維持のための援助の主体は市町村であるべきである。ゆえに、現在の市町村要保護児童対策地域協議会（地域協議会）の中に家族維持を目的としたソーシャルワーク実践モデル展開のためのシステムを設立し、「家族維持」という目的のケースマネージメントを行うソーシャルワーカーの存在が必要だと考える。今後、より一層、在宅支援が市町村に移譲していく中で、家族維持のためのシステムも市町村におくことが最も適切である。ただし、児相は強制介入が必要な場合は迅速に対応できるように、日頃からの市町村との情報交換が必須である。

　しかし、調査結果からもわかるように、市町村は未だ、ケースワーク機

能・ケースマネージメント機能が弱い。特に地域協議会を通した在宅支援については、複数の関係機関が役割分担をしつつ、連携しながら援助を進めているため、家族に関わる援助者たちが縦割り行政の隙間を埋めるためには、しっかりと援助をコーディネートしていくソーシャルワークの機能を果たせる中心的な存在が必要である。現在、地域協議会内にもケースマネージャー機能と呼ばれる機能が運営指針には記載されているが、リスク判断を中心に援助計画及び進行管理を行うことが中心であり、家族維持のための家族のニーズに目を向けた役割は言及されていない。加藤（2011）は児童虐待のソーシャルワークにおけるアセスメントは、「情報を集める段階で、子どもの安全指標であるリスクを把握しつつ、子どもの状況や、発達、家族状況、家族史、生活環境、親子関係などを把握し、虐待が起こっているのはなぜか、家族に何が起こっているのかを明確にした上で支援につなげ、虐待を軽減する、リスクと同時にニーズをとらえ支援につなげるプロセス」(p.28)であると述べ、市町村の調整機関には「専門性の高いチャイルド・ファミリーソーシャルワーカーの専任設置が必要である」(p.35)と主張している。筆者も本研究の提言として、その主張に強く同意する。そして、その家族維持のための在宅支援の担当者が持つべき専門性は他の専門領域ではなく、ソーシャルワークの専門性でなくてはならないと限定する。

　調査結果からも、関係機関の連携やチームアプローチが市町村の在宅支援展開の基盤となっていることがわかる。家族に日常的に直接接し情報を集める人は、主たる援助機関やキーパーソンと呼ばれ、その家族に最もつながっている援助者がなることが多い。家族のキーパーソンは地域協議会に対して家族の代弁も行うため、その援助観がケースの方向性を大きく左右する。現在、キーパーソンになっているのは、社会福祉専門職に限らず、保健師、保育士、学校教諭などの他の対人援助専門職であることも多い。

　しかし、どのような専門性が必要かを考えてみると、ケースワークやケースマネージメントの技量を含めたソーシャルワーク（社会福祉）固有の機能である「評価的機能」「調整的機能」「送致的・代替的機能」（岡村，1983）に対する専門的技能と知識と「社会貢献」「社会正義」（西川，2009）

などの職業的価値観を持つソーシャルワークの専門性を持った者がその中心的役割を担うことがふさわしい。

　著者は従来の要保護児童対策地域協議会及び児童虐待防止ネットワークにおけるネットワークマネージメント的役割だけでは、家族維持を目的とした援助を展開するには不十分だと考える。山野（2009）が「針のむしろ」と描写するように、バラバラな問題意識を持ち、価値観や役割認識が異なるメンバーの間での対立や葛藤、機関連携の障壁の中、全体のバランスをとる行為を行うことを、自然発生的ではなく、システムとして役割を担った「家族維持ソーシャルワーカー」がソーシャルワークの専門技能と知識を用いて、「家族維持」というミッションにそって展開していくべきである。チームアプローチは温存したままでも、「家族維持」の目的に向かってチームをひっぱる「リーダー」としての役割を持った存在が必要であり、その存在こそが家族維持を目的としたファミリーソーシャルワーカーである。

　また、特にアセスメントなどの援助行動は、その援助を重要にとらえていたとしても、家族維持のための援助全体の実施度につながっていない可能性も今回の調査結果より見られた。市町村がチームで動く際は、援助全体が何を目的として行われているかという全体の方向性を、関わる援助者すべてが共有しておく必要がある。そのためには、中心人物がきちんと全体の状況を把握し、サービスを一定の方向に向かってコーディネートしていく必要がある。チームで包括的に援助活動を行うからこそ、システム上、ある目的のために与えられたソーシャルワークの専門性を持つ中心人物の存在が強く必要なのである。この役割を担えるのは、長年にわたる家族支援の経験を蓄積し、ソーシャルワークの知識と技術を持ち、家族維持の目的を明確に理解している人物ということになる。現任の市町村地域協議会の中で、家族支援の経験をある程度積んだ実践者に市町村の制度としてこの役割を与えることができないだろうか？

　また在宅支援ケースにおける家族維持を目的とした援助を市町村が今後全面的に担っていくのであれば、人的資源及び在宅支援に柔軟に活用できる財源の確保についても、国がその必要性を認知し、整備していくことが

急務である。

2) 家族と協働できる対応プロセスの確立

「家族維持」のプロセスは、家族と協働して行うべきものである。我が国の要保護児童対策地域協議会は、親の承諾を得ずに、関係機関の間で家族に対する情報の共有を可能にし、守秘義務によってその情報を必要範囲内で止めることを主目的に設立された経緯がある。現在の児童虐待対応施策ができ上がる以前は、職権という「ムチ」も使わずに、「アメ」となるような「虐待ケースに特化した資源」も持たないまま、親との関係性を大切にしながら、長期的・継続的に子どもの育ちを見守るということを、長年の間、市町村の援助者たちは行ってきた（畠山, 2010）。しかし、虐待ケースを市町村が主体となって扱うようになってきて、関西などの一部の地域で見られるような古き良き家庭児童相談室が持っていた関係作りのノウハウが虐待対応に追われてしまうことで、失われてきている。本調査の結果においても、市町村でも家族自身の動機づけや力をあまり重要視していないような傾向が見られた。家族に対して「子どもの安全に対する懸念」の存在を明らかにし、家族とともに「子どもが安全に健やかに育つ」ことを目的に協働していくことは可能なのではないか？　今まで地域のベテラン家庭相談員や、保育士、幼稚園教諭、保健師、学校教諭が日々の接触の中で培ってきた家族との関係を、専門的な（professional）「援助関係」として、「共有した目的に向かう協働関係」として育むことができることも、米国のFamily Preservation実践にとっては、ワーカーの専門技能の一つとしてあげられている（Kinney, Haapala & Booth, 1991）。

そのためには、従来の「要保護性」の考え方ではなく、なるべく親との同意と協働に基づいた支援を展開できる新たな枠組みが児童虐待対応システムの中に必要となるだろう。初期対応の時点から、今家族はどんな状態におかれているのか、どんな選択肢があるのか、それぞれの選択肢を選んだ場合の結果はどのようなものなのか、をきちんと家族に説明し、家族の意志で協働に参加してもらう対応プロセスが必要である。調査結果では、家族自身の自主性や動機づけ、変化への自信等は、家族維持にとってあま

り必要だとは感じられていなかったが、それらを育むプロセスこそが、家族維持を目的とした支援プロセスであり、その目的は家族と共有されるべきである。信頼関係は相互的な関係であり、援助者側が家族をある程度信頼していないと関係は成り立たない。「家族のことは家族が一番よく知っている」(Kinney et al., 1991) はずなのだから、その家族自身をプロセスに含まずに変化を起こすことは不可能だろう。「正当な努力」は援助者側だけの努力で成り立つものではない。家族側の家族維持に対する努力を求めることは必要であり、援助者と家族の両者がともに努力する機会を持つことこそが家族維持のために必要なプロセスである。中には子どもの安全確保を優先すべき強制介入が必要なケースもあるが、そのケースとの区別を見極めながらも、家族と協働できる対応プロセスを探ることは今後の日本の児童虐待対応において必要となるに違いない。

3) サービスの連続性の必要性

考察の部分でも繰り返し述べたことだが、本調査の結果において、児相・市町村とも具体的生活援助に対する実施・重要度は他の援助に比べて顕著に低かった。つまり、家族維持にとって具体的生活援助は重要ではないし、実施もしていないということになる。Family Preservationの実践として大切なことは、サービスの連続性であり、ハードとソフトのサービスのバランスをとることである。心理社会的な支援（ソフト面）だけではなく、物質的な支援（ハード面）も、社会の中で家族が生きていくためには必要となる。マズローの欲求階層理論 (Maslow, 1954; 上田, 1988) においても、「生理的欲求」や「安全に対する欲求」など低次の欲求が満たされないと、「所属と愛の欲求」や「承認の欲求」「自己実現の欲求」などのより高次の欲求に移行することができないとされている。親が自己に与えられた役割を果たし、子どもとの情緒的な関係を築けるためには、低次の欲求である衣食住・経済・健康・安全などの欲求が満たされる必要がある。まずは、親自身の一人の人間としての生理的欲求や安全が満たされていないと、親が子どもに対する養育に向かうことはできないだろう。調査の結果では、児相も市町村も家族維持に最も必要なものとして、養育に必要な

最低限度の衣食住、経済的基盤、保護者の養育能力をあげていたが、これらのニーズを満たすような援助をしていないのに、家族にこれらの要素が必要だと求めることができるのだろうか？　家族のニーズを満たせるような援助を提供するためには、家族が毎日の生活を営む上で必要な具体的なサービスの重要性を援助者自身が理解しなくてはならない。

　実際に、松本（2008）が北海道児相を対象に行った調査においても、解雇・借金・多重負債・破産などの経済的問題を抱える家族は全虐待ケースのうちの72.3%を占めていた。最近では子どもの貧困がさらに大きく社会問題として扱われている。特にネグレクトケースに経済的基盤の脆弱な家族が多い（87.3%）結果を見ると、マズローの欲求階層理論が当てはまることが明らかである。また親に精神保健上の問題があるケース（39.5%）、養育者に知的障がいがあるケース（20.2%）も高い割合で見られた。また、子どもになんらかの障がいがあるケース（当該児童47.1%、きょうだい34.5%）も多かった。このような家族には、まず家族としての生活の基盤を立て直すということが必要である。また、物質的な援助とともに、生活能力についてのスキルトレーニングを必要としている家族が多いこともわかる。子どもになんらかの障がいがある家族ならば、障がいがある子どもに対する養育技術のトレーニングが親に対して必要である。しかし、本研究での調査において、これらの具体的な生活援助は、児相においては「市町村が行うもの」と認識し、市町村においては「サービス担当機関が提供する」と認識していた。またサービス自体はあるものの、縦割りのサービス供給体制により対象に該当しない場合は、サービスを必要としていても提供されない。実際、この縦割り行政を個人の努力によって埋めているような例も現場では多く見られている。また、保護者に対するスキルトレーニングに関しては、児相においても重要度も実施度もあまり高くなく、市町村では下位25%に入るほどに低い実施度であった。しかし、ほとんどの具体的生活援助に関する援助行動の重要度が低い中で、家計の管理や求職に関する援助は重要度と実施度の差が児相・市町村においても大きく、援助者はすでに経験知として、虐待ケースに対しては経済的困窮に対する援助が必要であることに気づいている。しかし、時間がない、業務上難しい、どのよ

うに行えばよいかわからない等の理由で、なかなか実施できていない現状が垣間見える。

　家族維持が家族という複数の人間による生活集合体を対象にした援助である限り、生活のための具体的サービスを避けて、子どもの養育の部分だけを対象に援助することはできない。サービスは包括的に連続性を持って行われるべきであり、具体的生活援助とスキルに関するサービスは必要である。「おなかがすいている時にパンもくれないで、援助するといわれても、家族が援助者を信じるはずがない」とアメリカのFamily Preservationワーカーが FGI 調査において発言していた。実際、実証的調査でも具体的サービスは措置予防に効果的である一方で、カウンセリングなどの臨床的なサービスでは措置予防の効果は認められておらず、具体的な援助を必要としている家族はそのニーズを満たされてからでないと家族機能の向上などが認められないことが明らかになっている（Wells et al., 2000）。まずは援助者が具体的生活援助とスキルトレーニングに対する重要性を認識し、関係機関とともに基本的ニーズを満たすための援助を展開していく必要がある。加えて、縦割り行政の隙間を埋めるような、対象外のニーズを持つ家族がこぼれおちないようなサービス供給体制の再構築も図られるべきである。そのためにはすべての子育て中の家庭が必要な時にそのニーズに応じて使えるような資源・サービスを市町村は持つべきである。そのための財源と対象を限定しないサービス供給システムの構築は必要である。

3. Evidence Based Practice の意識化

　特に市町村では、全体的にケースワーク機能が弱いことはすでに述べたが、中でも援助効果の評価については、重要さはわかっていてもなかなか実施が難しいようである。要保護児童対策地域協議会の個別ケース検討会議においても、関係機関が事前に割り振られた自分の役割をどう行ったか、家族の現状はどうかを報告し共有することで終わってしまうことが多い。ゆえに、実際に関係機関が行っている援助が効果を表したのか、「家族維持」のために必要なニーズをきちんと満たせたのか、それとも、ただ単に今は状況が落ち着いているだけなのか、区別がつかないままであることが

多い。継続して支援を続けている間に、子どもの成長や、離婚や祖父母との同居などの環境の変化などにより、自然と家族が落ち着いてしまうこともある。「終わりよければすべてよし」であり、「何事もなく子どもが元気で大きくなってくれたならよい」という考え方もある（畠山，2010）が、限られた資源を用いて家族維持を行っているのだから、効果について評価をし、援助の成果を証明するべきである。芝野（2005a）は、援助を実践する専門職者の役割として、「援助を実践する手順とそれがもたらす効果をわかりやすく示す責任＝accountability」（p.22）があると述べた。また、公的なサービスを用いての援助であるために、その効果を証明することは、納税者に対しての責任も果たすこととなる。また、在宅で効果的な援助を展開できることが証明できれば、子どもを措置するよりも「家族維持」を目的とした援助を在宅で行った方が費用対効果を考える上で効率的だと証明できる。

　芝野（2005b）はバックボーンとなる法的手続きのない日本の児童虐待に対する実践を「フローチャートの書けないフェーズ型の実践」であると述べた。在宅支援においては、特に、「在宅」という1フェーズであるため、「家族維持」の実践もフェーズ型の実践と考えてよいと思う。そしてそのフェーズの中で始めと終わりの明確な一定期間がなく、子どもの成長に合わせて包括的な援助が円環的に展開されていくのが「家族維持」の実践である。そのため、援助の効果は、アウトカムではなく、芝野（2005b）が述べるようにプロセスエビデンスとして、援助者の専門的活動実績で示される。しかしながら、本研究において、児相・市町村ともに、援助者が示した「正当な努力」は自らの実践の主観的な評価や価値観にとどまっており、実践の量には強く結びついていなかった。援助者は正当な努力を示すような価値を持ち、高い自己評価をしているが、専門的活動実績としては表されていなかったのである。「正当な努力」を考える上でも、援助者の「心意気」や「あるべき姿」だけで「正当な努力」を語るのではなく、客観的に評価してもらえる形で証明する必要性がある。続けて、芝野（2005a）は、評価システムのイメージとして、ニーズに対応したアセスメント（対象・問題の把握）→プランニング（問題解決のための援助手続きと契約）→インプリ

メンテーション（プランの実行とモニター）→エヴァリュエーション（援助の結果の評価）をセットとしてモデル化された実践の手続きのシステム化を提唱した。本研究で提言する家族維持のためのシステムもこれに倣い、通告受理→調査→リスクアセスメント→スクリーニング→ニーズアセスメント→援助計画→援助実施（サービスのコーディネート）→援助効果の評価という流れのプロセスにおいて、ニーズアセスメントの結果とサービス実施の量と質に妥当性があることを評価の基準として、客観的な評価に耐え得るだけの証拠が出せるようなプロセスを持ったシステムを提案する。また公的サービスとなるため、「家族維持」に対する「正当な努力」を客観的に評価するシステム（独立した機関による第三者評価及び親子分離時の裁判所によるレビュー）があれば、自らの「正当性」をエビデンスとして証明しようとする動機づけになるだろう。

4. 日本版「家族維持」実践モデルの開発の必要性

芝野（2002）によると実践モデルとは対象を絞り込み、具体的な手続きの背後にある考え方をわかりやすく示すと同時に援助手続きについても具体的に示したものである。Family Preservationモデルも、アメリカ合衆国において1980年連邦法（AACWA）以降のパーマネンシープランニングの理念を元に具体的援助手続きを含んだ実践モデルであった。しかし、このアメリカのFamily Preservationモデルを日本の在宅支援の特徴である関係機関との連携、児相と市町村との役割分担を基盤とした援助展開を無視して、そのまま実践モデルとして採用するのは不可能だろう。様々な市町村の実情に合わせて誂えが可能な日本版の家族維持を目的とした在宅支援実践モデルの開発が急務となっている。

第2節　本研究の限界

本研究の限界は次の4点である。一つ目は、質問紙調査1の全国児童相談所在宅支援担当児童福祉司に対する調査の実施において、実際に全国で在宅支援を担当している児童福祉司の母集団の人数が特定できなかったこ

とである。これは在宅支援担当課を設けている児相が全体の5.5％しかなく、地域担当として地域の様々な種別のケースを担当していることが多いため、「在宅支援担当児童福祉司」という母集団自体をとらえきることができなかった。ゆえに、在宅支援を担当している（したことのある）児童福祉司という解釈にて、分析結果をとらえることとなった。二つ目は「正当な努力」の操作的定義を行った変数は、完全に客観的な指標でなかった点である。質問紙調査の限界上、措置前の尽力度の主観的評価はもちろんのこと、援助の実施度総量についても、援助者の主観的な評価の枠からは出ることができなかった。三つ目は、家族維持をテーマとしながらも当事者の家族からの視点を今回の調査では対象として含むことができなかったことである。2点目とも関連するが、それぞれの家族のニーズとリスクに対して適切なサービスを提供しているかという個別の家族に対する「サービスの質」を今回の調査では直接的に把握することはできなかった（援助項目にサービスの質を担保するような項目は含まれてはいたが、間接的な手法にすぎない）。また、提供されるサービスに対する家族の「満足度」についても、計り得る手段を今回の調査では含めることができなかった。

　最後に本調査が試行されたのが2006年、2007年と時間が経ってしまったことで、児童虐待対応施策が目まぐるしく改変される中、本論文執筆当時と現状が多少とも変化している点は否めない。虐待対応ケースは市町村・児相とも増え続け、対応ケースはさらに雑多なものとなり、児相は初期対応と現場確認、職権保護に追われ、在宅支援はほとんど市町村が担っている状況であり、さらには市町村も初期対応や安全確認を行う状況となってきている。さらに状況は複雑化し、システムは疲弊してきているが、根本的な状況や課題は本研究が指摘したものから変わっていない。それどころか、著者が引き続き在宅支援の現場に強く関わりを持ち研究を続けている中で、本研究で取り扱う「家族維持」や「援助者が持つべき正当な努力」という理念を論じることがさらに必要となってきていると強く感じている。

　ゆえに、本著には、末章として、新しい「正当な努力」や「家族維持」を実現できる新しい子ども虐待対応システムの提言として「Differential

Response（区分対応システム）」の考察と提言を加筆し、結びとすることとした。

第3節　今後の取り組み

提言でも述べたとおり、今後は、本研究で得た知見をいかし、市町村を使い手とし要保護児童対策地域協議会に組み込める「家族維持」を目的とした実践モデルの開発が必要である。その際の開発の手続きとしては、芝野（2002）によるM-D&Dの開発のプロセス（図11-1）を参考としたい。M-D&Dとは社会福祉における実践モデルと実践マニュアルを開発するため芝野（2002）が提唱する開発的調査研究のモデルである。本研究は、M-D&Dでいえばフェーズ I「問題の把握と分析」にあたる。本研究では、日本の児童虐待ケースに対する在宅支援の現状を把握し、「家族維持」と

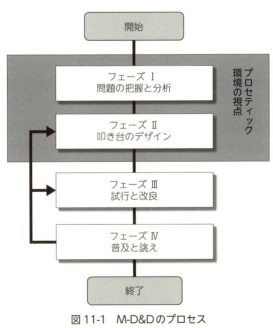

図11-1　M-D&Dのプロセス
［芝野, 2002］

いう視点で分析を行った。ゆえに、本研究を基礎研究として、次のフェーズⅡ「たたき台のデザイン」へと在宅支援実践モデル開発のプロセスを進めていくと同時にそのための環境も整えていくことも考えていかなくてはならない。

　本研究でも明らかになったように、児相においても市町村においても、援助者は「正当な努力」の概念は持っている。多くの援助者は「できる限り子どもを親から引き離すことは避けたい」し、子どもを家庭外措置する時も「できる限りのことをした」と感じてから措置したいと思っている。ただ、その「正当な努力」の概念は、「家族維持」という目的を持った実際の援助行動として実践される必要があるし、その援助を引き出すような環境を設定する必要がある。その環境こそが、芝野 (2002) のいう「プロセティック環境[1]」であるといえる。その環境を現在の要保護児童対策地域協議会を中心とした市町村での援助体制の中に融合していければと考えている。援助の対象となる家族にとっても、家族が「子どもが安全に安心して成長できる場となるような」行動を引き出せるような、援助者と家族が「家族維持」という目的に向かって協働できるような環境をもたらす実践モデルとしていきたい。本研究での成果は限定されたものであるし、ここで述べた提言は短期間では実現は不可能かもしれないが、本研究の成果が一人でも多くの子どもが家族とともに安全で安心して暮らせる実践に役立つことを願いながら、今後の研究につなげていきたいと考えている。

注
1) 芝野 (2002) はプロセティック環境を「結果事象を意図的に操作し、行動と弁別刺激・結果事象との間にある随伴の仕組みを変えることによって、失われたと思われている好ましい行動や十分に学習する機会がなかった好ましい行動の出現順位を高めるように作られた環境である」(p.95) と定義しているが、本稿では「好ましい行動を引き出す環境」として理解し、使用している。

第 12 章

家族維持を目的とした支援を行う新しい児童虐待対応システムの創出の必要性
―Differential Response（区分対応システム）についての考察と提言―

　本章では、第11章でまとめた提言を踏まえた、「家族維持」を目的とした支援を積極的に展開していけるような新しい児童虐待対応システムについて、1990年代末の北米を中心に児童虐待対応に関するパラダイムシフトをもたらした「Differential Response（区分対応システム：DR）」を紹介しながら、本研究の結果を踏まえたさらなる考察と提言を加えたいと考えている。

第 1 節　現在の日本の児童虐待対応システムは「家族維持」を目的とした支援を積極的に展開できるものなのか？

　前章でも繰り返し述べたが、児相・市町村ともに児童虐待相談対応件数が年々増加を見せる中、特に市町村に対する負担の増加が見られている[1]。これは先にも述べたとおり虐待通告・相談ケースの約9割が在宅ケースとして判断され、市町村が主体で継続的な対応を行うことを期待されているためである。日本では2000年の児童虐待防止法制定以降、通告システムの整備や虐待通告の社会的認知の広がりなどにより、虐待対応の対象となるケースが身体的虐待からネグレクトなどの比較的中度から軽度のリスクケースに広がりを見せ始め、平成22年度には市町村が担当するネグレクトケースの割合は身体的虐待の割合を超えている（佐藤, 2012）。
　これらの中〜軽度リスクやネグレクトケースは今になって急に発生し始めたわけではなく、虐待通告システムができる前から、脆弱な家族として

市町村が継続的に関わりを持ち続けてきたケースであった。しかし、家庭児童相談室を中心に地域に住む家族にこのような継続した包括的な支援を提供してきた市町村の対応も、2004年の法改正以降、大きな変化を強いられることとなった。古くから市町村の児童家庭相談に関わる人は「これまでも家庭児童相談室は、ひとり親世帯や低所得家族、精神疾患のある親や障がいのある子どものいる家族などいろいろな『脆弱性』を抱えた家族が地域で生活していくことを支えてきた。だが、2004年以降、これらの家族がすべて『虐待のリスクのある家族』という括りでとらえられ、『要保護ケース』と呼ばれるようになってしまった。市町村の支援が『虐待対応』一色になりつつある」とその変化について述べている（畠山, 2011）。度重なる虐待死事件に反応した強硬化は市町村の対応にも及び、児童虐待ケースとして一度認識されてしまった家族については、子どもに対する「リスク」に焦点があてられてしまうようになってきた。家族の同意や参加のないまま地域協議会内で情報を共有し、「見守り」という名のもと、子どもと家族を関係機関で監視することが市町村での支援での主な内容になってしまった。また、市町村の負担が大きくなる中、いわゆる泣き声通告などの不十分な情報の通告も多く、入ってくる通告すべての「安全確認」に奔走し、その後の支援に結びつけようという余裕がなくなってしまっている状態も起こっている。その上、強硬な現場確認から始まる「初対面」では、親の抵抗を買うことも多く、その後の関係が結びづらくなってしまっている。なかなか従来の寄り添い型の支援を行う余裕のない市町村の現状を「ミニ児相化」と呼ぶ声も出てきている（畠山, 2011）。

　このように日本の虐待対応システムが最近の幅広い虐待通告・相談ケースに対応できていないという現状が見受けられる。児童虐待という事象に日本が国をあげて取り組みだしてから年を経て、現在のシステムは家族を維持することを目的とした家族支援を「正当な努力」で行うことができるような環境、つまり第11章で言及したような「家族維持」という行動を家族・援助者ともに引き出せるような「プロセティック環境」とはかけ離れた方向にどんどん進んでいるような危惧を覚えずにはおれない。虐待事件が起こる度に対処療法的に部分的に補正を行うシステムではなく、しっ

かりとした理念に基づいた児童虐待対応システムについて今ここで考える必要があるのではないか。そこで1990年代末の北米を中心に児童虐待対応に関するパラダイムシフトをもたらした「Differential Response（区分対応システム：DR）」を紹介し、本研究の結果を踏まえたさらなる考察と提言を加える。

第2節　アメリカ合衆国の「児童虐待対応」の変遷を見ることの意味とは？
――アメリカがたどってきた変遷から学ぶこと――

　アメリカ合衆国の児童虐待対応の変遷については、第4章や第5章でもレビューを行ったが、本章ではその児童虐待対応システムの変遷に注目し、そこで見えてきた課題と日本の児童虐待対応が現在対峙している課題との共通点を考えてみたい。

　日本に先駆けること30年、アメリカ合衆国では1974年に「児童虐待防止及び処遇に関する法律」が制定され、全米各州に児童虐待通告システムが整備された。通告されたケースに対して、公的権力が不可侵な家庭という場に介入するにはその根拠となる「証拠」を明らかにする必要があった。そのため通告内容に対して調査を行い、介入の根拠となる「虐待」の有無を判定する必要があった。しかしながら、現在の日本と同様、通告ケースが増大するにつれ、すべてのケースに対して調査を実施することに対する人的・財政的負担が膨大になるとともに、貧困問題、薬物依存などに起因するネグレクトケースの増加など通告ケースの特徴も当初の緊急の「救済」を必要とする身体的虐待ケースとは異なるケースが含まれ始めた。1990年代半ばまでに、全米で毎年300万件を超える通告が児童保護システムに流れ込む中、強権的な介入方法ではこれら多様なニーズを持つ通告ケースには対応しきれなくなってきたのである（Waldfogel, 1998a）。図12-1にあるように、全通告ケースのうち、児童保護システムの中で安全確保のために家庭外措置されるケースは10％、在宅のまま支援が提供されるケースは20％である。つまり児童保護システム上、なんらかのサービス

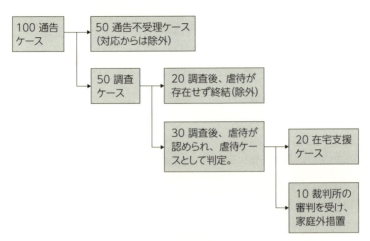

図12-1 全米における児童虐待通告ケースの流れの割合
（すべての通告ケースを100とした場合）
［Waldfogel, 1998a, p.107の図を筆者が日本語訳］

が提供されたのは通告されたケースの30％であり、後の70％は支援とは結びつかないまま児童保護システムの対象からは除外されていた（Waldfogel, 1998a）。もちろん除外される前に、家族の同意に基づく（voluntary）支援を提供される場合もあるが、すでに調査官による強権介入的な初回訪問や調査プロセスを経験した家族は児童福祉システム自体に不信感や抵抗を持っている場合が多く、支援を受け入れることは少ないといわれている（Waldfogel, 1998a）。

初期に児童保護サービスの対象からはじかれたこれらのケースが後により高いリスクのケースとして再通告されることも多い（畠山, 2012）。またアメリカの多くの都市で起こっている現象として、通告ケースや家庭外措置ケースの中に貧困層の家族や人種的マイノリティ特にアフリカ系アメリカ人の家族の割合が高いことも指摘された（Waldfogel, 1998b; Richardson, 2008）。強制的介入を使い通告から調査を行うことを中心とした児童保護システムについて、1994年から1997年に行われたハーバード特別委員会においても同様の問題が指摘され、次の5点にまとめられた（Waldfogel, 1998b）。

1. 過剰対応（Overinclusion）：通告の中には児童保護サービスでは対応しきれない通告の対象となるべきでないケースが含まれている。児童保護システムを悪用して嫌がらせをしようとした通告や貧困問題が根底にある物質的不足によるネグレクト、DVケースなどは児童保護サービスによって解決できる問題ではない。
2. キャパシティ超過（capacity）：現状のシステムでは通告される家族に対応するだけのキャパシティがないこと。通告ケースに対応できるだけの人的・その他の資源についていかず、限界の状態にある。
3. 過小対応（underinclusion）：本当は通告されなくてはいけない家族が通告されていないこと。どんなに素晴らしいシステムであっても、完璧ではないため、死亡事例などの悲劇が起こってしまうことは避けられないが、このような悲劇的なケースが起こるのを防げなかったことに、マスコミは焦点をあてて報道する傾向がある。

   また反対に、低リスクではあるが自ら支援を求める家族に対しては、システムは低リスクであるがゆえに対応することができない。
4. サービス志向（service orientation）：強権的な児童保護サービスの方法は多くの通告された家族に対しては適切ではない。また、児童保護サービスの志向が「子どもの救済」と「家族維持」の間でうまくバランスがとれず、どちらか一方に極端に揺れ動く状態が続いてきた。どちらにしても強権的・介入的な対応が基盤にあるため、本当に適切なサービス対応が個々の家族に対してできていない状況が見られてきた。
5. サービス供給（Service Delivery）：多くの家族に対して必要なサービスが届いていない。一つ目の理由は、多様な問題を抱える家族に対して包括的なサービスが用意されておらず、縦割りに断片化されたサービスしかない点、二つ目の理由は児童保護サービス自体が大きくなり、通告された家族のニーズを均一化してしまう傾向があり、家族の個別性に合わせたサービス供給ができていない点である。

1990年代半ばにまとめられた児童保護システムに対するこの五つの課

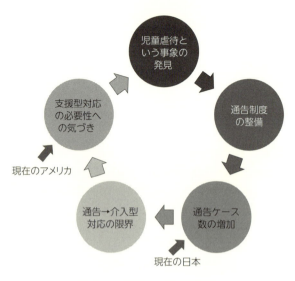

図12-2　児童虐待対応の変遷
［著者作成］

題は、本著の中でも指摘した現在の日本の児童虐待対応システムにおける課題にほぼ共通するものである。日本はアメリカほど通告システム後の「調査」のプロセスが整ってはおらず、「虐待の判定」に対しても明確な判定がなされないまま、「立ち入り調査」や「緊急一時保護」などの強制介入や「要保護ケース」としての家族自身が自覚のないままの「見守り」が導入されることがほとんどである。これらの五つの課題については現に今の日本のシステムが直面している、またはしつつある課題といってよいだろう。

　日本に先駆けること30年、虐待対応先進国であるアメリカ合衆国がたどってきた流れは、現在通告システムができて13年経た日本が進んでいる流れに類似したものである。となれば、アメリカ合衆国が現在直面している課題とその解決への取り組みは、きっと日本の児童虐待対応システムに対して大いなる示唆を与えてくれるのではないかと考える。

　1990年代頃より「児童虐待」という事象が社会的に認識され始めたことで、2000年に児童虐待に対する通告窓口をおき、早期発見に努め続け

た日本の児童虐待対応制度は、現在その通告ケース数の増加により児相・市町村ともにその初期対応に追われている状態である。とりあえずは現場確認をできるだけ早く行うことに尽力し疲弊してしまっている自治体も多い。また、第3章でとりあげたように、一時保護を打破策とし、そこから対話を始めるような方法がさらに主流かつ効果的と考えられている。このような児童虐待対応では、膨れ上がる通告・相談量に対応できず、日本でも近い将来、限界が来るのではないかと考える。実際、約4割の自治体で一時保護所の定員を超えて保護しており、平均在所日数、保護人数ともに増えている状況が続いている（厚生労働省, 2012）。児相・市町村ともに対応する虐待の種別にネグレクトが増加していく中で、安全確認→立ち入り調査・一時保護という流れの、第3章でも述べたような「介入的アプローチ」のみでは対応しきれなくなることは、アメリカ合衆国がたどった変遷を見ても明らかである。

　アメリカ合衆国でも通告ケースは現在も増加し続ける一方であり、2011年度で340万ケースの通告があり、そのうち約75%がネグレクトケースであると報告されている（U.S. Department of Health & Human Service, 2013）。ハーバード特別委員会の五つの課題の指摘を受けて既存の児童保護システムからのパラダイムシフトとして生まれたシステムがDifferential Response（DR）である。DRはこれまでの「児童虐待」という切り口から始まる対応を家族支援を目的とした対応に変換したものであり、Family Preservationの価値を保持しながらも、入口から「虐待ケース」として扱わず、これまでの強制的な「調査介入型対応」とは違う「支援型対応」のトラック（道筋）を児童保護システムに導入したものである。DRの意義は「児童保護システムに『ソーシャルワーク』を取り戻すこと」（Guterman & Myslewicz, 2014）であり、本著で著者が「家族維持」の目的とした「心理的親の元で子どもが安全に安心して成長できること」を目指す家族支援を行うためのシステムでもある。

　前節でも述べたように、「児童虐待」が社会問題化する前は、日本では多少の「脆弱性」や「不安な面」がある地域の家族を包括的に支援する「寄り添い型の支援」が市町村の中にあった。市町村の家庭相談員の中に

は「時間をかけ、足で稼いで信頼関係を作り、関係機関とともに子どもの成長に合わせて家族を支えていく」活動を行ってきた相談員の方々が多くいる。もともと日本には日本型の土着の「支援型対応」が存在していたことを著者は多くの市町村関係者からの話より実感している。この地域の中で包括的に家族を支援してきた実績を持つ日本独自の対応を今後の日本の虐待対応システム改革にいかすことで、家族維持を目的とした支援モデルを展開することができるのではないだろうか？

　本章ではDRという、アメリカ合衆国がそれまでの児童虐待対応を反省し、その変革として生み出した新システムを紹介することにより、近い将来、日本でも必ず必要となるだろう児童虐待対応システム改革のヒントを得たいと考えている。

第3節　DRの概要

　American Humane Association と Child Welfare League of America は DR を次のように定義している。「通告された児童虐待・ネグレクトケースの対応について『調査介入型対応』以外の対応が一つ以上用意されているシステム」。
　そして、DRは次の八つの原則を満たしていることが条件となる。

> 1) 二つ以上の児童虐待・ネグレクト通告ケースに対する対応方法が用意されていること。調査介入型対応と支援型対応の2種類が一般的である。
> 2) すべての児童虐待通告に対して、調査するかアセスメントを行うかを振り分ける。条件にあったものだけを支援型対応に振り分ける。
> 3) 振り分けシステムにおいて、差し迫ったリスクがあるかどうか、これまでの通告歴など、ケースの特徴などの判断基準に基づいて、対応トラックを振り分ける判断を行う。
> 4) 支援者はサービス提供を通して新しく収集した情報を元に、振り分けた後でもトラック間の再振り分けを行うことができる（一方向

も両方向の州もあり）。
5) 振り分けの対象として受理するかについては、州の法令に基づく。
6) 支援型対応に振り分けられた家族に対しては、支援を拒否しても罰則を受けることはない。支援型対応における支援の参加は完全に自主的なものである。ただし、支援の受け入れを拒否したケースを調査介入型対応に戻すことは可能である。
7) 支援型対応においては、虐待者も被虐待児も断定されることはなく、虐待の有無についても追及されることはない。
8) 支援型対応に振り分けられたケースは、通告時においての虐待容疑者についての記録は一切データベースには残らない。

（Merkel-Holguin, Kaplan & Kwak, 2006）

　DRのシステムの流れについては、図12-3に示した。実際には支援型対応[2]以外にも三つ目の対応プロセスである予防的対応（これも州や郡により呼称が異なる）がある場合もあるが、図12-3では従来の調査介入型対応以外の対応が支援型対応のみの場合を示している。
　通告受理については、日本のようにほぼすべての通告ケースを受理するのではなく、子どもの居場所が不確かなもの、州法に定められた児童虐待またはネグレクトの定義に一致していないもの、情報が具体性に欠けるもの等については通告受理スクリーニングの時点で不受理とされ除外（スクリーンアウト）される。アメリカの児童福祉施策は州によって異なり、州が児童虐待通告システムを含む児童虐待施策を一括管理・運営し、各郡での実践を管理する形式（state administered）と、それぞれの郡が通告システムも含む独自の児童福祉施策を持ち、州はそれをスーパバイズする形式（state supervised country administered）の2種類の形式があるため、同じ州の中でもそれぞれの郡が異なるスタイルのDR実践を行っている場合がある。そのためDRは州や郡によって、通告ケースを振り分ける対応トラックの数、システム自体の呼称、振り分けの意思決定をする主体と方法等が異なる。
　2011年に連邦政府より出されたthe Child and Family Services Improve-

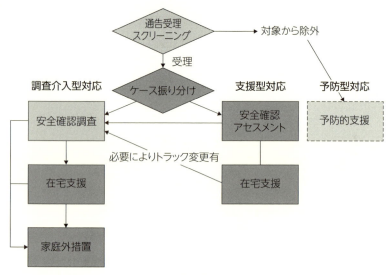

図12-3　DRの流れ
［著者作成］

ment and Innovation Act（「子どもと家族へのサービス向上・改革法」）がDRの普及に大きく後押しをした。この法は最大30州に対して、里親措置の予算を削減することによる余剰金（本来は連邦政府に返却）を、5年間の家族支援に対する変革のためのプロジェクトに使用することを許可するものであり、多くの州がこの法を利用して、DRを導入し始めた。2014年5月現在、州単位・郡／地域単位での実施がされているところを合わせると42州がDRを実施中である（Guterman, Solarte & Myslewicz, 2014）。

第4節　DRの構成要素

　DRをシステムとして構成するためには次の三つの要素が必要であると考えられる。

1. 振り分け基準
   - 振り分け対象となる通告・相談ケースとは何か？　受理ケースすべて？
   - 対象ケースを振り分ける基準（虐待の種別、過去の通告歴、通告や相談内容の特徴など）
2. 振り分けを行う主体
   - 対象ケースの振り分けを決める意思決定の主体はどこか？　機関（日本であれば、児相？　市町村？　第3の新しい独立機関？　協議会？）、どの役職（個人？）
   - 意思決定はどのように行うのか？　個人による判断か、特別に意思決定のために設定されたグループでの判断か？　なんらかの判断のためのツールを用いるのか？　など
3. 振り分けた先の対応トラックの内容
   現状のシステムを反映する児相による介入型対応と市町村による支援型対応にこだわる必要はないと考える。振り分けられたケースに対するそれぞれの対応についての内容。どちらのトラックにおいても安全確認の方法、初回接触までの時間枠（例：緊急・3日以内・5日以内）

第5節　DRの実践について──米国での現地調査を元に（2010年〜2014年9月）

　著者は、それぞれの州での実践の詳細及びすでに長年の実践を行っている州についての実践の効果、また実践にあたっての困難要素等を生のデータを収集することで、資料からは見えてこない、DRの実践状況に関して詳細に把握できると考えた。ケンプセンターやケーシーファミリープログラムスより調査対象の選定や準備のための協力を受け、過去5年継続して調査しているイリノイ州に加え、ニューヨーク州（平成25年度）、カリフォルニア州（平成25年度）、ノースカロライナ州（平成26年度）での現地調査を行った（表12-1参照）。平成27年度についても、アイオワ州及びオハイオ州

表12-1　調査日程

イリノイ州（シカゴ）*	2010年8月（実践準備段階）・2011年8月に現地調査
コロラド州（アラパホ郡）*	2012年9月に現地調査
ミネソタ州（オルムステッド郡）*	2012年9月に現地調査
ニューヨーク州（ニューヨークシティ・クィーンズ地区）**	2013年9月に現地調査
ニューヨーク州（サフォーク郡）**	2013年9月に現地調査
カリフォルニア州（ロサンゼルス郡）	2013年12月に現地調査
カリフォルニア州（オレンジ郡）	2013年12月に現地調査
ノースカロライナ州（ウィルソン郡・ダーラム郡）**	2014年9月に実施

*　2010年度〜2012年度科学研究助成事業の助成による調査
**　平成25〜27年度日本学術振興会学術研究助成基金助成金による基盤研究（C）（課題番号25380835）「日本における児童虐待ケースに対する区分対応システムの開発的研究」の研究助成による調査

表12-2　調査方法

州名	郡名	個人インタビュー	グループインタビュー	資料による文献研究	アセスメント会議等の同席	家庭訪問への同行
イリノイ	クック	○	○	○	×	○
コロラド	アラパホ	○	○	○	○	○
ミネソタ	オルムステッド	○	○	○	×	×
ニューヨーク	クィーンズ	×	○	×	×	×
ニューヨーク	サフォーク	○	○	○	○	○
カリフォルニア	ロサンゼルス	○	×	○	○	○
カリフォルニア	オレンジ	○	×	○	×	○
ノースカロライナ	ウィルソン	○	×	州としての資料○	×	○
ノースカロライナ	ダーラム	○	×		×	○

についての現地調査を予定している。

　調査方法については、1. 個人に対するインタビュー調査（各州でのキーパーソン、SV、ワーカー）、2. DRにおいて直接家族と対応するワーカーに対するグループインタビュー調査、3. 指針や手引きなどの資料による文献調査、4. 会議やグループSVに対する調査、5. 家庭訪問への同行を対象に対して行った（表12-2参照）。

　これらのすべての対象に共通した調査設問として次の四つの設問を準備した。

1. DRの導入に至った背景はどのようなものか？
2. 振り分け基準、振り分けの判断方法、振り分けた先の対応内容
   （調査介入型対応と支援型対応の違い）
3. DRの導入によってどのような効果がもたらされたか？
4. 今後の課題は何か？

インタビューデータに関しては、すべての録音データをナラティブデータ化し、概念メモを作成した。また家庭訪問同行及び会議等の出席については、フィールドノーツを作成し、なるべく多くの「生きたデータ」を記録することに努めた。

結果1. DR導入に至った背景はどのようなものか？

DR導入に至った背景については、それぞれの郡や州での児童虐待問題に対する背景や、通告ケースの特徴に関連する。イリノイ州でのDR導入の目的は、通告・家庭外措置ケースの中のアフリカ系アメリカ人や貧困層の偏りを是正することであった。また、ノースカロライナ州やミネソタ州における導入については、児童保護領域のワーカーたちの児童虐待対応に対するソーシャルワークの不在化に対する疑問が導入の大きな動機づけとなった。ノースカロライナ州では、現場のワーカー中心となり、家族の動機づけに対する新しいアプローチを探索する上で、DRに行き着いた。州政府からのトップダウンの要請ではなく、州内の10郡が自発的に導入を検討、州にボトムアップでの提案を図り、法体制を整えた。後に州内の100あるすべての郡が最初の10郡の導入から5年後にDRを開始することになった。不登校が教育ネグレクトとなるニューヨーク州では、通告ケースの中で学校からの不登校ケースの通告が多くを占めており、学校が児童保護サービスに通告して何も関わらないまま通告されることも多くあった。かといって児童保護サービスとして、不登校ケースに関わるとしても、特に中高生の場合は親も困っていることが多く、従来の調査介入型対応では何もできないことが多かった。また学校からのケースの中には「対応が困

難な親」を懲らしめる目的で児童保護サービスへ通告されたものもあり、児童保護サービスの懲罰的な役割への期待を訂正したいという背景があった。これらの背景にある「DR導入で何を解決しようとしているか」が振り分け基準や方法にも反映している。中でもカリフォルニア州でのDRは州法改正[3)]を行わないままでの導入となり、不受理ケースの中から、地域の事業所が実施する予防型対応にケースを振り分けるものであった。

結果2. 振り分け基準

　振り分け基準については、どの自治体でも共通して、必ず調査介入型対応に振り分けしなくてはいけないケースとして、性的虐待ケース、重度の身体的虐待がある。しかし、初めは低リスクのネグレクトのみを支援型対応に振り分けていた自治体が多いが、支援型対応に慣れてきたり、どのようなケースが適切かが感覚的にわかってきたりすると、どの自治体も振り分け基準が広いものとなり、支援型対応に振り分ける割合も高くなってきていた。一方、ニューヨーク州のサフォーク郡のように、目的をはっきり持って振り分ける場合もある。体罰ケースや薬物依存ケース、中高生と親との身体的な葛藤なども振り分け制度が成熟してくると、支援型対応に含まれるようになる。サフォーク郡では人種的マイノリティの家庭外措置ケースの偏りをなくすために、人種的マイノリティが多い地域に対する通告のみ、かつ、学校教員などをはじめとした通告義務者の通告のみを振り分けの対象ケースとしていた。ゆえに自働的に、人種的マイノリティの教育的ネグレクトケースが支援型対応の対象として多く含まれることとなり、導入の際の目的に適うものとなっていた。

結果3. 振り分け方法

　振り分け方法は概して3種類ある。一つ目は、イリノイ州のように虐待の種別（低・中リスクのネグレクトケース）により自働的に支援型対応に振り分ける方法である。二つ目はコロラド州やミネソタ州のように、現場の支援者がグループで話し合い、振り分けを決める方法である。この方法はREDチームと呼ばれ、サインズオブセーフティの枠組み（図12-4）を使っ

※以下の内容についてホワイトボードに書きながらチームによる話し合いを行う。
▭で囲んだのがカテゴリー

家族の名前	グレーエリア	文化的な考慮点
通告ケースから送致日	通告者にとって明確ではないが、疑わしい家族の状況。リスク要素も含まれる。通告者自身が確認したわけではなく、他から聞いたりした内容も含む。本当にリスクかどうか、実際に正しい情報かどうかを確かめることが必要な要素。	(文化的な信条、価値観、資源に関して家族の生活状況や親の養育状況に影響をもたらす要素)
REDチーム実施日		
ジェノグラム		ストレングス・プロテクティブ要素
脆弱な子どもはいるか？		(家族の資源利用状況、サポート、家族内にある能力、家族が援助を獲れる個人やコミュニティ、家族の中で生まれる例外的な状況)
(5歳以下の子どももしくは身体的知的な発達状況より年齢にかかわらず特に脆弱な子どもがいるか？→はい・いいえ)	複雑化する要素/リスク	
通告した人が職務上通告義務のある通告者であったか？	(安全に対する懸念をもたらす要素または家族状況を複雑にする要素。リスクアセスメント項目も含む。)	バックグラウンド
はい・いいえ		データベースによる犯罪歴や以前の通告歴等
危険性/実際に起こる危害	次のステップ	インテーク結果
(通告者にとって対象となる家族の子どもに差し迫った危険性がある、または虐待されている/ネグレクトされていると思われる要素)	REDチームのインテークの後担当ワーカーが次のステップとして行う行動、または更なるスクリーニング・レビューの有無について	・時間枠(虐待対応からは除外、緊急対応、3日以内対応、5日以内の対応) ・対応(IR[通常の調査介入型対応]かFAR対応か)

図12-4　コロラド州　REDチームスクリーニングマップ

て討議がなされる。三つ目はインテークワーカーがある一定の基準に合わせて、受理とともに振り分けの判断をする方法である。この場合は二重の意思決定システムになっており、必ずSVが結果を確認する（ノースカロライナ州、カリフォルニア州）。ニューヨーク州サフォーク郡の場合は、支援型対応チームのSVが振り分け判断を行った後、チームでの協議を図るという形をとっていた。

結果4．対応の内容と違い

　それでは調査介入型対応と支援型対応の違いは何だろう？　先述した八つの原則に書かれている以外の手続き上の大きな違いは、初回訪問の際に

事前に家族に連絡をし、家族にアポイントメントをとるか否かである。支援型対応の場合は虐待があるか、ないかの証拠を集める必要はないため、事前に連絡をしてもかまわない。実際、著者が衛生面でのネグレクトのケースで初回訪問に同行した際、前の庭にたくさんのごみが捨ててあり、ワーカーの訪問に合わせて、大掃除をしたことがうかがえた。同行したワーカーはそれを見て、「このケースは変化に期待が持てそう！」と喜んでいたのが印象的であった。

　また、支援型対応と調査介入型対応では、意識的に言葉の使い方も違う。支援型では通告ではなく、「連絡」であり、通告内容は「心配事」、調査は「アセスメント」という風に言葉を意識的におき換えることにより、家族を脅えさせないよう、気遣う。

　対応トラックの振り分けと同時に初回訪問までの時間的猶予を設けるところもある。多くの場合は、支援型対応では、初回訪問までの時間猶予は3日から5日以内が多い。コロラドでは、時間枠に対して緊急・3日・5日と振り分けている。支援型対応については、時間的猶予が3～5日とあるところが多かった。緊急度によって時間の枠を設けることで、さらに個々のケースに対しての基礎調査を行い、対応を準備することができる。

　支援型対応でも調査介入型でも共通して行うのは安全（セーフティ）に対する確認である。対応する時間枠に差があっても、支援型対応においても、この部分には妥協はない。セーフティ・アセスメントを行い（リスクアセスメントとは違う）、「差し迫った中から重度の危険性がないか？」を確認した後、必ず家族とも安全についての話を行う。サインズオブセーフティを実践枠組みとして採用しているコロラド州やミネソタ州では、家族からの情報を収集するためのツールである「三つの家」などを使って、どのように家庭を安全な環境にしていくのかを家族とともに初回訪問で話し合っていた。

　支援型対応については、虐待判定を目的とした調査を行わない分だけ、早い段階で虐待事象以外の家族のニーズについても、家族とともにアセスメントし、そのための支援を提供する計画を立てることができる。つまり家族の「困っていること」に対しても一緒に考え、支援を提供することが

できるため、家族との信頼関係や満足度も高くなると考えられる。

結果5．現場で感じるDR導入の効果

どの自治体もDR導入に至っては、従来の懲罰的・強権介入的な虐待対応システムからのパラダイムシフトを図ることを大きな目的としていた。一般市民や関係機関が児童家庭局に対して持つ懲罰的で強権的なイメージを変え、本来の「家族を支援する」機関として認知してもらう。イリノイ州では、DRの担当を2年ごとに調査官と入れ替えることで、児童家庭局内での意識変革も図ろうとしていた。

また、効果測定の結果では、多くの州で家族の満足度、ワーカーに対する受け入れ度、具体的サービスの提供量が支援型対応では多いことが報告されている。ミネソタ州、コロラド州、ノースカロライナ州では、支援型対応に振り分けられたケースでの再通告及び家庭外措置率は調査介入型対応と変わらなかった。

DRを導入することにより、通告受理の際に尋ねる質問も通告内容以外のものを含むようになったことがもう一つの効果である。例えば「子どもが安全になるために必要なのは何だと思うか？」や「家族の強み」もインテークの際に尋ねるようになった。特に通告義務者をはじめとした通告者も尋ねられることによって、虐待事象やリスクに関することだけでなく、ストレングスも含めて家族を多角的にとらえる必要性を伝えるという効果もあった。

結果6．今後の課題

イリノイ州にて、実験モデルを用いて2年間のDR実践について行った効果測定では、支援型対応のほうが再通告率が高いという結果となった。これは、ケーシー財団が17自治体についてまとめた報告書の中では、唯一再通告率に関する否定的な結果であった（Guterman & Myslewicz, 2014）。これについては、元DR関係者の数名が「イリノイ州のDRがやろうとしていたことは間違っていなかったが、関係機関は今までと同じ見方で家族のことを見ていて、強制介入的な児童保護サービスが入らないことに対し

ていらだち、支援型対応を行っているケースに対しても、同じ人が再び通告したというケースが多かった」といっていたことが印象的であった。また調査介入型を担当する調査官が「自分たちの担当ケースがDRが導入されることで減り楽になるはずだったのに、なっていない」とストライキを起こしたことも中止の原因だといわれている。DR導入により、児童家庭局内、関係機関及び社会全体の虐待対応に関するパラダイムシフトを図ることを大きな目的としていたが、州政府が州の児童福祉施策を監督するイリノイ州のトップダウンのやり方では、局内内部や関係機関の「虐待」という事象からの視点の転換は難しく、その分、抵抗を受けてしまった。

また、ミネソタ州のように、10年以上長い振り分け経験を持つ州では、DR実践が長くなれば長くなるほど、支援型対応への振り分けケースの割合が全体の70～90％と高くなり、結局は二つの対応内容にあまり違いが見られなくなるという現象が起こってしまう。そんな時に立て続けに死亡事件が起こると、DR自体が批判の対象となり、加えて政治的なプロパガンダとして利用されることも起こってしまっている（Star Tribune, 2013）。

子ども虐待自体が、感情を伴う話題であり、特に死亡事例に対しては、世論が強く反応してしまうことは否めない。イリノイ州とミネソタ州で起こったことは、それゆえ懲罰的・強権的対応から家族支援の視点へのパラダイムシフトがそれだけ難しく時間がかかるものであることを示す好例であると思われる。

第6節　DR実践による効果

以上、現地調査の結果に加え、「本当にDRは家族支援に効果があるのか？」「支援型対応に振り分けられても子どもは安全なのか？」などのDRの効果について、効果測定に関する文献レビューの結果を紹介したい。

まずはDR導入の際に最も懸念された「調査をしないで子どもの安全性は確認できるのか？」という点である。ミネソタ州における2001年のランダム化比較試験（Randomized control trial）による効果測定では、支援型対応のほうが再通告率は低く、再通告された場合でも子どもの措置率が低

かった。オハイオ州、ニューヨーク州での効果測定でも同様の効果が認められている（Guterman & Myslewicz, 2013）。特にオハイオ州の結果では、特に貧困層・人種的マイノリティにおける再通告率が低かった（Loman, Filonow & Siegel, 2010）。つまり、通告内容によって強制介入型・支援型対応に振り分けるDRのシステムを導入することで、子どもの安全を犠牲にしていないことがいくつかの州の効果測定で有意に確認されている（Fuller, 2012; Guterman & Myslewicz, 2013）。

質的調査による結果では、支援型対応のほうが調査介入型対応よりも家族の支援に対する従事度（engagement）や満足度が高く、衣服・食料・経済的・求職に対しての援助がより多く提供されていた。

コスト評価においては、ミネソタ州における評価結果では、ケース開始時は支援型対応のほうがケース開始時の費用はかかるものの、最終的には調査介入型より安くなるという結果となった（The Institute of Applied Research St. Louis, 2006）。反対に、オハイオ州の評価では支援型対応のほうがコストはかかるという結果が出ている（Loman, Filonow & Siegel, 2010）。

DRの効果測定については「支援型対応」の内容は州や郡により様々であるため、一様に比較することは難しいが、いずれにしても「調査介入型対応」のみの以前の児童保護システムでは支援が届かなかった家族に対しても、支援がより効果的に届いていることが実証されており、子どもの安全に関しても、「振り分けシステム」が妥当な基準をもってケースを振り分けており、DRによって子どもの安全が犠牲になっていないことが統計的に証明されていた。コストについては特に初期にある程度の投資は必要なのかもしれないが、結果「再通告を予防することに効果がある」「コミュニティの資源に結びつける」「全体の通告数が減少する」のであれば、長期的には、州や郡の児童福祉システム全体のコストダウンにつながると期待されている。

第 7 節　アメリカ合衆国のDR実践から学ぶ日本の児童虐待対応が必要なものとは？

　繰り返し述べているように、日本における児童虐待対応は、子どもの安全を確保するために「強制的介入が必要なケース」と、家族にリスク（脆弱性）がありながらも、子どもに差し迫った危険がないため「家族維持を目的とした在宅支援が必要なケース」が混合されたまま、まずは「安全確認」ということだけが強調されつつある現状がある。もちろん独自に、安全確認から「支援」につなげる方法を試行錯誤している児相や市町村もあるが、「安全確認」のみで終わってしまっているところも少なくはない。「安全確認」は優先すべきだがすべてではない。「安全確認」のみならず、家族が「子どもにとってよりよい環境」となれるような支援につながる「きっかけ」にしていけるような児童虐待対応システムにしていかなくてはならない。

　子どもにとって家族が「安全で安心して成長できる環境」となるために、可能である限り、社会の責任において「子どもが現在、愛着を持っている家族のもとで生活できるように」支援することこそが、「子どもの最善の利益」のための支援である。そのためには増え続ける通告ケースに対して、①強制介入型対応と支援型対応の振り分けシステム、②「家族維持」を目的とした支援型対応、の二つを開発していく必要がある。そのためには次の４点について議論を進め、検討していく必要があると考える。

　まず一つ目は、「振り分けの対象となるケースの整理」である。実際に市町村・児相ともに純粋な通告・相談件数は統計として国から求められておらず、「虐待の件数」自体も母子保健など別部署が持っているケース、虐待とは判断しづらいケースはカウントから外されている場合もある。また、カウントの方法も様々であり、市町村と児相での重複カウントも多い。市町村が担当している要保護ケース、要支援ケースについても、虐待の事実や疑いがあっても障がいケースや非行ケースとして扱っているものもある。これらの混乱したケース区分について、今一度整理をし、ある程度、統一した種別化をルール化することが「振り分ける対象」が何かを見極め

るための前提になると思われる。

　二つ目は「ケース振り分けの基準」である。アメリカ合衆国の四つの州でのDR実践に対する調査においてもそれぞれの州で振り分ける基準や方法は異なっていた。どれだけの幅で支援対応型ケースを受け入れるかは、実践を行う側の安全確認に対するアセスメントと支援技術の自信によるところも大きい。全米においてはDRの対象となるケースは平均約10％である（U.S. Department of Health & Human Service, 2013）。どれだけ支援型対応に振り分けることができるかは、人的資源・実際に支援を提供する支援者の技術・支援型対応の範囲（どれだけの期間、どのような支援を行うことを目的とするか）によって違う。ミネソタ州オルムステッド郡などは全体の通告受理件数の約90％を支援型対応としていたし、サフォーク郡では対象地域の通告受理件数の約10％であった。実施の経験を積めば積むほど、支援型対応に振り分けるケースの幅も広がってくるようである。

　また、始めはセーフティ（差し迫った中度から重度の危険性が起こる可能性）を振り分け判断の基準としていても、振り分けシステムが熟成すると、ケースの中身（家族の状況や、これまでの関わりの履歴、今後の関わり方に最適な対応方法）を考慮して判断することになってくる。誤解なきよう強く訴えたいのは、DRは決して「緊急度の低いケースを丸投げするためのシステム」ではなく、「家族を必要な支援につなげるための振り分けを行うシステム」であるということである。初期対応時の先の見通しが判断の基準となる。

　ケースの振り分けの意思決定においては安全確認の方法と考え方も重要となる。「支援型対応」になった場合でも、「安全確認」は必ず行う。「通告内容にある虐待の有無」については問わないが「子どもの安全に対して差し迫っている危機がないこと」はきっちりと確認する。支援型対応に振り分けた後、子どもの安全確認に対して時間的猶予（3日以内）を設ける場合（イリノイ州・ミネソタ州）もあればニューヨーク州のように支援型対応ケースでも48時間以内という安全確認の時間枠を設けている（間接的な確認でも可能だが）ところもある。また、コロラド州のように時間枠も振り分けの際に意思決定するという形のところもある。しかし、安全確認のプロ

トコルは必ず行い、一切の妥協はしない。日本の場合はこの「子どもに対する差し迫った危機（Safety concern/immediate danger）」という考え方と「このままだと子どもに着実に悪い影響がある状態（danger/harm/risk）」「家族の状況を複雑にしている要素、脆弱性（risk, vulnerability）」、いわゆる「リスク」と「セーフティ」が未だ混在してしまっているようである。どの状況に対して、どんな目的でどのような対応を行うかを整理することで振り分けが可能となり、その基準も明確になると考えられる。

　三つ目は「支援型対応の内容」である。「支援型対応」に振り分けられたケースは子どもの安全に対して差し迫った危機がないケースであり、強制介入の必要がないケースであるため、その意思決定やアセスメントに家族の意思は反映されるべきである。家族のニーズについても家族とともに考え、支援していく必要がある。本著の調査でも明らかになったように日本においては家族の当事者参加に対して未だ戸惑いを隠せない支援者も多い。支援型対応の目的を家族と支援者の両方がしっかり理解した上で、ともに取り組む必要がある。支援者にとっては今までの虐待対応の考えからの意識改革が迫られる。

　支援型対応を行うにあたって、最も大きな困難となるのは地域でのサービス資源の不足である。本著の調査でも明らかになったが、児童福祉の分野において民間によるサービス供給が限られており、あっても「障がい児対象」であったり「ひとり親対象」であったりと対象が限定されてしまっている。また公的なサービスにおいては、余計に縦割り行政により対象が限定している中、包括的な「家族維持」を目的とした支援を展開するには限界がある。障がい領域や高齢者領域の支援費制度や介護保険制度を参考とした、子育て家庭が自由に必要な時にサービスを組み合わせて使えるような柔軟なサービス供給システムの開発も併せて進める必要がある。また物質供給についても、ある程度自由に使えるような予算を支援型対応に対して設けてほしい。子どもが安全で安心して暮らせる家族環境を作るためには必要な投資だと考える。

　また日本の場合、現在の児童虐待対応は児相と市町村の2層化となっているため、この支援型対応の主体はどちらが行うのかというのは大きな課

題になる。また市町村の要保護児童対策地域協議会がどのような役割を支援型対応において果たすのかも考慮が必要な点だろう。

　四つ目は「支援によって目指す理念の共有」である。いくつかの州でDRが中止になった理由として、DRに対する組織的な理解を得られなかったことがあった（Guterman & Myslewicz, 2014）。DRは初期投資が必要な試みであり、しかも再通告率・通告件数・家庭外措置件数の低下などの数字にその効果が現れるまで、ある程度の時間がかかる。予算の確保等、継続した組織的な理解と支援がなくては、効果的な実践は難しいであろう。また旧来の調査介入型対応を残したままのシステムとなるため、仕事量の不平等やマンパワーの不足などの状態が初期には特に見られるかもしれない。上層部だけの理解ではなく、直接家族に関わる支援者、通告の義務の関係機関において、あらゆるレベルで家族支援に関わる人々が共通した理念を持つことは不可欠である。そのためには、いろいろな場所で「何を目指すべきか」についてしっかりと討議し、意見を交換する機会を設けることがまずは大事なのではないだろうか。それぞれがいろいろな思いを持っている中で、言語化して意見を交換する、そこから共通理解や理念の共有につながっていくと思う。

　現在、人事異動が伴う公務員の立場で児童虐待施策が実施されている状況において、実践に伴う意思決定の基準、支援の手続き、役割などが、人が異動する度に変わってしまい、その度に対応や手続きが変わってしまうという事態が起こってしまっている。もともと、指針や手引きに書いてある「連携」や「後方支援」などの言葉についても、実際には中身がわからないままでルール化されず、「ケースバイケース」とお茶を濁されている状態も公然の事実となってしまっている。人によって、自治体によって、対応が違うというのはあってはならないことなのではないだろうか？　支援者にとっては仕事であっても、家族にとっては人生であり、対応によってその人生が変わってしまうかもしれないのだから。児童虐待対応として対応する目的、その内容をきっちりと言語化し、共有する。人依存ではなく、システムに帰属された手続きとする。その作業こそが日本の現場では

まず必要であるし、そうすることによって日本独自の「区分対応システム」が開発できると考えている。日本の児童虐待対応にもソーシャルワークを取り戻すべきであり、今ここで「児童虐待ケースへの対応」ではなく、「家族維持を目的とした家族支援」に向けての改革が求められているのである。

注
1) 子ども1万人あたりの虐待対応件数（平成22年度）は児相では27.0件（福島県除く）、市町村では32.1件（岩手県、宮城県一部、福島県除く）となっている（佐藤，2012）。
2) なお、本著では、DRの説明の際、従来からの強権介入的な調査を行う対応のことを「調査介入型対応」、それ以外の方法をとる対応のことを「支援型対応」と呼称を統一することとする。実施している州や郡により、「介入型対応」のことを「伝統的トラック（traditional track）」「調査対応（investigation track）」等、「支援対応」を「代替対応／反応（Alternative track/ response）」「アセスメントトラック（Assessment track）」等と呼称がバラバラであり、一般的にはtrack（「流れ」「道筋」）という表現が多く使われているが、日本語では語意が伝わりにくいため、「対応」という言葉に統一する。
3) 1980年連邦法以降、全州にて「すべての通告受理ケースに対して虐待の有無を判定する調査を義務付ける」という内容を州法に盛り込むことが義務付けられたため、DR実践のためにはこの部分の改正が不可欠となる。

おわりに

　私がこの「家族維持」という実践をテーマに研究を始めたきっかけは、15年前に大学院修士課程での2年間の実習で児童養護施設で子どもたちに出会ったことでした。「うちのお母さんのカレーは世界で一番おいしいねんで！」「うちのお父さんはとてもやさしくて力持ちやねん！」。特に小学生の子どもたちは、実習生である筆者に対して、自分のお父さん、お母さんがいかに素晴らしいか、ということを競うようにして話してくれました。だからこそ、その子たちの措置理由が虐待によるものであったことを知った時はとてもショックでした。毎年七夕では「お母さんと一緒に住みたい」「お父さんに会いたい」と書かれた短冊がたくさん笹に飾られました。
　実習していた2年間、この子たちはどれだけひどいことをされても親を愛することをやめないのだと痛切に感じました。だからこそ、どうしてこの子たちは家族と引き離されて、施設で生活しなくてはいけなかったのか？　それまでに何かできることはなかったのか？　この子たちが施設に措置されたとしても、親が変わらなければ新しい子どもが生まれたら、同じことではないのか？　それらの疑問が、この「家族維持」というテーマに興味を持った原点でした。
　アメリカにFamily Preservationという実践プログラムがあるということを知って、実際、その実践を現地で学びたいと思いました。いつか、日本でもなるべく多くの子どもたちが家族から引き離されることなしに安全に生活できるために、自分がアメリカで学んで来ることができればと思いました。そうでないと、私が実習先で出会った子どもたちに申し訳ないと思ったのです。
　シカゴ市内で実際にFamily Preservationのワーカーとして、シカゴ市内南部・西部地域で家庭訪問を始めた時は、アメリカの児童虐待ケースのひどさを身にしみて感じました。「明日、訪問するまでに担当している子どもが無事でいますように…」と祈らずにいられない夜がたくさんありま

した。在宅で家族を支援することのワーカーのプレッシャーが自分でワーカーをしてみて痛いほどわかりました。「こんな親のもとで育ったら、子どもがダメになるわ!」とその場から子どもを連れて帰りたい衝動に駆られた時もありました。

　それでも、私は世界でたった一組のお父さん・お母さんを子どもから取り上げる権利は誰にもないと信じています。引き離さないといけない時は、「できる限りのことをした。それ以外に仕方がなかった」と援助者として胸を張って言える時でなくてはいけないと信じています。もちろん、現場の方々は身の切るような思いで、それを決断されるのでしょう。私もシカゴでの短いワーカー時代に、2回、子どもの措置を裁判所に申し出ました。裁判所で泣きじゃくる子どもたちを見て、身を切られるような思いをしました。「自分がした決断が本当に正しいものだったのか」とその夜は眠れないくらい悩みました。

　この研究は研究としては本当に拙いものです。ただ、私が1995年の夏に初めて児童養護施設に踏み入れてから、ずっと自分のこだわってきた「家族維持」を「研究」としてやっと一つの形にし、書籍として刊行することができました。本著は、私にとって、ソーシャルワーカーとして、研究者としての、家族維持に対する「正当な努力」の形です。

　本著では、現在のアメリカ合衆国での児童虐待対応システム改革であるDifferential Responseを最終章として加えました。この調査は平成25～27年度　学術研究助成基金助成金（基盤助成C）助成研究（課題番号25380835）である「日本における児童虐待ケースに対する区分対応システムの開発的研究」の一部です。Family Preservationからの流れとして、「子どもの救命」だけではない、家族を中心とした支援の展開へとパラダイムをシフトさせる改革を試みているアメリカの現在の状況から日本が学べる部分は大きいと思います。本調査を通し、過去5年にわたって、アメリカのたくさんの地で、たくさんの同じ思いを共有しているDR関係者と出会いました。メール一つで、交通手段がない私をホテルや空港から送迎してくださったり、家庭訪問に同行させてくださったり、自分たちの持っ

ているすべてを、私の思いに賛同するからこそ、惜しみなく提供してくださいました。アメリカ合衆国における児童虐待対応システム、特にDifferential Responseに関しては、誰にも負けないくらいの情報と知見、そして人脈を、この調査から得ることができたと思っています。本著によって、それをできるだけ提供できればという思いから加筆しています。

　最後に子どもを思い、家族を思い、子ども虐待領域の現場で対応してらっしゃる方々に最高の敬意を表したいと思います。少しでも、本著が子どもと家族のためへのよりよいシステムを作り出すことに貢献できますことを心より願っております。

畠山　由佳子

謝　辞

　この著書は亡き私の父に捧げます。父が持病の間質性肺炎で入院したのは、ちょうど博士論文のための全国市町村調査の回収期間中でした。毎日の様に面会時間ギリギリに病室に滑り込む私の姿が見えた途端、「今日は何通返ってきた？」と尋ね、答えるとその数字を手帳に書き込み、「半分返ってくるまで、もうちょっとやなあ」とまるで自分のことの様に、容体が急変して意識を失う前の日まで、回収率を気にしてくれていました。本当ならば生きているうちにこの論文の完成と本著の刊行を見せてあげたかったです。お父さん、本当にありがとう。あなたの励ましがなければ、研究は完成しませんでした。

　この論文の完成と著書の刊行にあたり、たくさんの方々のご指導、ご支援をいただきました。本著にも執筆してくださった指導教官の芝野松次郎先生、お忙しいなか、博士論文の副査を快く引き受けてくださった加藤曜子先生、才村純先生、児童福祉司の調査について、ご指導、ご協力いただいた前橋信和先生、その他にもたくさんの市町村で在宅支援に当たられている方々、シカゴの元同僚や友人たちの協力がなければ完成させることができませんでした。
　アメリカでのDRの調査にはたくさんの人の協力を得ました。私の思いを心から理解し、Family Preservationの調査からDRの調査までつないでくれたErwin McEwen氏には本当に感謝しています。私のシカゴのビッグブラザーです。ありがとう、Mac。そして私の大切な友人の、Casey Family ProgramsのKai Guterman氏にもお世話になりました。ありがとう、Kai。
　Kempe CenterのAmy Hahn氏　とButler Institute for FamiliesのLara Bruce氏には調査協力者の紹介と調査対象の選定に対して多大なご協力をいただきました。調査対象の各州にて受け入れをしてくださった方々、エ

スコートしてくださった方々、家庭訪問に同行させてくれたワーカーの方々、本当に忙しくストレスフルな仕事なのに、貴重な時間を私に割いてくださいました。ここには名前が書ききれないけれど、本当に感謝しています。DRの調査で私が得た最大の功績はその膨大な調査データとともに、かけがえのない同志との出会いでした。今後も大切にしていきたいと思っています。

　そして、科研DRドリームチームのメンバーたち！　加藤曜子先生、有村大士先生、伊藤徳馬さん、渡邉直さん、吉田恵子さん、笹井康治さん、土橋俊彦さん、田代充生さん、八木有理子さん、坂清隆さん、本当にありがとう！　最高のメンバーです。今後ともよろしく！

　支えてくれた私の友人たち、調査に協力してくださり、アドバイスをたくさんくださった芝野ゼミや関学の先輩や友人たち、本当にありがとう。いつの間にか、私が世話しているつもりが、私が世話される側になっていて、時には喝を入れてくれる私の大事な弟、上田くん、ありがとう。

　この数年の間いろいろなことがあったけれど、いつも支えてくれた私の親友（Bestie）チャカの存在も大きなものでした。不安な時にいつも励ましてくれて本当にありがとう。今は距離が離れてしまっているけど、心の距離は離れずに、ずっとこれまでどおり私の大切な親友でいてください。

　本著の刊行にあたっては、平成27年度　行吉学園　教育・研究助成費出版助成をいただきました。また明石書店の深澤さん、岡留さんは、刊行に際して覚悟ができない私の背中を押してくれ、私のひどい日本語を直してくださり、的確なアドバイスをくださいました。本当にありがとうございます。お世話になりました。

　最後に、父が亡くなってから寂しい思いをしながらも、博士論文の完成とこの本の刊行を応援してくれた母に感謝します。子ども虐待という分野を研究すればするほど、子どもを育て上げることの大変さを理解し、ここまで私を育ててくれたことはすごいことなのだと思わせてくれました。いつも迷惑と心配をかけてごめんなさい。ありがとう。

これからもたくさんの人たちに支えられていることを忘れずにいたいと思っています。

　2015年11月　　　　　　　　　　　　　　　　　　ハタケヤマ　ユカコ

引用文献

安部計彦（2010）．「要保護児童対策地域協議会を活用した在宅支援の充実に関する調査研究」．『こども未来財団平成21年度児童関連サービス調査研究等事業報告書』．

秋山邦久（2007a）．「第3章　1970年代までの事例研究：『児童相談事例集』の分析」．保坂亨（編），子どもの虹情報研修センター（企画），『日本の子ども虐待──戦後日本の「子どもの危機的状況」に関する心理社会的分析』(pp.11-15)．福村出版．

─── (2007b)．「第7章　1980年代の事例研究：『児童相談事例集』の分析」．保坂亨（編），子どもの虹情報研修センター（企画），『日本の子ども虐待──戦後日本の「子どもの危機的状況」に関する心理社会的分析』(pp.117-127)．福村出版．

Alexander, R. Jr. & Alexander, C.L (1995). The impact of Suter v. Artist M. on foster care policy. *Social Work*, 40(4), 543-548.

安梅勅江（2001）．『ヒューマン・サービスにおけるグループインタビュー法──科学的根拠に基づく質的研究法の展開』．医歯薬出版株式会社．

─── (2003)．『ヒューマン・サービスにおけるグループインタビュー法Ⅱ──活用事例編』．医歯薬出版株式会社．

有村大士（2009）．「日本における子どものマルトリートメント対応システムの検討と課題」．『日本子ども家庭総合研究所紀要』，45, 417-424.

Ahsan, N. (1996). The family preservation and support services program. *The Future of Children*, 6(3), 157-160.

Barth, R.P., Courtney, M., Berrick, J.D., &Albert, V. (1994). *From Child Abuse to Permanency Planning: Child Welfare Services Pathways and Placements*. New York: Aldine De Gruyter.

Barth, R.P., Wulczyn, F., & Crea, T. (2005). From anticipation to evidence: Research on the adoption and safe families act. *Journal of Law and Social Policy*, 12(3), 371-399.

Bath, H.I., Richey, C.A., & Haapala, D.A. (1992). *Child age and outcome correlates in intensive family preservation services. Children and Youth Service Review*, 14, 389-406.

Bergquist, C., Szwjda. D. & Pope, G. (1993). *Evaluation of Michigan's Families First Program: Summary Report.* Lansing: the department of Human Services, Michigan. Retrieved Feb. 27, 2011, from http://www.michigan.gov/dhs/0,1607,7-124-5458_7695_8366-21909--,00.html)

Blome, W.W. (1996). Reasonable efforts, unreasonable effects: A retrospective analysis of the 'reasonable efforts' clause in the Adoption Assistances and Child Welfare Act of 1980. *Journal of Sociology and Social Welfare*, 23(3), 133-150.

Blythe, B.J. & Patterson, S.M. (1994). A review of intensive family preservation services research. *Social Work Research*, 18(4), 213-225.

Bronfenbrenner, U. (1979). *The Ecology of Human Development: Experiments by Nature and Design.* Cambridge, MA: Harvard University Press.

茅ヶ崎市（2010）.「業務方針と重点事務事業」. Retrieved 2011年5月20日, from http://www.city.chigasaki.kanagawa.jp/dbps_data/_material_/localhost/070kodomo/020kodomo/gyoumukeikaku.pdf

Child Welfare Information Gateway: Children's Bureau (2008). *Differential Response to Reports of Child Abuse and Neglect: Issue Brief.* Retrieved Dec. 15, 2009, from www.childwelfare.gov/pubs/issue_briefs/differential_response

Child Welfare League of America (2003). *Standards of Excellence for Services to Strengthen and Preserve Families with Children* (revised ed.). Child Welfare League of America.

Cimmarusti, R.A. (1992). Family preservation practice based upon a multisystems approach. *Child Welfare*, 71(3), 241-256.

Division of Training and Development, Department of Children and Family Services Illinois (2000). *Child Welfare Employee Licensure Study Guide.*

Fantuzzo, J. & Perlman, S (2007). The unique impact of out-of-home placement and the mediating effects of child maltreatment and homelessness on early school success. *Children and Youth Service Review*, 29, 941-960.

Feldman, L.H. (1991). Evaluating the impact of intensive family preservation services in New Jersey. In Wells, K. & Biegel, D. E. (Ed.). *Family Preservation services: Research and Evaluation.* (pp.47-71). Newbury, CA: Sage Publications.

Flick, U. (2002).『質的研究入門――「人間の科学」のための方法論』（小田博志・春日常・山本則子・宮地尚子, 訳）. 春秋社. (Original work published 1995)

Frankel, H. (1988). Family-centered, home-based services in child protection: A review of the research. Social Service Review, 62(1), 137-157.

Fraser, M.W., Nelson, K.E., & Rivard, J.C. (1997). Effectiveness of family preservation service. *Social Work Research*, 21(3), 138-153.

Fraser, M.W., Pecora, P.J. & Haapala, D.A. (1991). *Families in Crisis: The Impact of Intensive Family Preservation Services.* Hawthorne, NY: Aldine de Gruyter.

藤田譲（2007）.『血液透析患者の対処モデルの検討――科学的根拠に基づくソーシャルワーク実践（Evidence-based Social Work Practice）に向けて（博士号学位論文）』. 関西学院大学大学院社会学研究科提出.

Fuller, T. (2012). Differential Response: Sounds Great! But Does it Work? (presentation slides) at 2012 Family Impact Seminar and the 2012 Council on Contemporary Families Annual Conference April 27, 2012

Germain, C.B. (1973). An ecological perspective in casework practice. *Social Casework*,

54, 323-330.
―――(1987). Human development in contemporary environment. *Social Service Review*, 61, 565-579.
―――(1991). *Human behavior in the social environment: An ecological view*. New York: Columbia University Press.
―――(1992). *An ecological perspective in case work practice*.『エコロジカル・ソーシャルワーク――カレル・ジャーメイン名論文集』小島蓉子（編訳）．学苑社．(Original work published 1973)
Goldstein, J., Freud, A., & Solnit, A.J. (1973). *Beyond the Best Interests of the Child*. New York: The Free Press.
―――(1979). *Before the Best Interests of the Child*. New York: The Free Press.
Goldstein, J., Solnit, A.J., Freud, A., & Goldstein, S. (1986). *In the Best Interest of the Child*. New York: The Free Press.
Goldstein, J., Solnit, A.J., S. Goldstein & Freud A. (1996). *In the Best Interests of Child—the least Detrimental Alternative*. New York: the Free Press.
Greene, R.R. (2007). *Human Behavior Theory and Social Work Practice: A risk and resilience perspective*. Pacific Grove, CA: Brooks and Cole.
Guterman, K, Solarte, K and Myslewicz, M (2014). The Differential Response (DR) Implementation Resource Kit: A Resource for Jurisdictions Considering or Planning for DR. Casey Family Foundation. Seattle WA.
Halper, G.& Jones, M.A. (1981). *Serving Families at Risk of Dissolution: Public Preventive Services in New York City*. New York: Human Resources Administration, Special Services for Children.
Hartman, A. & Laird J. (1983). *Family Centered Social Work Practice*. NY: The Free Press.
長谷川眞人（2001）．「児童虐待と人権侵害調査等の歴史」．Retrieved 2010年3月19日，from http://www.manabi.pref.aichi.jp/general/01120357/0/kouza3/section2.html
畠山由佳子（2007）．「家族維持を目的とした「正当な努力（reasonable efforts）」に対する一考察――アメリカ・イリノイ州でのインタビュー調査結果を通して」．『子どもの虐待とネグレクト』，9(1)，7-15．
―――（2010）．『児童虐待在宅ケースに対する日本版家族維持実践モデルの開発的研究：平成19年度・平成20年度科学研究費補助金（若手研究スタートアップ）研究成果報告書』．
―――（2011）．「市町村における在宅支援エクスパートインタビュー調査」．Unpublished raw data.
―――（2012）．「コロラド州・ミネソタ州における現地調査」．Unpublished interview raw data.
畠中宗一（2003）．『家族支援論』．世界思想社．

畠中宗一・木村直子（2008）．『子どものウェルビーイングと家族』．世界思想社．

Hayward, K & Cameron, G. (2002). Focusing intensive family preservation services: Patterns and consequences. *Child & Youth Care Forum*, 31(5), 341-355.

Hennepin County Community Services Department. (1980). *Family Study Project: Demonstration and Research in Intensive Services to Families.* Minneapolis.

平野佐敏（2008）．「虐待への初期対応」．津崎哲郎・橋本和明（編）．『最前線レポート児童虐待はいま──連携システムの構築に向けて』．(pp.29-41)．ミネルヴァ書房．

平野裕二（2010）．「ARC 平野裕二の子どもの権利・国際情報サイト──子どもの権利委員会総括所見：日本（第3回）2010年6月11日」．Retrieved 2010年3月19日, from http://www26.atwiki.jp/childrights/pages/14.html

Hollis, F. (1964). *Casework: A psychosocial therapy.* New York: Random House.

本間博彰・安部計彦・山本善造・犬塚峰子・村瀬修・鳴海明敏ら（2003）．「児童相談所における児童虐待対応の進行管理に関する研究 平成15年度厚生労働科学研究費補助金（子ども家庭総合研究事業）」．『児童虐待に対する治療的介入と児童相談所のあり方に関する研究分担報告書』, 339-367.

保坂亨・増沢高・石倉陽子・佐々木宏二（2007）．「第1章 1970年代までの社会、家族、子どもをめぐる状況」．保坂亨（編），子どもの虹情報研修センター（企画），『日本の子ども虐待──戦後日本の「子どもの危機的状況」に関する心理社会的分析』．(pp.11-15)．福村出版．

法務省（2011）．「児童虐待防止のための親権制度研究会報告書」．Retrieved 2012年2月17日, from http://www.moj.go.jp/content/000033295.pdf

Hunner, R.J. (1986). Reasonable efforts to prevent placement and preserve families; Defining active and reasonable efforts to preserve families. *Children Today*, Nov-Dec, 26-32.

飯山市（2008）．「飯山市要保護児童等対策地域協議会設置要綱」．Retrieved 2012年8月17日, from http://www.city.iiyama.nagano.jp/reikisyu/d1w_reiki/42090250003000 0000MH/420902500030000000MH/420902500030000000MH_j.html

池谷和子（2009）．『アメリカ児童虐待防止法制度の研究』．樹芸書房．

Institute of Applied Research (2006). Extended Follow-up Study of Minnesotasyu/ d1w_reiki/420902500030000000MH/420902500030000000MH/420902 Minnesota Department of Human Services.

Jacobs, F. (2001). What to make of family preservation services evaluations. Chapin Hall Center for Children, discussion paper. Retrieved Dec. 12, 2009, from www.chaipin.uchicago.edu

Jones, M.A. (1985). *A Second Chance for Families, Five Years Later: Follow-up of a Program to Prevent Foster Care.* New York: Child Welfare League of America.

Jones, M.A., Neuman, R., & Shyne, A,W. (1976). *A Second Chance for Families: Evaluation of a Program to Reduce Foster Care.* New York: Child Welfare League of Amer-

ica.
神奈川県児童相談所虐待防止班（2006）．『「子ども虐待」への家族支援──神奈川県児童相談所における「子ども家庭サポートチーム（虐待防止対策班）」「親子支援チーム」の取り組み』．
金子龍太郎（2004）．「愛着理論に基づいた具体的なパーマネンシープランニングの提言」．『子どもの虐待とネグレクト』，6（1），33-42.
Kaplan, L. & Girard, J.L. (1994). *Strengthening High-Risk Families: A Handbook for Practitioners*. New York, NY: Lexington Books.
柏女霊峰（2005）．『市町村発子ども家庭福祉』．ミネルヴァ書房．
─── (2008)．「子どもの権利を保障するための視点──子ども家庭福祉の再構築を迎えて」．『月刊福祉』，2008 年 7 月号，12-17.
加藤芳明・福間徹（2005）．「児童相談所における家族支援プログラム」．『母子保健情報』，50，151-154.
加藤曜子（2004）．「日本における児童虐待防止における在宅支援の課題──市町村虐待防止ネットワークの個別事例ネットワーク会議の在り方」．『ソーシャルワーク研究』，30（2），41-47.
─── (2005)．『市町村児童虐待防止ネットワーク』．日本加除出版．
─── (2007)．「市町村及び民間団体の虐待対応ネットワークに関する研究：市町村における虐待対応ネットワーク（要保護児童対策地域協議会）実態と課題」．『平成 19 年度厚生労働科学研究費補助金 （子ども家庭総合研究事業）児童虐待等の子どもの被害、および子どもの問題行動の予防・介入・ケアに関する研究 主任研究者 奥山眞紀子 分担研究報告書』．
─── (2010)．「児童虐待の防止に向けた地域の取り組みの現状と課題：自治体、NPO との連携」．『季刊社会保障研究』45（4），407-416.
─── (2011)．「児童虐待に対するソーシャルワーク──アセスメントに関する課題」．『ソーシャルワーク研究』21．27-38.
川崎二三彦（2006）．『児童虐待──現場からの提言』．岩波新書．
Kelly, S. & Blythe, J.B. (2000). Family preservation: A potential not yet realized. *Child Welfare*, 76(1), 29-41.
Kinney, J.K., Haapala, D., & Booth, C. (1991). *Keeping Families Together: The Homebuilders Model*. Hawthrone, NY: Aldyne De Gruyter.
Kinney, J.M., Madsen, B., Fleming T., & Haapala, D.A. (1977). Homebuilders: Keeping Families Together. *Journal of Consulting and Clinical Psychology*, 45(4), 667-673.
Kirk, R.S. & Griffin, D.P. (2007). *An Examination of Intensive Family Preservation Services*. Retrieved May 19, 2011, from http://www.nfpn.org/preservation/ifps-research-report.html
北川清一（2000）．『新・児童福祉施設と実践方法──養護原理のパラダイム』．中央法規出版．

Knepper, P.E. & Barton, S.M. (1997). The effect of courtroom dynamics on child maltreatment proceedings. *Social Service Review*. June. 288-308.

小林雅之（2004）.「民間委託・行政のアウトソーシングと自治体関連労働者」. 西谷敏・晴山一穂・行方久生（編）.『公務の民間化と公務労働』(pp.201-226). 大月書店.

小林美智子・松本伊知朗（2007）.『子ども虐待　介入と支援のはざまで』. 明石書店.

Kopels, S. & Rycraft, J.R. (1993). The U.S. Supreme court rules on reasonable efforts: A blow to child advocacy. *Child Welfare*, 72(4), 397-406.

厚生労働省（2007a）.「平成18年度社会福祉行政業務報告（福祉行政報告例）」. Retrieved 2010年3月19日, from http://www.mhlw.go.jp/toukei/saikin/hw/gyousei/06/dl/data.pdf

───（2007b）.「要保護児童対策地域協議会（子どもを守るネットワーク）スタートアップマニュアル」. Retrieved 2010年12月15日, from http://www.mhlw.go.jp/bunya/kodomo/dv14/

───（2008b）.「児童虐待を行った保護者に対する援助ガイドライン」. Retrieved 2010年3月19日, from http://www.mhlw.go.jp/bunya/kodomo/dv21/01.html

───（2008c）.「市町村の児童家庭相談業務の状況及び要保護児童対策地域協議会（子どもを守る地域ネットワーク）の設置状況等について（平成20年4月現在）」. Retrieved 2010年3月19日, from http://www.mhlw.go.jp/houdou/2008/11/dl/h1119-2a.pdf

───（2009a）.「第1章　子どもの虐待の援助に関する基本事項」.『子ども虐待対応のてびき　平成21年3月31日　改正版』[Electric version]. 1-14.

───（2009b）.「市町村児童家庭相談業務の状況及び要保護児童対策地域協議会（子どもを守る地域ネットワーク）の設置状況等について」（平成21年4月現在）Retrieved 2009年12月15日, from http://www.mhlw.go.jp/stf/houdou/2r98520000 0031mq-img/2r98520000031o8.pdf

───（2010a）.「児童虐待防止のための親権の在り方に対する報告書骨子案」. Retrieved 2011年1月5日, from http://www.mhlw.go.jp/stf/shingi/2r9852000000y88b-att/2r9852000000y8ci.pdf

───（2010b）.「要保護児童対策地域協議会設置・運営指針（改正）」. Retrieved 2010年12月28日, from http://www.mhlw.go.jp/bunya/kodomo/dv41/dl/05.pdf

───（2011a）.「平成23年度全国児童福祉主管課長・児童相談所長会議資料：行政説明2　親権制度の見直し　1．共通資料」. Retrieved 2012年2月17日, from http://www.mhlw.go.jp/bunya/kodomo/kaigi/dl/110803-01-06.pdf

───（2011b）.「平成23年度全国児童福祉主管課長・児童相談所長会議資料：行政説明2　親権制度の見直し　3．厚生労働省資料」. Retrieved 2012年2月17日, from http://www.mhlw.go.jp/bunya/kodomo/kaigi/dl/110803-01-08.pdf

───（2011c）.「平成23年度全国児童福祉主管課長・児童相談所長会議資料：行政説明3　社会的養護の現状と動向について」. Retrieved 2012年2月17日, from http://

www.mhlw.go.jp/bunya/kodomo/kaigi/dl/110803-01-10.pdf
───(2011d).「児童福祉施設最低基準等の一部を改正する省令の概要」．Retrived 2013 年 10 月 15 日, from http://www.mhlw.go.jp/bunya/kodomo/syakaiteki_yougo/dl/01.pdf
───(2011e).「市区町村の児童家庭相談業務等の実施状況等について」(平成 23 年 4 月現在) Retrieved 2013 年 10 月 15 日, from http://www.mhlw.go.jp/stf/houdou/2r9852000002rr3u.html
───(2011f).「市区町村における児童家庭相談業務の状況について（平成 22 年 4 月現在）」．Retrieved 2012 年 2 月 17 日, from http://www.mhlw.go.jp/stf/houdou/2r9852000000z6wu-img/2r9852000000z6zj.pdf
───(2011g).「社会的養護の課題と将来像（概要）」．Retrived 2013 年 10 月 15 日, from http://www.mhlw.go.jp/stf/shingi/2r9852000001j8zz-att/2r9852000001j93c.pdf
───(2012a).「平成 23 年度福祉行政報告例の概況」．Retrieved 2013 年 10 月 14 日, from http://www.e-stat.go.jp/SG1/estat/List.do?lid=000001102708
───(2012b).「平成 23 年度社会福祉施設等調査」．Retrieved 2013 年 10 月 15 日, from http://www.mhlw.go.jp/toukei/saikin/hw/fukushi/11/dl/toukei1.pdf
───(2012c).「児童虐待の対応件数及び虐待による死亡事例件数の推移」．Retrieved 2012 年 8 月 26 日, from http://www.mhlw.go.jp/seisakunitsuite/bunya/kodomo/kodomo_kosodate/dv/dl/120502_01.pdf
───(2012d).「児童相談所及び一時保護所設置状況」．Retrieved 2013 年 10 月 20 日, from http://www.mhlw.go.jp/bunya/kodomo/kaigi/dl/110803-01-02.pdf
───(2013a).「第 9 章 在宅における援助をどう行うか」『子ども虐待対応のてびき 平成 25 年 8 月 23 日 改正版』．[Electric version]．180-194.
───(2013b).「児童相談所での児童虐待相談対応件数」．Retrieved 2013 年 10 月 13 日, from http://www.mhlw.go.jp/stf/houdou/2r98520000037b58-att/2r98520000037ban.pdf
───(2013c)「子ども虐待による死亡事例等の検討結果等について（第 9 次報告）」．Retrieved 2013 年 10 月 15 日, from http://www.mhlw.go.jp/stf/houdou/2r9852000037b58-att/2r98520000037bag.pdf
───(2013d)「全国厚生労働関係部局長会議（厚生分科会）資料」．Retrieved 2013 年 10 月 16 日, from http://www.mhlw.go.jp/topics/2013/02/dl/tp0215-14-01d.pdf
───(2015)「児童養護施設入所児童等調査の結果（平成 25 年 2 月 1 日時点）」．Retrieved 2015 年 8 月 31 日, from http://www.mhlw.go.jp/stf/houdou/0000071187.html
厚生労働省児童家庭局総務課（2010）．「児童虐待防止対策について」．『日本子ども虐待防止学会第 16 回学術集会くまもと大会プログラム・抄録集』，230-252.
厚生省児童家庭局（1977）．『児童相談所執務提要』．
Leal, L. (2005).『ファミリー中心アプローチの原則とその実際』（三田地真実，監訳．岡

村章司訳). 学苑社.（Original work published 1998）

Loman, A.L., Filonow, C.S. & Siegel, G.L. (unknown). *Ohio Alternative Response Evaluation; Final Report*. St. Louis, MO: Institute of Applied Reasearch.

MacDonald, H. (1994). The ideology of "family preservation", *Public Interest*, 115, 45-61.

MacDonald, W.R. & Associates. (1990). *Evaluation of AB 1562 In-Home Care Demonstration Projects: Final Report*. Sacramento, CA: Author.

前橋信和（2007）.「児童相談所を通じた在宅支援に関する研究（分担研究）」.『児童虐待等の子どもの被害および子どもの問題行動の予防・介入ケアに関する研究（主任研究者　奥山真紀子）平成16年厚生労働科学研究報告書』, 225-246.

Maluccio, A.N., Fein, E., & Olmstead, K.A. (1986). *Permanency planning for children: Concept and methods*. New York, NY. Tavistock Publications.

Maluccio, A.N., Fein, E., & Davis, I.P. (1994). Family reunification: Research findings, issues, and discretions. *Child Welfare*, 73(5), 489-504.

Maslow, A.H. (1954). *Motivation and personality*. New York: Harper Brothers.

増沢高・石倉陽子（2007a）.「第5章 1980年代の社会、家族、子どもをめぐる状況」. 保坂亨（編），子どもの虹情報研修センター（企画），『日本の子ども虐待――戦後日本の「子どもの危機的状況」に関する心理社会的分析』(pp.101-108). 福村出版.

―――（2007b）.「第9章　1990年代以降の社会、家族、子どもをめぐる状況」. 保坂亨（編），子どもの虹情報研修センター（企画），『日本の子ども虐待――戦後日本の「子どもの危機的状況」に関する心理社会的分析』(pp.117-127). 福村出版.

増沢高・大川浩明（2008）.「第2章　子ども虐待対応の歴史」. 小林登（監修），川崎二三彦・増沢高（編），『いっしょに考える子ども虐待』(pp.35-59). 明石書店.

松本伊智朗（2008）.「子ども虐待問題と被虐待児の自立過程における複合的困難の構造と社会的支援のあり方に関する実証的研究 平成20・21年　厚生労働省科学研究報告」. Retrieved 2011年5月15日, from http://eprints2008.lib.hokudai.ac.jp/dspace/bitstream/2115/44099/1/1-1_1matsumoto.pdf

McCroskey, J. (2001). Why is family preservation and why does it matter?〔Electronic version〕Chapin Hall Center for Children Discussion paper. Retrieved Dec. 12, 2009, from www.chapinhall.org/sites/default/files/old-reports/26.pdf

McCroskey, J. & Meezan, W. (1998). Family centered services: Approaches and effectiveness, *the Future of Children*, 8(1), 54-71.

McGowan, B.G. & Walsh, E.M (2000). Policy challenges for child welfare in the new century. *Child Welfare*, 76(1), 11-27.

Merkel-Holguin, L., Kaplan, C., & Kwak, A. (2006). *National study on differential response in child welfare*. Englewood, CO: American Human Association and Child Welfare League of America.

Mitchell, C., Tovar, P., & Knitzer, J. (1989), *The Bronx Homebuilders Program: An Evaluation of the First 45 Families*. New York: Bank Street College of Education.

三宅芳宏（2002）.「児童養護施設からの提言」.『子どもの虐待とネグレクト』. 4（2）, 217-225.
Mizrahi, T. & Davis, L.E (Ed.) (2010). *Encyclopedia of Social Work* (20th Ed.). Oxford University Press.
内閣府（1990）.「国民生活白書」.
NASW Case Management Task Force (1984). *NASW Standards and Guidelines for Social Work Case Management for the Functionally Impaired*. Silver Spring: National Association of Social Workers.
Nelson, K.E. (1991). Populations and outcomes in five family preservation programs. In K. Wells. and D. Biegel (Eds.), *Family preservation services: Research and Evaluation*, (pp.72-91). Newbury, CA: Sage Publications.
Nelson, K.E., Landsman, M.f., & Deutelbaum, W. (1990). Three models of family-centered placement prevention services. *Child Welfare*, 69(1). 3-21.
西川ハンナ（2009）.「ソーシャルワーク専門職の価値志向性測定試案」.『共栄学園短期大学研究紀要』, 25, 67-78.
小田倉泉（2008）.「乳幼児の『意見表明』と『最善の利益』保証に関する研究」.『保育学研究』, 46（2）, 188-198.
岡村重夫（1983）.『社会福祉原論』. 全国社会福祉協議会.
大阪府健康福祉部児童家庭室（2008）.『大阪府市町村児童家庭相談援助指針：相談担当者のためのガイドライン』.
大阪児童虐待調査会（1989）.『被虐待児のケアに関する調査報告書』.
小塩真司（2008）.『はじめての共分散構造分析──Amosによるパス解析』. 東京図書.
呉栽喜（2003）.「質的調査法」. 平山尚・武田丈（編）.『ソーシャルワーカーのための社会福祉調査法』.（pp.168-202）. ミネルヴァ書房.
Pecora, P.J., Whittaker, J.K., Maluccio, A.N., Barth, R.P., Depanfilis, D., & Plotnick, R.D. (2000). *The Child Welfare Challenges; Policy, Practice, and Research* (1st ed.). New Brunswick, NJ: Transaction Publishers.
Pecora, P.J., Whittaker, J.K., Maluccio, A.N., Barth, R.P., Depanfilis, D., & Plotnick, R.D. (2009). *The Child Welfare Challenges; Policy, Practice, and Research* (3rd ed.). New Brunswick, NJ: Transaction Publishers.
Pecora, P.J., Fraser, M.W., Nelson, K.E., McCroskey, J., & Meezan, W. (1995). *Evaluating Family-Based Services*. New York: Walter de Gruyter, Inc.
Pecora, P.J., Fraser, M.W. & Haapala D.A. (1991). Client outcomes and issues for program design. In K. Wells. and D. Biegel (Eds.), *Family preservation services: Research and Evaluation*, (pp.3-32). Newbury, CA: Sage Publications.
Ratterman, D. (1986). Judicial determination of reasonable efforts. *Children Today*, 15(6), 26-30.
Raymond, S.L. (1998). Where are the reasonable efforts to enforce the reasonable

efforts requirement?: Monitoring states compliance under the Adoption Assistance and Child Welfare Act of 1980. *Texas Law Review*, 77(5), 1235-1269.

Richardson, J. (2008). *Differential Response Literature Review*. Children and Family Research Center: Office of Research Partnership, School of Social Work, University of Illinois at Urbana-Champaign.

Rubin, A. & Babbie, E.R. (2008). *Research Methods for Social Work* (6th ed.). Belmont, MD: Brooks/ Cole.

佐賀県(2010).「要保護児童対応マニュアル」. Retrieved 2012年8月17日, from http://www.pref.saga.lg.jp/web/var/rev0/0081/8606/4.pdf

最高裁判所事務総局家庭局,「児童福祉法28条事件の動向と事件処理の実情：平成14年11月20日〜平成15年11月19日. Retrived 2015年9月6日 from http://www.courts.go.jp/vcms_lf/20514003.pdf

才村純(2005a).「児童虐待の到達点と課題」.『母子保健情報』55（1), 5-26.

――― (2005b).『子ども虐待ソーシャルワーク論』. 有斐閣.

――― (2008).「これから日本が進むべき方向とは」. 津崎哲郎・橋本和明（編).『最前線レポート 児童虐待はいま――連携システムの構築に向けて』. (pp.203-217). ミネルヴァ書房.

才村純・赤井兼太・安部計彦・大岡由佳・井上保男・川崎二三彦ら(2011).『児童相談所の専門性の確保の在り方に関する研究――自治体における児童福祉司の採用・任用の現状と課題――平成21年度研究報告書』. 子どもの虹情報研修センター.

才村純・澁谷昌史・伊藤嘉余子・前橋信和・宮島清・細野つる子ら(2003).「児童相談の実施体制に関する市町村調査」『日本子ども家庭総合研究所紀要 第39集』215-236.

才村純・澁谷昌史・柏女霊峰・庄司順一・有村大士・佐久間てる美(2006).「児童相談所における家族再統合援助実施体制のあり方に関する研究」.『日本子ども家庭総合研究所紀要』, 42, 147-175.

才村純・澁谷昌史・柏女霊峰・庄司順一・有村大士・妹尾洋之ら(2007).「児童相談所における家族再統合援助実施体制のあり方に関する研究――虐待者の属性と効果的な援助に資する要因との相関関係に関する実証的研究」.『日本子ども家庭総合研究所紀要』, 43, 181-202.

才村純・山本恒雄・庄司順一・有村大士・板倉孝枝・根本顕ら(2008).「児童相談所における家族再統合援助の実施体制のあり方に関する研究――虐待者の属性と効果的な援助に資する要因との相関関係に関する実証研究」『日本子ども家庭総合研究所紀要』. 44, 187-256.

佐藤まゆみ・柏女霊峰(2009).「市町村を中心とする子ども家庭福祉行政実施体制の再構築とその課題に関する研究――質問紙調査の単純集計結果を中心に」.『日本子ども家庭総合研究所紀要』, 45, 395-405.

佐藤拓代(2012).「地域アセスメント手法の開発」から見えてきたもの――効果的な地

域支援のために——（分担研究）」．『児童虐待の発生と重症化に関する個人的要因と社会的要因についての研究（研究代表者　藤原武男）平成 24 年度厚生労働省科学研究（政策科学推進研究事業）』．Retrieved 2012 年 10 月 24 日，from http://www.mhlw.go.jp/seisakunitsuite/bunya/kodomo/kodomo_kosodate/dv/kaigi/dl/120726-32.pdf

Scherer, D.G. & Brondino, M.J. (1994). Multisystemic family preservation therapy: Preliminary findings from a study of rural and minority serious adolescent offenders. *Journal of Emotional & Behavioral Disorders*, 2(4), 198-207.

Schuerman, J.R., Rzepnicki, T., & Littell, J. (1991). From Chicago to Little Egypt: Lessons from an evaluation of a Family Preservation Program. In K. Wells. and D. Biegel (Eds.), *Family preservation services: Research and Evaluation*, (pp. 187-206). Newbury, CA: Sage Publications.

Schuerman, J.R., Rzepnicki, T.L., & Littel, J.H. (1994). *Putting Families First: An Experiment in Family Preservation.* New York: Aldine de Gruyter.

Schwartz, I.M., AuClaire, P., & Harris, L.J. (1991). Family preservation service as an alternative to the out-of-home placement of adolescents: The Hennepin county experience." In K. Wells. and D. Biegel (Eds.), *Family preservation services: Research and Evaluation*, (pp. 33-46). Newbury, CA: Sage Publications.

Seaberg, J.R. (1986). "Reasonable efforts" toward implementation in permanency planning. *Child Welfare*, 65(5), 469-479.

積惟勝（1971）．『集団養護と子どもたち』．ミネルヴァ書房．

摂津市児童虐待防止連絡会（2005）．『摂津市児童虐待防止連絡会の歩み：すべての子どもと子育てを大切にする地域づくりに向けて』．

芝野松次郎（2002）．『社会福祉実践モデル開発の理論と実際——プロセティック・アプローチに基づく実践モデルのデザイン・アンド・ディベロップメント』．有斐閣．

———（2005a）．「エビデンスに基づくソーシャルワークの実践理論化」．『ソーシャルワーク研究』，31（3），20-29.

———（2005b）．「『子どもの最善の利益』の証（エビデンス）を求めて——ソーシャルワークにおけるリサーチとプラクティスを繋ぐ」．『先端社会研究』2，359-399.

芝野松次郎・板野美紀（2007）．『市町村児童家庭相談の充実・支援に関する調査研究——平成 18 年度児童関連サービス調査研究等事業』．財団法人こども未来財団．

澁谷昌史（2002）．「家族保全の研究Ⅰ」．『日本子ども家庭総合研究所紀要』，39，283-289.

滋賀県健康福祉部子ども・青少年局（2012）．「市町村向けの子ども虐待対応マニュアル」．Retrieved 2012 年 8 月 17 日，from http://www.pref.shiga.jp/e/kodomokatei/kosodate homepage/child-abuse/honepen.pdf

白樫裕（2005）．「第 2 章　市町村の役割」．加藤曜子（編著），『市町村児童虐待防止ネットワーク』．(pp.21-57)．日本加除出版．

白山真知子（2007）．「児童虐待への早期対応、早期発見と未然防止：大阪府摂津市の取

り組み」.『こども未来』1月号, 20-21.

Shusterman, G.R, Hollinshead, D., Fluke, J.D., & Yuan, Y.T. (2005). *Alternative responses to child maltreatment: findings from NCANDS*. Washington, DC: U.S. Department of Health and Human Services, Office of the Assistant Secretary for Planning and Evaluation.

Smith S. L., (1991). *Family preservation services: States legislative initiatives*. National Conference of State Legislatures. National Conference of state legislatures.

Star Tribune (2013). *State misses chances to save abused kids' lives: In some cases, state says, counties could have done more to save children from abuse and neglect*. Retrieved 2015年3月17日, from http://www.startribune.com/local/259677461.html

Stein, T.J. (1985). Projects to prevent out-of-home placement. *Children and Youth Service Review*, 7, 109-121.

────── (2000). The Adoption and Safe Family Act: Creating a false dichotomy between parent's and children's right. *Families in Society*, 81(6). 586-592.

Stone, S. (2007). Child maltreatment, out-of-home placement and academic vulnerability: a fifteen year review of evidence and future directions. *Children and Youth Service Review*, 29. 139-161.

Sudia, C. (1989). "Reasonable efforts" under P.L. 96-272, *Children Today*, 18(3), 9.

菅野道英（2007）.「児童家庭相談と要保護児童対策地域協議会の関係」. 加藤曜子（分担研究者),『市町村及び民間団体の虐待対応ネットワークに関する研究──市町村における虐待対応ネットワーク（要保護児童対策地域協議会）実態と課題平成19年度厚生労働科学研究費補助金 （子ども家庭総合研究事業） 児童虐待等の子どもの被害、および子どもの問題行動の予防・介入・ケアに関する研究（主任研究者 奥山 眞紀子）分担研究報告書』. 148-151.

Szykula, S.A. & Matthew. J.F. (1985). Reducing out-of-Home placements of abused children: Two controlled field studies. *Child Abuse and Neglect*, 9, 277-283.

高橋重宏（1998）.「ウェルフェアからウェルビーイングへ」. 高橋重宏（編),『子ども家庭福祉論──子どもと親のウェルビーイングの促進』. (pp.9-39). 放送大学協会振興会.

高橋重宏・中谷茂一・加藤純・澁谷昌史・伊藤嘉奈子・友川礼一ら（2002）.「子ども虐待に関する研究（5）児童福祉司の職務とストレスに関する研究」.『子ども総合研究所紀要』38, 7-48.

高橋重宏・澁谷昌史・才村純・有村大士・妹尾洋之・伊藤嘉余子・佐藤幸一郎ら（2007）.「児童福祉司の職務とストレスに関する研究」.『子ども総合研究紀要』, 43, 3-43.

竹中哲夫（2003）.「児童相談所はなくなるのか──新たな制度の改革の胎動を見つめつつ」.『福祉研究』, 92. 60-77.

The United States General Accounting Office. (2002). *Foster care recent legislation helps states focus on finding permanent homes for children but long-standing barriers remain*. Retrieved Jan. 10, 2011, from http://www.gao.gov/new.items/d02585.pdf

The US Department of Health and Human Services: Administration of Children and Families. (2005). *Child Welfare Outcomes 2002-2005: Report to Congress*. Retrieved May 30, 2006, from http://www.acf.hhs.gov/programs/cb/pubs/cwo05/chapters/chapter2.html

―――. *Child Welfare Information Gateway*. Retrieved Sept. 24, 2010, from http://www.childwelfare.gov/

―――. *8.3C.4 TITLE IV-E, Foster Care Maintenance Payments Program, State Plan/Procedural Requirements, Reasonable efforts*. Retrieved Mar. 14, 2011, from http://www.acf.hhs.gov/cwpm/programs/cb/laws_policies/laws/cwpm/policy_dsp.jsp?citID=59#59

The U.S. Department of Health & Human Services (2013). *Child Maltreatment 2011 [electric version]*. Retrieved Oct. 22, 2014, from http://www.acf.hhs.gov/sites/default/files/cb/cm11.pdf

東京都児童相談センター（2004）．『家族再統合のための援助事業』．

Tracy, E.M. (1991). Defining the target population for family preservation services In K. Wells. and D. Biegel (Eds.), *Family preservation services: Research and Evaluation*, (pp.138-158). Newbury, CA: Sage Publications.

Trotter, C. (2007).『援助を求めないクライエントへの対応：虐待・DV・非行に走る人の心を開く』（清水隆則，監訳）．明石書店．(Original work published 2006).

「『つい虐待』…母親の相談目立つ　大阪のホットライン4カ月」．（1990年8月18日）．『朝日新聞全国版』．p.17.

津崎哲郎（1992）．『子どもの虐待――その実態と援助』．朱鷺書房．

―――（2000）．「児童虐待事例の家族支援のあり方」．『ソーシャルワーク研究』，26（3），11-16.

―――（2003）．「新たな理念としての父性的ソーシャルワーク論」．『月刊少年育成』，48（3），37-43.

―――（2008）．「児童虐待に対する援助の仕組みとその課題」．津崎哲郎・橋本和明（編），『最前線レポート　児童虐待はいま――連携システムの構築に向けて』．(pp.16-26)．ミネルヴァ書房．

Turnell, A. & Edwards, S. (2004).『安全のサインを求めて：子ども虐待防止のためのサインズ・オブ・セイフティ・アプローチ』．（白木孝二，編訳．井上薫・井上直美，訳）．金剛出版．(Original work published 1999).

上田吉一（1988）．『人間の完成：マスロー心理学研究』．誠心書房．

上野加代子（1996）．『児童虐待の社会学』．世界思想社．

―――（2006）．「児童虐待発見方法の変化――日本のケース」．上野加代子（編），『児童虐待のポリティクス：「こころ」の問題から「社会」の問題へ』．(pp.245-273)．明

石書店.

梅澤伸嘉 (1993). 『実践グループインタビュー入門』. ダイヤモンド社.

Vaughn, S., Schumm, J. S., & Sinagub, J. (1999). 『グループ・インタビューの技法』(井下理・柴原宣幸・田部井潤, 訳). 慶應義塾大学出版会. (Original work published 1996)

Waldfogel, J. (1998a). Rethinking the paradigm for child protection. The Future of Children; Protecting children from abuse and neglect, 8(1), 104-119.

―――― (1998b). *The Future of Child Protection.* Cambridge, MA: Harvard University Press.

Wells, K. and Freer, R. (1994). Reading between the lines: the case for Qualitative Research in Intensive Family Preservation Services. *Children and Youth Service Review*, 16, 399-415.

Wells, K. & Tracy, E. (1996). Reorienting intensive family preservation services in relation to public child welfare practice. *Child Welfare*, 75(6), 667-692.

Wells, S.J. & Fuller, T. (2000). *Elements of Best Practice in Family Centered Services (online paper)*, Retrieved from Feb. 14, 2010, from http://www.cfrc.illinois.edu/pubs/Pdf.files/fcsbest.pdf

Whittaker, J.K., Kinney, J., Tracy, E.M. & Booth, C. (1990). *Reaching High risk families-Intensive Family Preservation in Human Services.* New York: Aldine de Gruyter.

Wood, S., Barton, K., & Schroeder, C. (1988). In-home treatment of abusive families: Cost and placement at one year. *Psychotherapy*, 25, 409-414.

山縣文治 (2010). 「子ども家庭福祉という考え方」. 山縣文治 (編), 『よくわかる子ども家庭福祉第7版』(pp.2-5). ミネルヴァ書房.

山形県子ども政策室子ども家庭課 (2010). 「市町村のための子ども虐待対応マニュアル」. Retrieved 2012年8月17日, from http://www.pref.yamagata.jp/ou/kosodatesuishin/010002/jidoyogo/manual.pdf

山本恒雄・庄司順一・有村大士・板倉孝枝・佐藤和宏・伊藤悠子ら (2009). 「児童相談所等における保護者援助のあり方に関する実証的研究2――保護者援助手法の効果、妥当性、評価、適応に関する実証的研究」. 『日本子ども家庭総合研究所』, 45, 235-283.

山野則子 (2009). 『子ども虐待を防ぐ市町村ネットワークとソーシャルワーク――グラウンデッド・セオリー・アプローチによるマネージメント実践理論の構築』. 明石書店.

山野良一 (2006). 「児童相談所のジレンマ」. 上野加代子 (編), 『児童虐待のポリティクス:「こころ」の問題から「社会」の問題へ』. (pp.53-99). 明石書店.

Yuan, Y. T. & Struckman-Johnson, D.L. (1991). Placement outcomes for neglected children with prior placements in family preservation programs. In K. Wells. and D. Biegel (Eds.), *Family preservation services: Research and Evaluation*, (pp. 92-118).

Newbury, CA: Sage Publications.
結城市（2007）.「結城市要保護児童対策地域協議会設置要項」. Retrieved 2012 年 8 月 17 日, from http://www.city.yuki.lg.jp/reiki/reiki_honbun/ae00806781.html
全国児童相談所所長会（1997）.『全児相：通巻 62 号別冊～全国児童相談所における家庭内虐待調査結果報告』.

参考文献

相澤仁(2004).「家族再統合や家族の養育機能の再生・強化に向けて」,『世界の児童と母性』, 57, 10-13.
秋山薊二(2005).「Evidence-based ソーシャルワークの理念と方法――証拠に基づくソーシャルワーク (EBS) によるパラダイム変換」.『ソーシャルワーク研究』, 31 (2), 38-46.
Barth, R.P. (1993). Protecting the future of children and families from Pelton's dangerous reforms. *Social Work*, 38(1), 98-100.
―――― (1994). Shared family care: Child protection and family preservation. *Psychology and Behavioral Sciences Collection*, 39(5), 515-525.
Barth R.P. & Berry M. (1994). Implications of research on the welfare of children under permanency planning. *Child Welfare Research Review*, 1, 323-388.
Bath, H.I. & Haapala, D.A. (1993). Intensive family preservation services with abused and neglected children: An examination of group differences. *Child Abuse and Neglect*, 17, 213-225.
Dail, P.W. (1990). The psychosocial context of homeless mothers with young children: Program and policy implications. *Child Welfare*, 65(4), 291-308.
Denby, R.W. & Curtis, C.M. (2003). Why special populations are not the target of family preservation services: A case for program reform. *Journal of Sociology and Social Welfare*, 30(2), 149-173.
Dorros, K. & Dorsey, P. (1989). Whose rights are we protecting, anyway? *Children Today*, May-Jun, 6-8.
Fein, E & Maluccio, N.A. (1992). Permanency planning: Another remedy in jeopardy? *Social Service Review*, 66, 335-348.
Grack, C.V.A. (1997). A taxonomy and recording instrument for process measurement of family preservation. *Child Welfare*, 76(2), 349-371.
Horowitz, R. (1989). Tighten standards for termination of parental rights. *Children Today*, May-Jun, 9-11.
Hueber, R.A., Jones, B.L. & Miller, V.P. (2006). Comprehensive family services and customer satisfaction outcomes. *Child Welfare*, 85, 691-714.
Hutchinson, J.R. (1986). Progress towards change: The national resource center on family based services. *Children Today*, Nov-Dec, 6-7.
Hutchinson, E.D., Dattalo, P. & Podwell, M.K. (1994). Reorganizing child protective services: Protecting children and providing family support. *Children and Youth Service*

Review, 16(5/6), 319-338.

Huxtable, M. (1994). Child protection: With liberty and justice for all. *Social Work*, 39(1), 60-66.

Juby, C. & Rycraft, J.R. (2004). Family preservation strategies for families in poverty. *Families in Society*, 84(4), 581-587.

柏女霊峰、山本真実、尾木まり、谷口和加子、網野武博、林茂男ら（1997）.「家庭児童相談室の運営分析」. [Electrical version].『日本子ども家庭総合研究所紀要』, 34, 35-60.

加藤曜子（2008）.「要保護児童対策地域協議会への移行期における課題」.『流通科学大学論集――人間・社会・自然編』20（2）, 63-77.

――― （2010）.「市町村ネットワーク：調整機関の役割――要保護児童対策地域協議会調整機関と個別ケース検討会議参加機関調査から」.『流通科学大学論集――人間・社会・自然編』22（2）, 51-62.

加藤曜子・才村純・安部計彦・白樫裕・油谷豊・吉岡芳一（2002）.「市町村児童虐待ネットワークの実態と課題について」. [Electrical version].『日本子ども家庭総合研究所紀要』, 38, 297-306.

Kinney, J.M., Madsen, B., Fleming, T. & Haapala, D.A. (1977). Homebuilders: Keeping families together. *Journal of Consulting and Clinical Psychology*, 45(4), 667-673.

Lalayants, M. & Epstein, I. (2005). Evaluating multidisciplinary child abuse and neglect Teams: A research agenda. *Child Welfare*, 76(5), 639-663.

Littell, J.H. & Tajima, E.A. (2000). A multilevel model of client participation in intensive family preservation services. *Social Service Review*, 74(3), 405-435.

Lowe, A.D. (1996). New laws put kids first: Performs stress protection over preserving families. *ABA journals*, May, 20-21.

松尾太加志・中村知靖（2002）.『誰も教えてくれなかった因子分析：数式が絶対出てこない因子分析入門』. 北大路書房.

Peg, M., McGowan, B.G. & Botsko, M. (2000). A preventive services program model for preserving and supporting families overtime. *Child Welfare*, 81(3), 227-265.

Pelton, L.H. (1990). Resolving the crisis in child welfare. *Public Welfare*, 48(4), 19-26.

――― (1991). Beyond permanency planning restricting the public child welfare system. *Social Work*, 36(4), 337-343.

――― (1993). Enabling public child welfare agencies to promote family preservation. *Social Work*, 38(4), 491-494.

Pike, V. (1976). Permanent planning for foster children: the Oregon project. *Children Today*, Nov-Dec., 23-25, 41.

Ratterman, D. (1986). Reasonable efforts to prevent placement and preserve families: Judicial examination of reasonable efforts. *Children Today*, Nov-Dec, 26-32.

Rossi, P.H. (1992). Assessing family preservation program. *Children and Youth Service*

Review, 14, 77-97.

Rossi, P.H., Schuerman, J. & Budde, S. (1999). Understanding decisions about child maltreatment. *Evaluation Review*, 23(6), 579-597.

Rowena, F. (1994). Family Preservation: Making it work for Asians. *Child Welfare*, 73(4). 331-342.

才村純・庄司順一・安部計彦・前橋信和（2002）.「児童相談所における被虐待児の保護者への指導法の開発に関する研究」.［Electrical version］.『平成14年度厚生労働科学研究報告書』, 34-125.

Samantrai, K. (1992). To prevent unnecessary separation of children and families: Public Law 96-272-Policy and practice. *Social Work*, 37(4), 295-302.

Saudia, C. (1986). Preventing out-of-home placement of children: The First step to permanency planning. *Children Today*, Nov-Dec., 4-5.

Scherer, David, G. & Brondino, Michel, J. (1994). Multisystemic family preservation therapy: preliminary findings from a study of rural and minority serious adolescent offenders. *Journal of Emotional and Behavioral Disorders*, 2(4), 198-207.

Schuerman, J.R (1997). Best interests and family preservation in America. [Electronic version]. Chapin Hall center for children discussion paper. Retrieved March 14, 2009, from http://www.chapinhall.org/sites/default/files/old_reports/48.pdf

Schuerman, J., Rossi, P.H. & Budde, S. (1999). Decision on placement and family preservation. *Evaluation Review*, 23(6), 60-66.

澁谷昌史・奥田かおり（2002）.「家族保全の研究Ⅱ：家族保全サーヴィスの現状と課題」.［Electronic version］.『日本子ども家庭総合研究所紀要』, 40, 209-216.

澁谷昌史（2003）.「家族保全の研究Ⅲ：家族保全の初期局面についての試論」［Electronic version］.『日本子ども家庭総合研究所紀要』, 41, 235-245.

Shotton, A.C. (1990). Making reasonable efforts in child abuse and neglect cases: Ten years later. *California Western Law Review*, 26(2), 223-256.

Susan, K. & Blythe, B.J. (2000). Family preservation: a potential not yet realized. *Child Welfare*, 81, 29-42.

Terling, T. (1999). The efficacy of family reunification practices: Rates and correlates of reentry for abused and neglected children reunited with their families. *Child Abuse and Neglect*, 23(12), 1359-1370.

Triplett, B., Preston, I., Henry A., & Thompson, M. (1986). Moving toward family preservation services in Kentucky. *Children Today*, Nov-Dec. 8-11.

山本真実・柏女霊峰・尾木まり・谷口和加子・新保幸男・林茂男・網野武博（1999）.「家庭児童相談室の運営分析（2）：設置形態別・設置主体別特徴からの分析」.『日本子ども家庭総合研究所紀要』, 35.

Wells, K., & Whittington, D. (1993). Child and family functioning after intensive family preservation services. *Social Service Review*, 67(1), 55-83.

Wulezyn, F.H. (2001). Promoting and stable families. *Testimony*, 10, 1-5.

Zeller, D.E. & Gamble, T.J. (2007), Improving child welfare performance: Retrospective and prospective approach. *Child Welfare*, 86(1), 97-122.

全国児童相談所長会議資料（2010）.『児童相談所・市町村の強化』.（会議資料）

付録
調査票

児童相談所における児童福祉司による
児童虐待ケース在宅支援の
実態および意見調査

―H17年度厚生労働科学研究子ども家庭総合研究事業―
児童虐待等の子どもの被害及び子どもの問題行動の予防・介入ケアに関する研究
児童相談所を中心とした在宅支援に関する研究（分担研究）

　この調査は、日ごろ、子どもと家族のために尽力されている児童相談所における児童福祉司の方々の児童虐待在宅支援に対するご意見と在宅支援の現状を明らかにすることで、今後の皆さんのご意見と実践の現状を反映させた在宅支援のガイドラインを作成することを目的としております。
　ご多忙のなか、大変申し訳ありませんが本調査研究の趣旨をご理解いただき、ご協力をお願いいたします。
　なお、本質問紙に対するご記入は、児童虐待ケースに対する在宅支援を担当される児童福祉司の方にお願いいたします。担当が特に決まっていない場合は、貴児童相談所において、児童虐待在宅支援ケースに関っている児童福祉司の方に各相談所5名ずつお願いいたします。虐待在宅支援ケースを担当している、及び関っている児童福祉司の方が5名未満の場合は、すべての方に回答をお願いいたします。回答後は同封しております返信用封筒に個別に厳封し、2月28日までにご返送ください。
　なお、調査分析は、統計的に処理されますので、回答者個人が特定されたり、個人データが外部に漏れることは一切ございません。結果につきましても、個人や相談所が特定される形での公表は一切いたしません。
　調査についてご不明な点がございましたら下記の連絡先までご連絡くださいますようよろしくお願い申し上げます。

　　ご多忙の中、大変申し訳ございませんが、よりよい児童虐待ケース在宅支援体制構築のために、みなさまのご協力を心よりお願い申し上げます。

―ご記入にあたって―

1．本質問紙に対するご記入は、児童虐待ケースに対する在宅支援を担当される児童福祉司の方5名にお願いいたします。担当が特に決まっていない場合は、貴児童相談所において、児童虐待在宅支援ケースに関っている児童福祉司の方にお願いいたします。なお、虐待在宅支援ケースを担当している、及び関っている児童福祉司の方が5名未満の場合は、すべての方に回答をお願いいたします。

2．質問によって、想定していただく状況がちがいます。それぞれの質問の説明をよくお読みになり回答いただきますようお願いします。

3．回答されました質問紙は、各回答者の方が同封しております返信用封筒にて個別にご返送いただきますよう、よろしくお願いいたします。

4．回答につきましては、コンピューターを使用し、すべて統計的に処理されますので、回答者個人、相談所名が特定されたり、個人データが外部に漏れることはございません。調査結果につきましても、プライバシーに十分配慮し、個人名、相談所名等は、一切公表いたしません。

Ⅰ．次のそれぞれの項目について以下の3つの内容についてお答えください。

問1．児童福祉司としてあなたが今年度（平成17年度）担当した児童虐待在宅支援ケース全体（個々のケースではなく）についてそれぞれの項目に対して、児童福祉司としてあなた自身はどの程度実施されましたか？関係機関を介して実施した場合は含みません。**あなた自身の実施度**をお答えください。「1．していない」から「5．よくしている」までのうち、最もよく当てはまるものを1つだけ選んで**数字**に○をお付けください。

問2．児童虐待ケースの在宅支援（再統合ケースは除く）を行うにあたって、以下のそれぞれの項目は**子どもの長期措置（一時保護・ショートステイはのぞく）を防ぐために、家族にとってどの程度、重要であると思われますか？**特定のケースや現在の状況（資源・ケースの有無）に関わらず、「1．重要でない」から「5．重要である」までのうち最も当てはまるものを1つだけ選んで**数字**に○をおつけください。

問3．児童虐待ケースの在宅支援を行うにあたって、以下のそれぞれの項目は、だれが主に行うべきでしょうか？項目を行う主体について「児童相談所」、「市町村区」のあてはまるものにすべて○を枠内におつけください。どの項目も該当しない場合は、具体的な機関・職種名を「その他」の欄にご記入ください。なお枠内に斜線がある項目については答えていただく必要はありません。

回答上の注意点	問1 実施度	問2 重要度	問3 行動の主体		
問1．H17年度、児童虐待在宅支援ケースに対して、児童福祉司であるあなた自身がどの程度行ったかをお答えください。（関係機関を介して実施した場合は含みません） 問2．特定のケースまたはご自分の実施度には関わらず、長期措置を避けるために、家族にとってどの程度重要かをお答えください。	していない　よくしている 1　2　3　4　5	重要でない　重要である 1　2　3　4　5	児童相談所	市町村区（学校・保育所・保健所等）	その他（具体的に記入）例：民間団体、社協、児童家庭支援センターなど
1．家族の長所をいかして、援助を展開する。	1　2　3　4　5	1　2　3　4　5		／	／
2．見本となる大人の姿をワーカーが子どもに見せる。	1　2　3　4　5	1　2　3　4　5			
3．援助終結後も、家族が再び同じ状態に戻っていないかフォローアップする。	1　2　3　4　5	1　2　3　4　5			
4．児童福祉司指導を保護者に虐待を認識させる枠組みとして使う。	1　2　3　4　5	1　2　3　4　5		／	／
5．保護者が子どもに対して肯定的な視点を持つことができるように働きかける。	1　2　3　4　5	1　2　3　4　5			
6．保護者や子どもの通院に同伴する。	1　2　3　4　5	1　2　3　4　5			

回答上の注意点	問1 実施度	問2 重要度	問3 行動の主体		
問1．H17年度、児童虐待在宅支援ケースに対して、児童福祉司であるあなた自身がどの程度行ったかをお答えください。(関係機関を介して実施した場合は含みません) 問2．特定のケースまたはご自分の実施には関わらず、長期措置を避けるために、家族にとってどの程度重要かをお答えください。	していない　よくしている 1　2　3　4　5	重要でない　重要である 1　2　3　4　5	児童相談所	市町村区（学校・保育所・保健所等）	その他（具体的に記入）例：民間団体、社協、児童家庭支援センターなど
7．ワーカーとしての責任を証するために、自分が行った援助を文書に記録しておく。	1　2　3　4　5	1　2　3　4　5			
8．家族を援助するという自分の立場を明らかにし、家族の信頼を得る。	1　2　3　4　5	1　2　3　4　5			
9．家族をどのように資源やサポートに結びつけるかの援助計画を作成していく。	1　2　3　4　5	1　2　3　4　5			
10．保護者の求職に関する情報を得る援助をする。	1　2　3　4　5	1　2　3　4　5			
11．家族に病院・医師を紹介する。	1　2　3　4　5	1　2　3　4　5			
12．関係機関に児童相談所としての視点や立場を説明していく。	1　2　3　4　5	1　2　3　4　5			
13．ワーカーは家族に対して忍耐強く対応する。	1　2　3　4　5	1　2　3　4　5			
14．家計の管理を保護者と一緒におこなう。	1　2　3　4　5	1　2　3　4　5			
15．医療機関で保護者が充分な説明を受けられるよう配慮する。	1　2　3　4　5	1　2　3　4　5			
16．それぞれの家族に対してワーカーが何ができて、何ができないのかを自覚する。	1　2　3　4　5	1　2　3　4　5			
17．衣服や学用品の提供・確保の援助をおこなう。	1　2　3　4　5	1　2　3　4　5			
18．カウンセリングを通して、保護者に虐待した原因について内省させる。	1　2　3　4　5	1　2　3　4　5			
19．家族と共に目標を設定する。	1　2　3　4　5	1　2　3　4　5			

付録：調査票

回答上の注意点	問1 実施度	問2 重要度	問3 行動の主体		
	していない ～ よくしている	重要でない ～ 重要である	児童相談所	市町村区（学校・保育所・保健所等）	その他（具体的に記入）例：民間団体、社協、児童家庭支援センターなど
問1．H17年度、児童虐待在宅支援ケースに対して、児童福祉司であるあなた自身がどの程度行ったかをお答えください。（関係機関を介して実施した場合は含みません） 問2．特定のケースまたはご自分の実施度には関わらず、長期措置を避けるために、家族にとってどの程度重要かをお答えください。					
20．家族が必要なとき、自分自身で利用できるように、事前に地域の資源につなげておく。	1 2 3 4 5	1 2 3 4 5			
21．家庭を訪問し、家族の生活の場で援助活動を行う。	1 2 3 4 5	1 2 3 4 5			
22．児童相談所内の心理判定につなげ、子どもの状態を知る。	1 2 3 4 5	1 2 3 4 5			
23．地域の機関から家族の情報を収集する。	1 2 3 4 5	1 2 3 4 5			
24．学校教諭・幼稚園教諭・保育士と子どもの状況について協議する。	1 2 3 4 5	1 2 3 4 5			
25．地域の民生児童委員に協力を要請する。	1 2 3 4 5	1 2 3 4 5			
26．家族がすべきことまで、ワーカーがしてしまわないように気をつける。	1 2 3 4 5	1 2 3 4 5			
27．保護者と子どもが一緒に楽しめるような娯楽活動を企画するのを手伝う。	1 2 3 4 5	1 2 3 4 5			
28．次の大きな変化につながるような家族の小さな変化を支援する。	1 2 3 4 5	1 2 3 4 5			
29．定期的に家族に接触する。	1 2 3 4 5	1 2 3 4 5			
30．家族に関する情報をたえず収集し、児童相談所が家族に介入するタイミングを逃さない。	1 2 3 4 5	1 2 3 4 5			
31．家族が必要としているスキルを、例を用いて家族にわかりやすく説明する。	1 2 3 4 5	1 2 3 4 5			
32．生活保護等の申請を援助する。	1 2 3 4 5	1 2 3 4 5			

回答上の注意点	問1 実施度 していない ～ よくしている 1 2 3 4 5	問2 重要度 重要でない ～ 重要である 1 2 3 4 5	問3 行動の主体		
問1．H17年度、児童虐待在宅支援ケースに対して、児童福祉司であるあなた自身がどの程度行ったかをお答えください。（関係機関を介して実施した場合は含みません） 問2．特定のケースまたはご自分の実施度には関わらず、長期措置を避けるために、家族にとってどの程度重要かをお答えください。			児童相談所	市町村区（学校・保育所・保健所等）	その他（具体的に記入） 例：民間団体、社協、児童家庭支援センターなど
33．保護者が通院・入院している間、子どもの保育ケアを確保する。	1 2 3 4 5	1 2 3 4 5			
34．すでに保護者とつながっている関係機関に保護者が必要としているサービスを紹介してもらう。	1 2 3 4 5	1 2 3 4 5			
35．保護者の借金の返済計画を一緒に立てる。	1 2 3 4 5	1 2 3 4 5			
36．チームアプローチを取ることによって、自分のアセスメント結果や意思決定を確認する。	1 2 3 4 5	1 2 3 4 5			
37．ワーカー自身が家族の変化に対して希望を持つ。	1 2 3 4 5	1 2 3 4 5			
38．家に食料が十分確保されているかどうか、入手手段はあるのかを確認をする。	1 2 3 4 5	1 2 3 4 5			
39．家族に新しく身についたスキルを試す機会を与える。	1 2 3 4 5	1 2 3 4 5			
40．保護者に他の親と交流する機会を与える。	1 2 3 4 5	1 2 3 4 5			
41．保護者や子どもの状態を医師と協議する。	1 2 3 4 5	1 2 3 4 5			
42．保護者をペアレントトレーニング（親業）プログラムへ送致する。	1 2 3 4 5	1 2 3 4 5			
43．保健師や学校の教諭など地域の援助者に家庭訪問を依頼する。	1 2 3 4 5	1 2 3 4 5			
44．頼りにできるような親戚を探し出し、協力してもらう。	1 2 3 4 5	1 2 3 4 5			

回答上の注意点	問1 実施度	問2 重要度	問3 行動の主体		
問1．H17年度、児童虐待在宅支援ケースに対して、児童福祉司であるあなた自身がどの程度行ったかをお答えください。(関係機関を介して実施した場合は含みません) 問2．特定のケースまたはご自分の実施度には関わらず、長期措置を避けるために、家族にとってどの程度重要かをお答えください。	していない ←→ よくしている 1　2　3　4　5	重要でない ←→ 重要である 1　2　3　4　5	児童相談所	市町村区(学校、保育所、保健所等)	その他(具体的に記入) 例：民間団体、社協、児童家庭支援センターなど
45．問題の原因の分析を行うのではなく、今ある問題の解決に集中する。	1　2　3　4　5	1　2　3　4　5			
46．ワーカーが家族に必要な具体的なサービスを提供することで、実際に「援助できること」を家族に証明する。	1　2　3　4　5	1　2　3　4　5			
47．虐待の告知の仕方は、家族状況や虐待の程度を見て、ケースにより判断する。	1　2　3　4　5	1　2　3　4　5			
48．地域の資源に家族をつないだ後も、子どもに対するリスクアセスメントを継続する。	1　2　3　4　5	1　2　3　4　5			
49．家族の「子どもと共に生活する権利」と、子どもの「安全に幸せに暮らす権利」の両方を大事にする。	1　2　3　4　5	1　2　3　4　5			
50．保育サービス、学童サービスの利用のための手続きを援助する。	1　2　3　4　5	1　2　3　4　5			
51．定期的に援助の評価を行い、ある程度の結果が見られれば援助を終結する。	1　2　3　4　5	1　2　3　4　5			
52．保護者と対峙する場面では、必要以上に懲罰的にならないような表現を用いる。	1　2　3　4　5	1　2　3　4　5			
53．関係機関に対して、家族との接し方についての詳細な助言を行う。	1　2　3　4　5	1　2　3　4　5			
54．子育ての負担を軽減するための家事・育児支援サービスに家族をつなぐ。	1　2　3　4　5	1　2　3　4　5			
55．子どもの気持ちを代弁して保護者に伝える。	1　2　3　4　5	1　2　3　4　5			
56．住居探しを手伝う。	1　2　3　4　5	1　2　3　4　5			

回答上の注意点	問1 実施度	問2 重要度	問3 行動の主体		
問1．H17年度、児童虐待在宅支援ケースに対して、児童福祉司であるあなた自身がどの程度行ったかをお答えください。（関係機関を介して実施した場合は含みません） 問2．特定のケースまたはご自分の実施度には関わらず、長期措置を避けるために、家族にとってどの程度重要かをお答えください。	していない ← → よくしている 1　2　3　4　5	重要でない ← → 重要である 1　2　3　4　5	児童相談所	市町村区（学校・保育所・保健所等）	その他（具体的に記入）例：民間団体、社協、児童家庭支援センターなど
57. 職場で同僚と共有できる家族支援に対する価値観をもっている。	1　2　3　4　5	1　2　3　4　5			
58. 家庭訪問を行い、子どもの長期分離を防ぐためには家族が何を必要としているかをアセスメントする。	1　2　3　4　5	1　2　3　4　5			
59. 住居設備に対する援助（修繕・安全面の確認など）をおこなう。	1　2　3　4　5	1　2　3　4　5			
60. 危機的な状況の時には、一時保護・ショートステイなどを使い、危機を回避する。	1　2　3　4　5	1　2　3　4　5			
61. 医療費の控除の申請を援助する。	1　2　3　4　5	1　2　3　4　5			
62. 保護者が困っていることを口にしたタイミングを逃さず、必要なサービスにつなぐ。	1　2　3　4　5	1　2　3　4　5			
63. 児童相談所との誓約を破った場合に起こる結果についてきちんと保護者に伝える。	1　2　3　4　5	1　2　3　4　5			
64. 子どもを学校・幼稚園・保育園に送迎する。	1　2　3　4　5	1　2　3　4　5			
65. 家族が自身のリスクに気付く術と、それに対する適切な対応を教える。	1　2　3　4　5	1　2　3　4　5			
66. 保護者の求職のための具体的な準備（履歴書を一緒に書く、面接の練習等）を手伝う。	1　2　3　4　5	1　2　3　4　5			

Ⅱ．あなたは児童虐待ケースにおいて、以下のそれぞれの項目は、子どもの長期措置（一時保護・ショートスティを除く）を防ぐための援助（在宅援助）を行うことに対して、障害となっていると思いますか？それぞれの項目について、「1．まったく障害とは思わない」から「5．大変障害だと思う」まで、最も当てはまるものを1つだけ選んで、数字に○をおつけください。ご自分の現状に当てはまらない場合は、「0．現状にあてはまらない」に○をしてください。

特定のケースではなく、今年度（H17年度）ご担当された児童虐待在宅支援ケース全般を想定していただき、あなた自身のお考えを率直にお答えください。

	長期措置を予防するための援助に対して
	まったく障害とは思わない　　大変障害だと思う　　現状にあてはまらない
	1　2　3　4　5　　0
1．保護者が都合の良い時間帯や週末にサービスを提供できない。	1　2　3　4　5　　0
2．援助の見直しの時期が決まっていないため、ケースを終結できない。	1　2　3　4　5　　0
3．費用や交通が理由で、保護者が地域の資源を使えない。	1　2　3　4　5　　0
4．児童福祉司が虐待ケース以外のケースも担当している。	1　2　3　4　5　　0
5．家族のニーズにこたえることができるサービス提供体制が地域に組めていない。	1　2　3　4　5　　0
6．児童福祉司一人あたりの担当ケース数が多い。	1　2　3　4　5　　0
7．家族に対する援助が「指導」という一方的な形式をとっている。	1　2　3　4　5　　0
8．サービスの充実によって保護者の依存心を助長してしまう。	1　2　3　4　5　　0
9．公務員という立場の制約により、サービス提供が自由におこなえない。	1　2　3　4　5　　0
10．ネグレクトケースに対して家事を行ってくれるヘルパー制度がない（あっても利用に制限がある）。	1　2　3　4　5　　0
11．虐待をすべて心の問題に捉えてしまう風潮がある。	1　2　3　4　5　　0

	長期措置を予防するための援助に対して まったく障害とは思わない　　　現状にあてはまらない 　　　　　　　　　　　　　大変障害だと思う 1　2　3　4　5　0
12. 虐待事件がおきると、マスコミがすべての責任を児童相談所におしつける。	1　2　3　4　5　0
13. 児童福祉司の人事異動で担当者が頻繁に変わってしまう。	1　2　3　4　5　0
14. 強制介入的な部分と家族維持に対する支援の部分の切り替えが難しい。	1　2　3　4　5　0
15. 援助を受けることが、親失格とみなされ、スティグマ化している。	1　2　3　4　5　0
16. 担当地区が広い。	1　2　3　4　5　0
17. 十分なスーパービジョンが受けられない。	1　2　3　4　5　0
18. 司法システムの継続的関与がない。	1　2　3　4　5　0
19. ワーカーの専門的な技能が不足している。	1　2　3　4　5　0
20. 保護者との信頼関係を結ぶことが難しい。	1　2　3　4　5　0

Ⅲ．上の項目以外に児童虐待ケースにおいて家族を在宅で維持していく上で、障害になっていることがあれば、率直なご意見を自由にお書きください。

Ⅳ．あなたは児童虐待在宅ケースにおいて、子どもが現在の家族から分離され長期措置（一時保護は除く）されないためには、家族にとって次の項目はどの程度必要だと思われますか？各項目について、「1．必ずしも必要でない」から「5．絶対に必要である」までで最も当てはまる数字を1つ選んで○をおつけください。

特定のケースではなく、あなたが現在まで実践にて関わってこられた児童虐待ケース全般を想定していただき、あなた自身のお考えを率直にお答えください。

	必ずしも必要でない　　　　　絶対に必要である
	1　2　3　4　5
1．子どもと保護者の間に愛着関係がある。	1　2　3　4　5
2．家族がお互いに助け合っている。	1　2　3　4　5
3．子どもの成長（身長・体重）は順調である。	1　2　3　4　5
4．子どもが自分自身の安全を守ることができる。	1　2　3　4　5
5．保護者が自分の行動をコントロールする力がある。	1　2　3　4　5
6．関係機関内で「在宅で援助していく」との共通認識がある。	1　2　3　4　5
7．家族はインフォーマルなサポートシステムを持っている。	1　2　3　4　5
8．保護者自身が今までやってきたことに変化が必要だと気付く。	1　2　3　4　5
9．家族内での秩序が守られている。	1　2　3　4　5
10．安心して生活できる住居がある。	1　2　3　4　5
11．保護者がワーカーに対して心を開き、ワーカーの言うことを受け入れる。	1　2　3　4　5
12．保護者が保護者としての責任を自覚している。	1　2　3　4　5
13．家庭内に子どもの安全を守る人がいる、又は定期的に家庭を訪問してくれる人がいる。	1　2　3　4　5

	必ずしも必要でない　1　2　3　4　5　絶対に必要である
14. 家族が自分たちは家族維持のプロセスに参加しているのだと実感する。	1　2　3　4　5
15. 保護者の（精神的）治療経過が良好である。	1　2　3　4　5
16. 最低限の衛生状態が保たれている。	1　2　3　4　5
17. 子どもが幼稚園・小学校・中学校等の学校や保育所などの所属集団へ毎日通っている。	1　2　3　4　5
18. 最低限の衣食住の確保ができている。	1　2　3　4　5
19. 保護者が就業している間に保育サービスが確保できる。	1　2　3　4　5
20. 虐待者に虐待の認識がある。	1　2　3　4　5
21. 家族が地域の資源を自分で上手く利用できる。	1　2　3　4　5
22. 何とかして家族を維持して行こうという気持ちが家族にある。	1　2　3　4　5
23. 虐待者が自分でSOSを出せる。	1　2　3　4　5
24. 最低限度の経済的基盤が確保できる。	1　2　3　4　5
25. 子どもが家庭で精神的な安心感を得ることができる。	1　2　3　4　5
26. 保護者が子どもを養育する最低限度の能力をもっている。	1　2　3　4　5
27. 家族自身が家族として一緒にやっていくことができるという自信を持っている。	1　2　3　4　5

付録：調査票

Ⅴ．Ⅳの項目以外で、あなたが子どもが長期措置されず（一時保護は除く）在宅で生活していくために必要だと思うことについて自由にお書きください

Ⅵ．ご回答いただいた方ご自身とあなたの児童相談所についてお聞きします。
問１．あなたの児童相談所の都道府県名（　　　　　　　　　）
　　　　　　　　　　　相談所名（　　　　　　　　　）

問２．あなたの年齢〔当てはまるものに1つだけ○をおつけください〕
　１．20歳代　　　２．30歳代　　　３．40歳代　　　４．50歳代　　　５．60歳代

問３．あなたの性別〔当てはまるものに1つだけ○をおつけください〕
　１．男性　　　２．女性

問４．あなたの児童相談所における通算勤務年数
　（　　　　）年（　　　　）ヶ月（H18年1月現在）

問５．児童相談所以外での福祉関係現場における通算経験年数
　（　　　　）年（　　　　）ヶ月（H18年1月現在）

問６．現在の児童相談所に勤務する前はどちらの部局に勤務されていましたか？（直近のものを1つだけ○をおつけください）
　１．他の児童相談所
　２．福祉事務所
　３．児童福祉関係の部署・施設（具体的にお書きください：部局名　　　　　　　　　）
　４．児童領域以外の福祉関係の部署・施設（具体的にお書きください：部局名　　　　　　　　　）
　５．その他の部署・施設（具体的にお書きください：部局名　　　　　　　　　）
　６．現児童相談所が初めての勤務部署

問7．児童福祉司へは下記のうち、次のどの資格によって任用されましたか？
〔当てはまるものに1つだけ○をおつけください〕
1．厚生労働大臣の指定する児童福祉司又は児童福祉施設の職員を養成する学校その他の施設を卒業し、又は厚生労働大臣の指定する講習会の課程を修了したもの。
2．大学において心理学、教育学もしくは社会学を専修する学科又はこれらに相当する課程を修めて卒業した者であって、厚生労働省令で定める施設において1年以上児童その他の者の福祉に関する相談に応じ、助言、指導その他の援助を行う業務に従事したもの。
3．医師
4．社会福祉士
5．社会福祉主事として2年以上児童福祉事業に従事したもの
6．前各号に掲げる者と同等以上の能力を有すると認められる者であって、厚生労働省令で定められるもの。

問8．あなたの大学・短期大学での主な専門領域〔当てはまるものに1つだけ○をおつけください〕
1．社会福祉学　2．心理学　3．教育学　4．社会学　5．保育学　6．児童学
7．その他　（具体的に：　　　　　　　　）　8．大学・短期大学には行っていない

問9．あなたは社会福祉士資格をお持ちですか？
1．持っていない　　2．持っている

問10．あなたの児童相談所での児童虐待ケースに対する在宅支援はどのような体制で行われていますか？〔当てはまるものに1つだけ○をおつけください〕
1．在宅支援担当がいる。　（　　　　）人
2．在宅支援担当の課（組織）がある。
3．地区担当が受け持っている。
4．その他（具体的に：　　　　　　　　　　　　　　　　　　　　　　　　　　）

問11．あなたの児童相談所には児童虐待在宅支援ケースに関っている人は何名いらっしゃいますか（あなたを含めて）？
（　　　　　　）人

問12．本年度（H17年度）における現時点（H18年1月末）までのあなたの児童相談所での児童福祉司指導件数は何件ありますか？
（　　　　　　）件

問13．本年度（H17年度）1．あなたの児童相談所の扱う全児童虐待ケース数、2．児童虐待在宅支援ケース数をお答えください。
1．全児童虐待ケース数（　　　　）ケース　2．児童虐待在宅支援ケース数（　　　　）ケース

問14．本年度（H17年度）<u>1．あなたが担当している全ケース数</u>、<u>2．担当児童虐待ケース数</u>、<u>3．児童虐待在宅支援ケース数</u>をお答えください。
1．全担当ケース数（　　　　　　）ケース、　2．担当児童虐待ケース数（　　　　　　）ケース
3．児童虐待在宅支援ケース数（　　　　　　）ケース

Ⅶ．あなたご自身の親子分離と家族維持に関する率直なご意見をお聞かせください。

問1．長期の親子分離に対する児童福祉司としてのお考えをお聞かせください。（どちらかといえばで結構です）〔当てはまるものに1つだけ○をおつけください〕

　　　　1．親子分離は最後の手段であり、なるべく避けるべきである。
　　　　2．親子分離は対応の一方法として積極的に行うべきである。

問2．あなたは、ご自身が今年度（H17年度）担当したすべての児童虐待ケース長期措置ケース（一時保護ケースは除く）に対して、子どもの措置を避けるための援助を措置前に、どの程度おこないましたか？「1．まったく行わなかった」から「5．できる限り行った」までで、最も当てはまるものを1つだけ選んで数字に○をおつけください。

```
まったく行わなかった                                    できる限り行った
    1           2           3           4           5
    |-----------|-----------|-----------|-----------|
```

問3．児童虐待ケースにおける在宅支援および子どもの措置を避けるための家族に対する援助についてのお考えをご自由にお書きください。

```
┌─────────────────────────────────────────┐
│                                         │
│                                         │
│                                         │
│                                         │
│                                         │
│                                         │
│                                         │
└─────────────────────────────────────────┘
```

今一度記入漏れがないかご確認ください！
ご協力いただきまして誠にありがとうございました。

たくさんの質問にお答えくださいまして、本当にありがとうございました。皆様のご意見は、今後の児童虐待ケースの在宅における家族支援、家族維持のための支援に役立てていきます。

市町村における児童虐待ケース在宅支援の実態および意見調査
日本学術振興会　H19年度科学研究費補助金助成研究事業
「児童虐待在宅ケースに対する日本版家族維持実践モデルの開発的研究」

第1部
児童虐待在宅ケースに対する援助（支援）の状況について

　この調査は、日ごろ、子どもと家族のために尽力されている市町村児童家庭相談における援助者の方々のご意見と児童虐待ケースにおける在宅支援の実態を明らかにすることを目的としております。本調査の結果は、児童虐待ケースにおいて家族を維持していくための実践モデルを開発する際の貴重な基礎データとなります。
　ご多忙のなか、大変恐縮ですが本調査研究の趣旨をご理解いただき、ご協力をお願いいたします。
　本質問紙は2部一組になっており、これは第1部です。

　　この第1部（クリーム色）は、市区町村における児童虐待在宅ケースに対する援助（支援）の状況についてお聞きしています。第1部のご記入は、市区町村で児童虐待在宅ケースに関するケースマネージメントおよび取りまとめを担当されている方（複数名で協議の上、ご回答いただくことも可能です）にてお願いいたします。
　　なお、第1部、第2部の回答者は重複していただいても結構です。

　回答後は同封の返信用封筒に第1部・第2部とも封入し、12月17日までにご返送ください。
　なお、調査分析は、統計的に処理され、調査結果から回答者や市町村が特定される形での公表は一切いたしません。調査についてご不明な点がございましたら下記の連絡先までご連絡くださいますようよろしくお願い申し上げます。本調査の結果につきましては、学会発表・論文投稿等にて発表させていただく予定です。

―第1部―

この第1部に対するご回答は、**市区町村で児童虐待在宅ケースに関するケースマネージメントおよび取りまとめを担当されている方**（複数名で協議回答可・第2部との重複回答者可）にお願いいたします。

Ⅰ．**あなたの市区町村についてお聞きします。**

問1．あなたの市区町村名をお答えください。
　　　（市区町村が特定される形の公表は一切いたしません。）

　　　　[　　]　都・道　（当てはまるものに○）　[　　]　市　（当てはまるものに○）　[　　]　区
　　　　　　　　府・県　　　　　　　　　　　　　　　　町・村

問2．あなたの市区町村の人口規模を教えてください。（平成19年11月現在）
　　　（　　　　　　）人

問3．あなたの市区町村にて取り扱った今年度（H19年11月現在）の児童虐待在宅新規ケース数、及び継続ケース数を教えてください。
　　　新規（　　　　　　）ケース、　継続（　　　　　　）ケース

問4．あなたの市区町村には家庭児童相談室がありますか？ある場合、どこに併設していますか？
　　　〔当てはまるものに1つだけ○をおつけください〕
　　　　1．ない　　2．ある
　　　　　　　　　　（2．ある場合）→　a．（保健）福祉事務所
　　　　　　　　　　　　　　　　　　　b．その他（具体的に　　　　　　　　　　）

問5．あなたの市区町村管轄の児童相談所の所在地はあなたの市区町村内にありますか？
　　　　1．ない　　2．ある

Ⅱ. あなたの市区町村における児童虐待在宅ケースの援助の実施状況についてお聞きします。

> 注1. 質問内容に「市町村」と表記されているところは、「市区町村」と同義です。
> 注2. 質問項目中の「援助者」とは、特定の専門職・機関に限らず、広く当該家族（親・子）に援助（支援）を行う直接援助者を指します。（例：学校教諭・保健センター保健師・保育所保育士等）

問1. 今年度（平成19年度）対応した児童虐待在宅支援ケース全体（個々のケースではなく、継続・新規も含む）についてそれぞれの項目に対して、あなたの市町村（関係機関すべてを含む）ではどの程度実施されましたか？（ご存知の範囲内で結構です。）市町村としての援助の実施度をお答えください。「1．していない」から「5．よくしている」までのうち、最もよく当てはまるものを1つだけえらんで数字に○をお付けください。

問2. 児童虐待ケースの在宅支援を行うにあたって、それぞれの項目は、どの機関・施設（だれ）を中心に実施していますか？実施していない場合は、どの機関・施設（だれ）を中心に行うべきだと思いますか？もっともあてはまる援助主体を下の「援助の主体リスト」の選択肢ア～ヤから最大3つまでお答えください。実施しなくてもよいと思われる項目は「実施する必要はない」の欄に○をおつけください。
（P15に同じリストがありますので、切り取り線より切り取ってお手元で照らし合わせながらご回答ください。）

援助の主体リスト

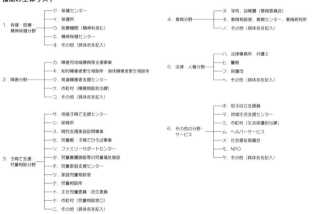

★なお、問1、2とも枠内に斜線がある項目については答えていただく必要はありません。

	問1 実施度	問2 援助の主体			実施する必要はない（この列の欄に○をつける）
★回答枠内に斜線がある項目については答えていただく必要はありません。 ★問2はp15の援助の主体リストの選択肢より選び、（ ）にご記入ください。 （リストは切り取り線より切り取って、お手元で照らし合わせながらご回答ください。）	H19年度、児童虐待在宅ケースに対して、それぞれの援助項目をあなたの市町村がどの程度行ったかをお答えください。 （個別のケースではなく全体として） していない　　よくしている 1　2　3　4　5	児童虐待ケースの在宅支援全般（個々のケースではなく）についてお聞きします。あなたの市町村では、それぞれの項目は主にどの機関（だれ）を中心に実施されているのか、援助の主体リストのア～ヤの選択肢より最も中心におこなっているところを3つまで選び、（ ）の中に記入してください。 実施されていない場合はどの機関（だれ）が行うべきかお答えください。 援助自体を実施しなくてもよいと思われる場合は、右の「実施する必要はない」の回答欄に○をつけてください。			
1. 家族の長所をいかして、援助を展開する。	1　2　3　4　5				
2. 見本となる大人の姿を援助者が子どもに見せる。	1　2　3　4　5	（　） 具体名	（　） 具体名	（　） 具体名	
3. 援助終結後も、家族が再び同じ状態に戻っていないかフォローアップする。	1　2　3　4　5	（　） 具体名	（　） 具体名	（　） 具体名	
4. 保護者が子どもに対して肯定的な視点を持つことができるように働きかける。	1　2　3　4　5	（　） 具体名	（　） 具体名	（　） 具体名	
5. 保護者や子どもの通院に同伴する。	1　2　3　4　5	（　） 具体名	（　） 具体名	（　） 具体名	
6. 援助者としての責任を証明するために自分が行った援助を文書に記録しておく。	1　2　3　4　5	（　） 具体名	（　） 具体名	（　） 具体名	
7. 家族を援助するという自分の立場を明らかにし、家族の信頼を得る。	1　2　3　4　5				
8. 家族をどのように資源やサポートに結びつけるかの全体的な援助計画を作成していく。	1　2　3　4　5	（　） 具体名	（　） 具体名	（　） 具体名	

付録：調査票

	問1 実施度	問2 援助の主体			実施する必要はない（この列の欄に○をつける）
★回答枠内に斜線がある項目についてはお答えていただく必要はありません。 ★問2はp15の援助の主体リストの選択肢より選び、（ ）にご記入ください。 （リストは切り取り線より切り取って、お手元で照らし合わせながらご回答ください。）	H19年度、児童虐待在宅ケースに対して、それぞれの援助項目をあなたの市町村がどの程度行ったかをお答えください。 （個別のケースではなく全体として） していない　　よくしている 1　2　3　4　5	児童虐待ケースの在宅支援全般（個々のケースではなく）についてお聞きします。あなたの市町村では、それぞれの項目は主にどの機関（だれ）を中心に実施されているのか、援助の主体リストのア〜ヤの選択肢より最も中心におこなっているところを3つまで選び、（ ）の中に記入してください。 実施されていない場合はどの機関（だれ）が行うべきかお答えください。 援助自体を実施しなくてもよいと思われる場合は、右の「実施する必要はない」の回答欄に○をつけてください。			
9. 保護者に対して求職に関する情報を得るよう援助をする。	1　2　3　4　5	（ ） 具体名	（ ） 具体名	（ ） 具体名	
10. 家族に医療機関（病院、医師等）を紹介する。	1　2　3　4　5	（ ） 具体名	（ ） 具体名	（ ） 具体名	
11. 援助者は家族に対して忍耐強く対応する。	1　2　3　4　5	（ ） 具体名	（ ） 具体名	（ ） 具体名	
12. 家計の管理を保護者ができるように援助する。	1　2　3　4　5	（ ） 具体名	（ ） 具体名	（ ） 具体名	
13. 医療機関で保護者が充分な説明を受けられるよう配慮する。	1　2　3　4　5	（ ） 具体名	（ ） 具体名	（ ） 具体名	
14. それぞれの家族に対して援助者が何がどこまでできて、何ができないのかを自覚する。	1　2　3　4　5				
15. 衣服や学用品の提供・確保の援助をおこなう。	1　2　3　4　5	（ ） 具体名	（ ） 具体名	（ ） 具体名	
16. 面接等を通して、保護者に虐待した原因について内省させる。	1　2　3　4　5	（ ） 具体名	（ ） 具体名	（ ） 具体名	

★回答枠内に斜線がある項目については答えていただく必要はありません。 ★問2はp15の援助の主体リストの選択肢より選び、（　）にご記入ください。 （リストは切り取り線より切り取って、お手元で照らし合わせながらご回答ください。）	問１　実施度 H19年度、児童虐待在宅ケースに対して、それぞれの援助項目をあなたの市町村がどの程度行ったかをお答えください。 （個別のケースではなく全体として） していない　　　　よくしている 1　2　3　4　5	問２　援助の主体 児童虐待ケースの在宅支援全般（個々のケースではなく）についてお聞きします。あなたの市町村では、それぞれの項目は主にどの機関（だれ）を中心に実施されているのか、援助の主体リストのア〜ヤの選択肢より最も中心におこなっているところを3つまで選び、（　）の中に記入してください。 実施されていない場合はどの機関（だれ）が行うべきかお答えください。 援助自体を実施しなくてもよいと思われる場合は、右の「実施する必要はない」の回答欄に○をつけてください。			実施する必要はない（この列の欄に○をつける）
17. 家族と共に目標を設定する。	1　2　3　4　5	（　）具体名	（　）具体名	（　）具体名	
18. 家族が必要なとき、自分自身で利用できるように、地域の資源とつなげておく。	1　2　3　4　5	（　）具体名	（　）具体名	（　）具体名	
19. 家庭を訪問し、家族の生活の場で援助活動をおこなう。	1　2　3　4　5	（　）具体名	（　）具体名	（　）具体名	
20. 地域の機関から家族の情報を収集する。	1　2　3　4　5	（　）具体名	（　）具体名	（　）具体名	
21. 学校教諭・幼稚園教諭・保育士と子どもの状況について協議する。	1　2　3　4　5	（　）具体名	（　）具体名	（　）具体名	
22. 地域の民生児童委員に協力を要請する。	1　2　3　4　5	（　）具体名	（　）具体名	（　）具体名	
23. 家族がすべきことまで、援助者がしてしまわないように気をつける。	1　2　3　4　5				
24. 保護者と子どもが一緒に楽しめるような娯楽活動を企画するのを手伝う。	1　2　3　4　5	（　）具体名	（　）具体名	（　）具体名	

★回答枠内に斜線がある項目については答えていただく必要はありません。 ★問2はp15の援助の主体リストの選択肢より選び、（　）にご記入ください。 （リストは切り取り線より切り取って、お手元で照らし合わせながらご回答ください。）	問1　実施度 H19年度、児童虐待在宅ケースに対して、それぞれの援助項目をあなたの市町村がどの程度行ったかをお答えください。 （個別のケースではなく全体として） していない　　　よくしている 1　2　3　4　5	問2　援助の主体 児童虐待ケースの在宅支援全般（個々のケースではなく）についてお聞きします。あなたの市町村では、それぞれの項目は主にどの機関（だれ）を中心に実施されているのか、援助の主体リストのア〜ヤの選択肢より最も中心におこなっているところを3つまで選び、（　）の中に記入してください。 実施されていない場合はどの機関（だれ）が行うべきかお答えください。 援助自体を実施しなくてもよいと思われる場合は、右の「実施する必要はない」の回答欄に○をつけてください。			実施する必要はない（この列の欄に○をつける）
25. 次の大きな変化につながるような家族の小さな変化を支援する。	1　2　3　4　5				
26. 定期的に家族に接触する。	1　2　3　4　5	（　） 具体名	（　） 具体名	（　） 具体名	
27. 家族が必要としているスキル（生活・養育技術等）を、例を用いて家族にわかりやすく説明する。	1　2　3　4　5	（　） 具体名	（　） 具体名	（　） 具体名	
28. 生活保護等の申請を援助する。	1　2　3　4　5	（　） 具体名	（　） 具体名	（　） 具体名	
29. 保護者が通院・入院している間、子どもの保育ケアを確保する。	1　2　3　4　5	（　） 具体名	（　） 具体名	（　） 具体名	
30. すでに保護者とつながっている関係機関に保護者が必要としているサービスを紹介してもらう。	1　2　3　4　5	（　） 具体名	（　） 具体名	（　） 具体名	
31. チームアプローチを取ることによって、アセスメント結果や意思決定を確認する。	1　2　3　4　5				
32. 援助者自身が家族の変化に対して希望をもつ。	1　2　3　4　5				

	問1　実施度	問2　援助の主体			実施する必要はない（この列の欄に○をつける）
★回答枠内に斜線がある項目については答えていただく必要はありません。 ★問2はp15の援助の主体リストの選択肢より選び、（　）にご記入ください。 （リストは切り取り線より切り取って、お手元で照らし合わせながらご回答ください。）	H19年度、児童虐待在宅ケースに対して、それぞれの援助項目をあなたの市町村がどの程度行ったかをお答えください。 （個別のケースではなく全体として） していない　　よくしている 1　2　3　4　5	児童虐待ケースの在宅支援全般（個々のケースではなく）についてお聞きします。あなたの市町村では、それぞれの項目は主にどの機関（だれ）を中心に実施されているのか、援助の主体リストのア〜ヤの選択肢より最も中心におこなっているところを3つまで選び、（　）の中に記入してください。 実施されていない場合はどの機関（だれ）が行うべきかお答えください。 援助自体を実施しなくてもよいと思われる場合は、右の「実施する必要はない」の回答欄に○をつけてください。			
33. 家に食料が十分確保されているかどうか、入手手段はあるのかを確認する。	1　2　3　4　5	(　) 具体名	(　) 具体名	(　) 具体名	
34. 家族に新しく身についたスキル（生活・養育技術等）を試す機会を与える。	1　2　3　4　5				
35. 保護者に他の親と交流する機会を与える。	1　2　3　4　5	(　) 具体名	(　) 具体名	(　) 具体名	
36. 保護者や子どもの状態を医師と協議する。	1　2　3　4　5	(　) 具体名	(　) 具体名	(　) 具体名	
37. 保護者にペアレントトレーニング（親業）プログラムを紹介する。	1　2　3　4　5	(　) 具体名	(　) 具体名	(　) 具体名	
38. 地域の他の関係機関の援助者に家庭訪問を依頼する。	1　2　3　4　5	(　) 具体名	(　) 具体名	(　) 具体名	
39. 頼りにできるような親戚等を探し出し、協力してもらう。	1　2　3　4　5	(　) 具体名	(　) 具体名	(　) 具体名	
40. 問題の原因の分析を行うのではなく、今ある問題の解決に集中する。	1　2　3　4　5				

★回答枠内に斜線がある項目については答えていただく必要はありません。 ★問2はp15の援助の主体リストの選択肢より選び、（　）にご記入ください。 （リストは切り取り線より切り取って、お手元で照らし合わせながらご回答ください。）	問1　実施度 H19年度、児童虐待在宅ケースに対して、それぞれの援助項目をあなたの市町村がどの程度行ったかをお答えください。 （個別のケースではなく全体として） していない　　よくしている 1　2　3　4　5	問2　援助の主体 児童虐待ケースの在宅支援全般（個々のケースではなく）についてお聞きします。あなたの市町村では、それぞれの項目は主にどの機関（だれ）を中心に実施されているのか、援助の主体リストのア～ヤの選択肢より最も中心におこなっているところを3つまで選び、（　）の中に記入してください。 実施されていない場合はどの機関（だれ）が行うべきかお答えください。 援助自体を実施しなくてもよいと思われる場合は、右の「実施する必要はない」の回答欄に○をつけてください。			実施する必要はない（この列の欄に○をつける）
41. 援助者が家族に必要な具体的なサービスを提供することで、実際に「援助できること」を家族に証明する。	1　2　3　4　5				
42. （ケースの状況を見て）虐待の告知を行う。	1　2　3　4　5	（　） 具体名	（　） 具体名	（　） 具体名	
43. 子どもに対するリスクアセスメントを継続して行う。	1　2　3　4　5	（　） 具体名	（　） 具体名	（　） 具体名	
44. 家族の「子どもと共に生活する権利」と、子どもの「安全に幸せに暮らす権利」の両方を大事にする。	1　2　3　4　5				
45. 保育サービス、学童サービスの利用のための手続きを援助する。	1　2　3　4　5	（　） 具体名	（　） 具体名	（　） 具体名	
46. 定期的に援助効果の評価を行う。	1　2　3　4　5	（　） 具体名	（　） 具体名	（　） 具体名	
47. 家族にある程度の改善が見られれば援助を終結する。	1　2　3　4　5	（　） 具体名	（　） 具体名	（　） 具体名	
48. 保護者と対峙する場面では、必要以上に懲罰的にならないような表現を用いる。	1　2　3　4　5				

★回答枠内に斜線がある項目については答えていただく必要はありません。 ★問2はp15の援助の主体リストの選択肢より選び、（　）にご記入ください。 （リストは切り取り線より切り取って、お手元で照らし合わせながらご回答ください。）	問1　実施度 H19年度、児童虐待在宅ケースに対して、それぞれの援助項目をあなたの市町村がどの程度行ったかをお答えください。 （個別のケースではなく全体として） していない　　　　よくしている 1　2　3　4　5	問2　援助の主体 児童虐待ケースの在宅支援全般（個々のケースではなく）についてお聞きします。あなたの市町村では、それぞれの項目は**主にどの機関（だれ）を中心に実施されている**のか、援助の主体リストのア〜ヤの選択肢より最も中心におこなっているところを**3つまで選び**、（　）の中に記入してください。 **実施されていない場合はどの機関（だれ）**が行うべきかお答えください。 **援助自体を実施しなくてもよい**と思われる場合は、右の「実施する必要はない」の回答欄に○をつけてください。			実施する必要はない（この列の欄に○をつける）
49. 関係機関に対して、家族との接し方についての詳細な助言を行う。	1　2　3　4　5	（　）具体名	（　）具体名	（　）具体名	
50. 子育ての負担を軽減するための家事・育児支援サービスに家族をつなぐ。	1　2　3　4　5	（　）具体名	（　）具体名	（　）具体名	
51. 子どもの気持ちを代弁して保護者に伝える。	1　2　3　4　5	（　）具体名	（　）具体名	（　）具体名	
52. 住居探しを手伝う。	1　2　3　4　5	（　）具体名	（　）具体名	（　）具体名	
53. 市町村の関係機関内で共有できる家族支援に対する価値観をもっている。	1　2　3　4　5				
54. 家庭訪問を行い、在宅で暮らしていくためには、家族が何を必要としているかをアセスメントする。	1　2　3　4　5	（　）具体名	（　）具体名	（　）具体名	
55. 住居設備（修繕・安全面の確認など）に対する助言・援助をおこなう。	1　2　3　4　5	（　）具体名	（　）具体名	（　）具体名	
56. 危機的な状況では、児童相談所と連携し、一時保護等を使い、速やかに危機を回避する。	1　2　3　4　5	（　）具体名	（　）具体名	（　）具体名	

★回答枠内に斜線がある項目については答えていただく必要はありません。 ★問2はp15の援助の主体リストの選択肢より選び、（　）にご記入ください。 （リストは切り取り線より切り取って、お手元で照らし合わせながらご回答ください。）	問1　実施度 H19年度、児童虐待在宅ケースに対して、それぞれの援助項目をあなたの市町村がどの程度行ったかをお答えください。 （個別のケースではなく全体として） していない　　　　よくしているい 1　2　3　4　5	問2　援助の主体 児童虐待ケースの在宅支援全般（個々のケースではなく）についてお聞きします。あなたの市町村では、それぞれの項目は主にどの機関（だれ）を中心に実施されているのか、援助の主体リストのア〜ヤの選択肢より最も中心におこなっているところを3つまで選び、（　）の中に記入してください。 実施されていない場合はどの機関（だれ）が行うべきかお答えください。 援助自体を実施しなくてもよいと思われる場合は、右の「実施する必要はない」の回答欄に○をつけてください。			実施する必要はない（この列の欄に○をつける）
57. 医療費の控除の申請を援助する。	1　2　3　4　5	（　） 具体名	（　） 具体名	（　） 具体名	
58. 保護者が困っていることを口にしたタイミングを逃さず、必要なサービスにつなぐ。	1　2　3　4　5	（　） 具体名	（　） 具体名	（　） 具体名	
59. 子どもを学校・幼稚園・保育園に送迎するサービスの利用を援助する。	1　2　3　4　5	（　） 具体名	（　） 具体名	（　） 具体名	
60. 家族が自身のリスクに気付く術と、それに対する適切な対応を教える。	1　2　3　4　5	（　） 具体名	（　） 具体名	（　） 具体名	
61. 保護者の求職のための具体的な準備（履歴書を一緒に書く、面接の練習等）を手伝う。	1　2　3　4　5	（　） 具体名	（　） 具体名	（　） 具体名	

Ⅲ．ご回答いただいた方（方々）についてお聞きします。
問1．この第1部の回答にご協力いただいた方は全部で何名ですか？
　　　（　　　　　　）名

問2．回答された方々の所属の部課名、役・職名、勤務形態（常勤／非常勤、専任／兼任）、経験年数、所有資格をご記入ください。＜3名以上いる場合は、最も回答に影響を与えたと思われる3名の方についてお答えください＞
　　1．①（　　　　　　）部　　（　　　　　　　）課
　　　　②役・職名（　　　　　　　）
　　　　③常勤・非常勤（どちらかに○）
　　　　④専任・兼任　（どちらかに○）
　　　　⑤**現職の相談業務**の経験年数（　　　　）年（H19年11月現在）
　　　　⑥現職に至るまでの**福祉領域**での相談業務の通算経験年数（　　　　）年（H19年11月現在）
　　　　⑦所有する資格（下の1～9であてはまるものすべてに○をつけてください）

　　　　　　1．社会福祉士　　2．精神保健福祉士　　3．心理職（臨床心理士等）　　4．教諭
　　　　　　5．保健師　　6．社会福祉主事の任用資格　　7．保育士
　　　　　　8．その他（　　　　　　　）　　9．なし

　　2．①（　　　　　　）部　　（　　　　　　　）課
　　　　②役・職名（　　　　　　　）
　　　　③常勤・非常勤（どちらかに○）
　　　　④専任・兼任　（どちらかに○）
　　　　⑤**現職の相談業務**の経験年数（　　　　）年（H19年11月現在）
　　　　⑥現職に至るまでの**福祉領域**での相談業務の通算経験年数（　　　　）年（H19年11月現在）
　　　　⑦所有する資格（下の1～9であてはまるものすべてに○をつけてください）

　　　　　　1．社会福祉士　　2．精神保健福祉士　　3．心理職（臨床心理士等）　　4．教諭
　　　　　　5．保健師　　6．社会福祉主事の任用資格　　7．保育士
　　　　　　8．その他（　　　　　　　）　　9．なし

3. ①（　　　　　）部　（　　　　　　）課
　　②役・職名（　　　　　　）
　　③常勤・非常勤（どちらかに○）
　　④専任・兼任　（どちらかに○）
　　⑤**現職の相談業務の経験年数**（　　　　）年（H19年11月現在）
　　⑥現職に至るまでの福祉領域での相談業務の通算経験年数（　　　　）年（H19年11月現在）
　　⑦所有する資格（下の1～9であてはまるものすべてに○をつけてください）

　　　　1．社会福祉士　　2．精神保健福祉士　　3．心理職（臨床心理士等）　　4．教諭
　　　　5．保健師　　6．社会福祉主事の任用資格　　7．保育士
　　　　8．その他（　　　　　　　）　　9．なし

第1部はこれで終わりです。**今一度、記入漏れがないかご確認ください。**
第2部のほうも、該当する回答者（**市区町村で児童虐待在宅ケースに関する業務の中心となっておられる方**）にお渡しいただき、ご回答忘れのない様、よろしくおねがいいたします。（複数名で協議の上の回答も可。第1部・第2部との回答者の重複も可）

ご回答いただいた質問紙は**第2部（水色）**とともに同封しました返信用封筒にて
１２月１７日までにご返送いただきますようお願いいたします。

ご協力ありがとうございました。

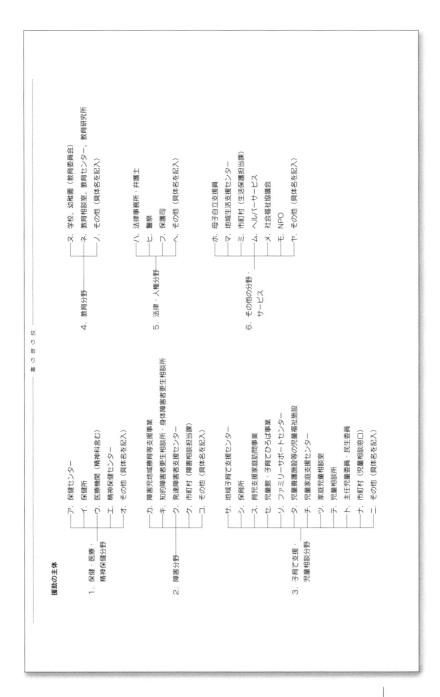

市町村における児童虐待ケース在宅支援の実態および意見調査

日本学術振興会　H19年度科学研究費補助金助成研究事業
「児童虐待在宅ケースに対する日本版家族維持実践モデルの開発的研究」

第２部
児童虐待ケースにおける在宅支援に対する
意見について

　この調査は、日ごろ、子どもと家族のために尽力されている市町村児童家庭相談における援助者の方々のご意見と児童虐待ケースにおける在宅支援の実態を明らかにすることを目的としております。本調査の結果は、児童虐待ケースにおいて家族を維持していくための実践モデルを開発する際の貴重な基礎データとなります。
　ご多忙のなか、大変恐縮ですが本調査研究の趣旨をご理解いただき、ご協力をお願いいたします。
　本質問紙は２部一組になっておりこれは**第２部**です。

　　第２部（水色）は、市区町村における児童虐待在宅支援ケースに対するご意見をお聞きしています。**第２部のご記入は、市区町村で児童虐待在宅ケースに関する業務の中心となっておられる方（複数名で協議の上、ご回答いただくことも可能です）**に回答をお願いいたします。
　　なお、第１部、第２部の回答者は重複していただいても結構です。

　回答後は同封の返信用封筒に第１部・第２部とも封入し、**１２月１７日**までにご返送ください。
　なお、調査分析は、統計的に処理され、調査結果から回答者や市町村が特定される形での公表は一切いたしません。調査についてご不明な点がございましたら下記の連絡先までご連絡くださいますようよろしくお願い申し上げます。本調査の結果につきましては、学会発表・論文投稿等にて発表させていただく予定です。

―第2部―

この第2部に対するご回答は、**市区町村で児童虐待在宅ケースに関する業務の中心となっておられる方（複数名で協議回答可・第1部との重複回答者可）**にお願いいたします。

注1．質問内容に「市町村」と表記されているところは、「市区町村」と同義です。
注2．質問項目中の「援助者」とは、特定の専門職・機関に限らず、広く当該家族（親・子）に援助（支援）を行う直接援助者を指します。（例：学校教諭・保健センター保健師・保育所保育士等）

Ⅰ．あなたの市区町村についてお聞きします。
問1．あなたの市区町村名をお答えください。
（市区町村が特定される形の公表は一切いたしません。）

□ 都・道／府・県（当てはまるものに○）　□ 市／町・村（当てはまるものに○）　□ 区

Ⅱ．あなた（回答者）の援助に対するご意見についてお聞きします。児童虐待ケースの在宅支援を行うにあたって、以下のそれぞれの項目は子どもの長期措置（一時保護・ショートステイはのぞく）を防ぎ、在宅で暮らしていくために、**家族にとってどの程度、重要であると思われますか？特定のケースや現在の状況（資源・ケースの有無）に関わらず、「1．重要でない」から「5．重要である」**までのうち最も当てはまるものを1つだけ選んで数字に○をおつけください。

回答上の注意点 特定のケースまたは現在の実施度には関わらず、在宅で暮らしていくために、家族にとってどの程度重要かをお答えください。	問1　重要度 重要でない　　　重要である 1　2　3　4　5
1．家族の長所をいかして、援助を展開する。	1　2　3　4　5
2．見本となる大人の姿を援助者が子どもに見せる。	1　2　3　4　5
3．援助終結後も、家族が再び同じ状態に戻っていないかフォローアップする。	1　2　3　4　5
4．保護者が子どもに対して肯定的な視点を持つことができるように働きかける。	1　2　3　4　5
5．保護者や子どもの通院に同伴する。	1　2　3　4　5
6．援助者としての責任を証明するために自分が行った援助を文書に記録しておく。	1　2　3　4　5

回答上の注意点 特定のケースまたは現在の実施度には関わらず、在宅で暮らしていくために、家族にとってどの程度重要かをお答えください。	問1　重要度 重要でない　　　重要である 1　2　3　4　5
7. 家族を援助するという自分の立場を明らかにし、家族の信頼を得る。	1　2　3　4　5
8. 家族をどのように資源やサポートに結びつけるかの全体的な援助計画を作成していく。	1　2　3　4　5
9. 保護者に対して求職に関する情報を得るよう援助をする。	1　2　3　4　5
10. 家族に医療機関（病院、医師等）を紹介する。	1　2　3　4　5
11. 援助者は家族に対して忍耐強く対応する。	1　2　3　4　5
12. 家計の管理を保護者ができるように援助する。	1　2　3　4　5
13. 医療機関で保護者が充分な説明を受けられるよう配慮する。	1　2　3　4　5
14. それぞれの家族に対して援助者が何がどこまでできて、何ができないのかを自覚する。	1　2　3　4　5
15. 衣服や学用品の提供・確保の援助をおこなう。	1　2　3　4　5
16. 面接等を通して、保護者に虐待した原因について内省させる。	1　2　3　4　5
17. 家族と共に目標を設定する。	1　2　3　4　5
18. 家族が必要なとき、自分自身で利用できるように、地域の資源とつなげておく。	1　2　3　4　5
19. 家庭を訪問し、家族の生活の場で援助活動を行う。	1　2　3　4　5
20. 地域の機関から家族の情報を収集する。	1　2　3　4　5
21. 学校教諭・幼稚園教諭・保育士と子どもの状況について協議する。	1　2　3　4　5
22. 地域の民生児童委員に協力を要請する。	1　2　3　4　5
23. 家族がすべきことまで、援助者がしてしまわないように気をつける。	1　2　3　4　5
24. 保護者と子どもが一緒に楽しめるような娯楽活動を企画するのを手伝う。	1　2　3　4　5
25. 次の大きな変化につながるような家族の小さな変化を支援する。	1　2　3　4　5
26. 定期的に家族に接触する。	1　2　3　4　5

回答上の注意点	問1 重要度
特定のケースまたは現在の実施度には関わらず、在宅で暮らしていくために、家族にとってどの程度重要かをお答えください。	重要でない　　　重要である 1　2　3　4　5
27. 家族が必要としているスキル（生活・養育技術等）を、例を用いて家族にわかりやすく説明する。	1　2　3　4　5
28. 生活保護等の申請を援助する。	1　2　3　4　5
29. 保護者が通院・入院している間、子どもの保育ケアを確保する。	1　2　3　4　5
30. すでに保護者とつながっている関係機関に保護者が必要としているサービスを紹介してもらう。	1　2　3　4　5
31. チームアプローチを取ることによって、アセスメント結果や意思決定を確認する。	1　2　3　4　5
32. 援助者自身が家族の変化に対して希望をもつ。	1　2　3　4　5
33. 家に食料が十分確保されているかどうか、入手手段はあるのかを確認をする。	1　2　3　4　5
34. 家族に新しく身についたスキル（生活・養育技術等）を試す機会を与える。	1　2　3　4　5
35. 保護者に他の親と交流する機会を与える。	1　2　3　4　5
36. 保護者や子どもの状態を医師と協議する。	1　2　3　4　5
37. 保護者にペアレントトレーニング（親業）プログラムを紹介する。	1　2　3　4　5
38. 地域の他の関係機関の援助者に家庭訪問を依頼する。	1　2　3　4　5
39. 頼りにできるような親戚等を探し出し、協力してもらう。	1　2　3　4　5
40. 問題の原因の分析を行うのではなく、今ある問題の解決に集中する。	1　2　3　4　5
41. 援助者が家族に必要な具体的なサービスを提供することで、実際に「援助できること」を家族に証明する。	1　2　3　4　5
42. （ケースの状況を見て）虐待の告知を行う。	1　2　3　4　5
43. 子どもに対するリスクアセスメントを継続して行う。	1　2　3　4　5
44. 家族の「子どもと共に生活する権利」と、子どもの「安全に幸せに暮らす権利」の両方を大事にする。	1　2　3　4　5
45. 保育サービス、学童サービスの利用のための手続きを援助する。	1　2　3　4　5
46. 定期的に援助効果の評価を行う。	1　2　3　4　5

回答上の注意点 特定のケースまたは現在の実施度には関わらず、在宅で暮らしていくために、家族にとってどの程度重要かをお答えください。	問1　重要度 重要でない　　　　　重要である 1　2　3　4　5
47. 家族にある程度の改善が見られれば援助を終結する。	1　2　3　4　5
48. 保護者と対峙する場面では、必要以上に懲罰的にならないような表現を用いる。	1　2　3　4　5
49. 関係機関に対して、家族との接し方についての詳細な助言を行う。	1　2　3　4　5
50. 子育ての負担を軽減するための家事・育児支援サービスに家族をつなぐ。	1　2　3　4　5
51. 子どもの気持ちを代弁して保護者に伝える。	1　2　3　4　5
52. 住居探しを手伝う。	1　2　3　4　5
53. 市町村の関係機関内で共有できる家族支援に対する価値観をもっている。	1　2　3　4　5
54. 家庭訪問を行い、在宅で暮らしていくためには、家族が何を必要としているかをアセスメントする。	1　2　3　4　5
55. 住居設備（修繕・安全面の確認など）に対する助言・援助をおこなう。	1　2　3　4　5
56. 危機的な状況では、児童相談所と連携し、一時保護等を使い、速やかに危機を回避する。	1　2　3　4　5
57. 医療費の控除の申請を援助する。	1　2　3　4　5
58. 保護者が困っていることを口にしたタイミングを逃さず、必要なサービスにつなぐ。	1　2　3　4　5
59. 子どもを学校・幼稚園・保育園に送迎するサービスの利用を援助する。	1　2　3　4　5
60. 家族が自身のリスクに気付く術と、それに対する適切な対応を教える。	1　2　3　4　5
61. 保護者の求職のための具体的な準備（履歴書を一緒に書く、面接の練習等）を手伝う。	1　2　3　4　5

Ⅲ．問１．あなたは児童虐待ケースにおいて、以下のそれぞれの項目は、**子どもの長期措置（一時保護・ショートスティを除く）**を防ぎ、**家族が在宅で暮らしていくために援助を行うこと**に対して、**どの程度障害となっていると思いますか**？それぞれの項目について、「１．まったく障害とは思わない」から「５．大変障害だと思う」までで、最も当てはまるものを１つだけ選んで、数字に○をおつけください。あなたの市町村の現状に当てはまらない場合は、「０．現状にあてはまらない」に○をおつけください。

> 特定のケースではなく、今年度（H19年度）対応された**児童虐待在宅ケース全般**を想定していただき、あなた自身のお考えをお答えください。

	家族が在宅で生活していくための援助に対して
	まったく障害とは思わない／大変障害だと思う／現状にあてはまらない 1　2　3　4　5　0
1．保護者に都合の良い時間帯や週末にサービスを提供できない。	1　2　3　4　5　0
2．ケースをなかなか終結できない。	1　2　3　4　5　0
3．費用や交通が理由で、保護者が地域の資源を利用できない。	1　2　3　4　5　0
4．勤務形態（非常勤・嘱託等）が職務内容にそぐわない。	1　2　3　4　5　0
5．家族のニーズにこたえることができるサービス提供体制が地域に組めていない。	1　2　3　4　5　0
6．取り扱うケース数が多い。	1　2　3　4　5　0
7．市町村自身で措置権が発動できない。	1　2　3　4　5　0
8．サービスの充実によって保護者の依存心を助長してしまう。	1　2　3　4　5　0
9．公務員という立場の制約により、サービス提供が自由におこなえない。	1　2　3　4　5　0
10．ネグレクトケースに対して家事を行ってくれるヘルパー制度がない（あっても利用に制限がある）。	1　2　3　4　5　0

	家族が在宅で生活していくための援助に対して まったく障害とは思わない　　現状にあてはまらない　　大変障害だと思う 1　2　3　4　5　0
11. 虐待をすべて心の問題に捉えてしまう風潮がある。	1　2　3　4　5　0
12. 虐待事件がおきると、マスコミがすべての責任を公的機関におしつける。	1　2　3　4　5　0
13. 人事異動等で援助者が頻繁に変わってしまう。	1　2　3　4　5　0
14. 援助を受けることが、親失格とみなされ、スティグマ化している。	1　2　3　4　5　0
15. 人員が不足している。	1　2　3　4　5　0
16. スーパービジョンが受けられない。	1　2　3　4　5　0
17. 司法システムの関与がない。	1　2　3　4　5　0
18. 援助者の児童虐待ケースに対する専門的な技能が不足している。	1　2　3　4　5　0
19. 保護者との信頼関係を結ぶことが難しい。	1　2　3　4　5　0

問2．上の項目以外に**児童虐待ケースにおいて家族を在宅で維持していく上で、障害になっていること**があれば、率直なご意見を自由にお書きください。

Ⅳ．問１．あなたは児童虐待在宅ケースにおいて、子どもが現在の家族から分離され長期措置（一時保護は除く）されず、在宅で暮らしていくためには、家族にとって次の項目は**どの程度必要**だと思われますか？各項目について、「１．必ずしも必要でない」から「５．絶対に必要である」までで最も当てはまる数字を１つ選んで〇をおつけください。

> 特定のケースではなく、あなたが現在まで実践にて関わってこられた児童虐待ケース全般を想定していただき、あなた自身のお考えを率直にお答えください。

	必ずしも必要でない　　絶対に必要である 1　2　3　4　5
1. 子どもと保護者の間に愛着関係がある。	1　2　3　4　5
2. 家族がお互いに助け合っている。	1　2　3　4　5
3. 子どもの成長（身長・体重）は順調である。	1　2　3　4　5
4. 子どもが自分自身の安全を守ることができる。	1　2　3　4　5
5. 保護者が自分の行動をコントロールする力がある。	1　2　3　4　5
6. 関係機関内で「在宅で援助していく」との共通認識がある。	1　2　3　4　5
7. 家族はインフォーマルなサポートシステムを持っている。	1　2　3　4　5
8. 保護者自身が今までやってきたことに変化が必要だと気付く。	1　2　3　4　5
9. 家族内での秩序が守られている。	1　2　3　4　5
10. 安心して生活できる住居がある。	1　2　3　4　5
11. 保護者が援助者に対して心を開き、援助者の言うことを受け入れる。	1　2　3　4　5
12. 保護者が保護者としての責任を自覚している。	1　2　3　4　5
13. 家庭内に子どもの安全を守る人がいる、又は定期的に家庭を訪問してくれる人がいる。	1　2　3　4　5
14. 家族が自分たちは家族維持のプロセスに参加しているのだと実感する。	1　2　3　4　5
15. 保護者の（精神的）治療経過が良好である。	1　2　3　4　5

	必ずしも必要でない 1 2 3 4 5 絶対に必要である
16. 最低限の衛生状態が保たれている。	1 2 3 4 5
17. 子どもが幼稚園・小学校・中学校等の学校や保育所などの所属集団へ毎日通っている。	1 2 3 4 5
18. 最低限の衣食住の確保ができている。	1 2 3 4 5
19. 保護者が就業している間の保育サービスが確保できる。	1 2 3 4 5
20. 虐待者に虐待の認識がある。	1 2 3 4 5
21. 家族が地域の資源を自分で上手く利用できる。	1 2 3 4 5
22. 何とかして家族を維持していこうという気持ちが家族にある。	1 2 3 4 5
23. 虐待者が自分でSOSを出せる。	1 2 3 4 5
24. 最低限度の経済的基盤が確保できる。	1 2 3 4 5
25. 子どもが家庭で精神的な安心感を得ることができる。	1 2 3 4 5
26. 保護者が子どもを養育する最低限度の能力をもっている。	1 2 3 4 5
27. 家族自身が家族として一緒にやっていくことができるという自信を持っている。	1 2 3 4 5

問2．上記の項目以外で、あなたが子どもが長期措置されず（一時保護は除く）在宅で生活していくために必要だと思うことについて自由にお書きください。

Ⅴ．ご回答いただいた方（方々）ご自身についてお聞きします。

問1．この第2部の回答にご協力いただいた方々は全部で何名ですか？
　　（　　　　　　　）名

問2．うち、第1部の回答にも参加されたのは全部で何名ですか？
　　（　　　　　　　）名

問3．回答された方々の所属の部課名、役・職名、勤務形態（常勤／非常勤、専任／兼任）、経験年数、所有資格をご記入ください。＜3名以上いる場合は、最も回答に影響を与えたと思われる3名の方についてお答えください＞

　1．①（　　　　　　　）部　（　　　　　　　）課
　　　②役・職名（　　　　　　　）
　　　③常勤・非常勤（どちらかに○）
　　　④専任・兼任　（どちらかに○）
　　　⑤**現職の相談業務**の経験年数（　　　）年（H19年11月現在）
　　　⑥現職に至るまでの**福祉領域**での相談業務の通算経験年数（　　　）年（H19年11月現在）
　　　⑦所有する資格（下の1～9であてはまるものすべてに○をつけてください）

　　　| 1．社会福祉士　2．精神保健福祉士　3．心理職（臨床心理士等）　4．教諭
　　　| 5．保健師　6．社会福祉主事の任用資格　7．保育士
　　　| 8．その他（　　　　　　　）　　9．なし

　2．①（　　　　　　　）部　（　　　　　　　）課
　　　②役・職名（　　　　　　　）
　　　③常勤・非常勤（どちらかに○）
　　　④専任・兼任　（どちらかに○）
　　　⑤**現職の相談業務**の経験年数（　　　）年（H19年11月現在）
　　　⑥現職に至るまでの**福祉領域**での相談業務の通算経験年数（　　　）年（H19年11月現在）
　　　⑦所有する資格（下の1～9であてはまるものすべてに○をつけてください）

　　　| 1．社会福祉士　2．精神保健福祉士　3．心理職（臨床心理士等）　4．教諭
　　　| 5．保健師　6．社会福祉主事の任用資格　7．保育士
　　　| 8．その他（　　　　　　　）　　9．なし

3. ①（　　　　　）部　（　　　　　　　）課
　　②役・職名（　　　　　　　）
　　③常勤・非常勤（どちらかに〇）
　　④専任・兼任　（どちらかに〇）
　　⑤現職の相談業務の経験年数（　　　　）年（H19年11月現在）
　　⑥現職に至るまでの福祉領域での相談業務の通算経験年数（　　　　）年（H19年11月現在）
　　⑦所有する資格（下の1～9であてはまるものすべてに〇をつけてください）

| 1．社会福祉士　　2．精神保健福祉士　　3．心理職（臨床心理士等）　　4．教諭 |
| 5．保健師　　6．社会福祉主事の任用資格　　7．保育士 |
| 8．その他（　　　　　　　　　　）　　9．なし |

<u>Ⅵ．あなたご自身の親子分離と家族維持に関する率直なご意見をお聞かせください。</u>

問1．長期の親子分離に対するあなたのお考えをお聞かせください。（どちらかといえばで結構です）
　　　〔当てはまるものに1つだけ〇をおつけください〕

　　　1．親子分離は最後の手段であり、なるべく避けるべきである。
　　　2．親子分離は対応の一方法として積極的に行うべきである。

問2．あなたは、あなたの市町村が今年度（H19年度）関わったすべての児童虐待ケース施設入所ケース（一時保護ケースは除く）に対して、子どもの措置を避け、在宅で暮らしていくための援助を措置前に、どの程度おこなったと思いますか？「1．まったく行わなかった」から「5．できる限り行った」までで、最も当てはまるものを1つだけ選んで数字に〇をおつけください。

```
  まったく行わなかった                              できる限り行った
         1        2        3        4        5
         |────────|────────|────────|────────|
```

問3．児童虐待ケースにおける在宅支援および子どもの措置を避けるための家族に対する援助についてのお考えをご自由にお書きください。

```
┌─────────────────────────────────────┐
│                                     │
│                                     │
│                                     │
│                                     │
└─────────────────────────────────────┘
```

第2部はこれで終わりです。今一度、記入漏れがないかご確認ください。
第1部のほうも、該当する回答者（**市区町村で児童虐待在宅ケースに関するケースマネージメントおよび取りまとめを担当されている方**）にお渡しいただき、ご回答忘れのない様、よろしくおねがいいたします。（複数名で協議の上の回答も可。第1部・第2部との回答者の重複も可）

> ご回答いただいた質問紙は**第1部（クリーム色）**とともに同封しました返信用封筒にて
> １２月１７日までにご返送いただきますようお願いいたします。
>
> **ご協力ありがとうございました。**

〈著者略歴〉
畠山 由佳子（はたけやま・ゆかこ）

関西学院大学大学院　人間福祉研究科（人間福祉博士）。
フルブライト奨学生として、シカゴ大学大学院社会事業学部修士課程（AM）を修了したのち、イリノイ州在宅支援スペシャリスト、中筋児童館館長職などを経て、現在、神戸女子短期大学幼児教育学科准教授。
専門は、児童福祉、家族支援、アメリカ合衆国における児童保護サービス。

〈主な論文〉
「日本における児童虐待在宅ケースに対する家族維持を目的とした援助の現状把握と『正当な努力』の検証」（関西学院大学博士学位論文）
「アメリカでのDRモデルの展開と『子どもの最善の利益』」（『世界の児童と母性』第75号, 2013年10月, p.76-84）

子ども虐待在宅ケースの家族支援
──「家族維持」を目的とした援助の実態分析

2015年11月25日　初版第1刷発行

著　者	畠 山 由 佳 子
発行者	石 井 昭 男
発行所	株式会社明石書店

〒101-0021 東京都千代田区外神田 6-9-5
電　話　03（5818）1171
ＦＡＸ　03（5818）1174
振　替　00100-7-24505
http://www.akashi.co.jp

装丁　　明石書店デザイン室
印刷・製本　モリモト印刷株式会社

Printed in Japan

ISBN978-4-7503-4274-0
（定価はカバーに表示してあります）

〈社〉出版者著作権管理機構 委託出版物〉
本書の無断複写は著作権法上での例外を除き禁じられています。複写される場合は、そのつど事前に、〈社〉出版者著作権管理機構（電話　03-3513-6969、FAX　03-3513-6979、e-mail: info@jcopy.or.jp）の許諾を得てください。

子どもの虐待防止・法的実務マニュアル[第5版]
日本弁護士連合会子どもの権利委員会編
●2800円

子どものいじめ問題ハンドブック 発見・対応から予防まで
日本弁護士連合会子どもの権利委員会編
●2400円

親権と子どもの福祉 児童虐待時代に親の権利はどうあるべきか
平田厚
●5500円

養育事典
芹沢俊介、菅原哲男、山口泰弘、野辺公一、箱崎幸恵編
●6800円

子ども虐待医学 診断と連携対応のために
ロバート・M・リース、シンディー・W・クリスチャン編著
日本子ども虐待医学研究会監訳 溝口史剛訳
●38000円

子ども虐待の身体所見
クリストファー・J・ホッブス、ジェーン・M・ウェイ著 溝口史剛訳
●23000円

子ども虐待とネグレクト対応ハンドブック 発見、評価からケースマネジメント、連携までのガイドライン
マリリン・S・ピーターソン、マイケル・ダーフィー、ケビン・コルター(ME)編 太田真弓、山田典子監訳
●9500円

日本の児童虐待防止・法的対応資料集成
児童虐待に関する法令・判例・法学研究の動向
吉田恒雄編著
●20000円

事例で学ぶ 社会的養護児童のアセスメント 子どもの視点で考え、適切な支援を見出すために
増沢高
●2000円

エビデンスに基づく子ども虐待の発生予防と防止介入 その実践とさらなるエビデンスの創出に向けて
トニー・ケーン編 小林美智子監修 藤原武男、水木理恵監訳
●2800円

事例で学ぶ 社会的養護児童のアセスメント 子どもの視点で考え、適切な支援を見出すために
増沢高
●2000円

子ども虐待ソーシャルワーク 転換点に立ち会う
川﨑二三彦
●2800円

日本の児童虐待相談 先達に学ぶ援助の技
川﨑二三彦、鈴木崇之編著
●2400円

新版 学校現場で役立つ子ども虐待対応の手引き 子どもと親への対応から専門機関との連携まで
玉井邦夫
●2000円

中途養育の支援の基本と子どもの理解 里親家庭・ステップファミリー・施設で暮らす 子どもの回復・自立へのアプローチ
津崎哲郎
●2400円

ダイレクト・ソーシャルワーク ハンドブック 対人支援の理論と技術
ディーン・H・ヘプワース、ロナルド・H・ルーニーほか著 武田信子監修 北島英治、澁谷昌史、平野直己、藤林慶子、山野則子監訳
●25000円

〈価格は本体価格です〉

知的障害・発達障害のある子ども面接のアセスメントとプランニング
犯罪・虐待被害が疑われる子どもから話を聴く技術
アン・クリスティン・セーデルボリほか著
仲真紀子・山本恒雄監訳
●2800円

子ども・家族支援に役立つ面接の技
〈仕掛ける・さぐる・引き出す・支える・紡ぐ〉児童福祉臨床
宮井研治編
●2200円

子ども・家族支援に役立つアセスメントの技とコツ
よりよい臨床のための4つの視点、8つの流儀
川畑隆編　大島剛、菅野道英、宮井研治、笹川宏樹、梁川惠、伏見真里子、衣斐哲臣著
●2200円

性的虐待を受けた子ども 性的問題行動を示す子どもの支援
医療・保健・福祉・心理専門職のためのアセスメント技術を高めるハンドブック[第2版]
ケースレポートの方法からケース検討会議の技術まで
近藤直司
●2000円

性問題行動のある知的障害者のための16ステップ[第2版]
児童福祉施設における生活支援と心理・医療的ケア
八木修司、岡本正子編著
●2600円

「フットプリント」心理教育ワークブック
クリシャン・ハンセン、ティモシー・カーン著
本多隆司、伊庭千惠監訳
●2600円

子どもの未来をあきらめない 施設で育った子どもの自立支援
高橋亜美、早川悟司、大森信也
●1600円

ライフストーリーワーク入門
社会的養護への導入・展開がわかる実践ガイド
山本智佳央、楢原真也、徳永祥子、平田修三編著
●2200円

「三つの家」を活用した子ども虐待のアセスメントとプランニング
ニキ・ウェルド、ソニア・パーカー、井上直美編著
●2800円

保健師・助産師による子ども虐待予防「CAREプログラム」
乳幼児と親のアセスメントに対する公衆衛生学的アプローチ
ケヴィン・ブラウン、ジョー・ダグラスほか
●2800円

子ども虐待と家族
「重なり合う不利」と社会的支援
松本伊智朗編著
●2200円

虐待する親への支援と家族再統合
親と子の成長発達を促す「CRC親子プログラム ふぁり」の実践
宮口智恵、河合克子
●2000円

社会的養護児童のアドボカシー
意見表明権の保障を目指して
栄留里美
●4500円

むずかしい子を育てるペアレント・トレーニング
親子に笑顔がもどる10の方法
野口啓示著　のぐちふみこイラスト
●1600円

むずかしい子を育てるペアレント・トレーニング【思春期編】
野口啓示著　のぐちふみこイラスト
●1800円

むずかしい子を育てるコモンセンス・ペアレンティング・ワークブック
野口啓示著　のぐちふみこイラスト [DVD付]
●1800円

〈価格は本体価格です〉

実践に活かせる専門性が身につく！

やさしくわかる社会的養護シリーズ【全7巻】

編集代表　相澤 仁（国立武蔵野学院）

A5判／並製／各巻2400円

- 社会的養護全般について学べる総括的な養成・研修テキスト。
- 「里親等養育指針・施設運営指針」「社会的養護関係施設第三者評価基準」（平成24年3月）、「社会的養護の課題と将来像」（平成23年7月）の内容に準拠。
- 現場で役立つ臨床的視点を取り入れた具体的な実践論を中心に解説。
- 執筆陣は、わが国の児童福祉研究者の総力をあげるとともに、第一線で活躍する現場職員が多数参加。

1　子どもの養育・支援の原理──社会的養護総論
柏女霊峰（淑徳大学）・澁谷昌史（関東学院大学）編

2　子どもの権利擁護と里親家庭・施設づくり
松原康雄（明治学院大学）編

3　子どもの発達・アセスメントと養育・支援プラン
犬塚峰子（大正大学）編

4　生活の中の養育・支援の実際
奥山眞紀子（国立成育医療研究センター）編

5　家族支援と子育て支援
──ファミリーソーシャルワークの方法と実践
宮島 清（日本社会事業大学専門職大学院）編

6　児童相談所・関係機関や地域との連携・協働
川﨑二三彦（子どもの虹情報研修センター）編

7　施設における子どもの非行臨床
──児童自立支援事業概論
野田正人（立命館大学）編

〈価格は本体価格です〉